Henri Kardinal de Lubac

AUF DEN WEGEN GOTTES

HENRI KARDINAL DE LUBAC

AUF DEN WEGEN GOTTES

JOHANNES

Titel der Originalausgabe: «Sur les chemins de Dieu»

Nachdruck: Éditions du Cerf 1983
Coll. «Traditions chrétiennes»
Deutsche Neuausgabe nach der Übertragung von
Robert Scherer, überarbeitet von Cornelia Capol

Satz: Kösel Kempten
Druck: Freiburger Graphische Betriebe
ISBN 3 89411 308 1

INHALT

HINWEIS ZUR DEUTSCHEN NEUAUFLAGE

Dieses Buch ist aus einer kleinen, 1945 erstmals veröffentlichten und 1948, in leicht veränderter Form, nochmals aufgelegten Schrift mit dem Titel «De la connaissance de Dieu» hervorgegangen. (Die erste deutsche Ausgabe «Vom Erkennen Gottes», ebenfalls von Robert Scherer übersetzt, erschien 1949.) Vielfache Kritik bewog den Verfasser 1956, die vorliegende, dritte, nochmals erweiterte Fassung herauszugeben. Er hat sie mit einem reich befrachteten Anmerkungsteil versehen – einer wahren Fundgrube an überlieferten Texten.

Kardinal de Lubac sagt im Nachwort dazu: ... «Um der größeren Klarheit willen wurden manche Verdeutlichungen hinzugefügt. Es war aber nicht zu übersehen, daß jedesmal, wenn an wesentliche Dinge gerührt wird, durch jede zusätzliche Erläuterung neue Probleme geschaffen werden, daß also, je mehr man sich erklärt, um so mehr man sich erklären müßte ... Im übrigen behandelt diese neuerarbeitete Ausgabe nicht ausführlicher als die vorausgegangenen all die Probleme, die den Gegenstand unserer klassischen Traktate über die «natürliche Theologie» bilden. Keineswegs kann noch will sie an ihre Stelle treten. Immerhin sind Ausführungen darin eingefügt worden, die gewisse Punkte, die wir an sich für wichtig hielten, ergänzen oder in helleres Licht rücken. Punkte, die uns zur Lösung mancher Schwierigkeiten besonders hilfreich erscheinen. Auf die Gefahr hin, das Buch zu überfrachten, sind ihm zudem erläuternde Anmerkungen mitgegeben worden ... Dadurch wird der Charakter des ursprünglichen Büchleins etwas verändert. Unser einziges Anliegen war es, einigen Menschen auf der Suche nach ihrem Gott eine brüderliche Hand zu reichen (und zu unserer Freude ist sie mehr als einmal ergriffen worden). Solche Menschen wissen zwar meist mit den vielen «Autoritäten» wenig anzufangen. Deshalb beschränkten sich die Zitate bisher auf einige seltene Texte, die uns durch ihre Kraft oder Schönheit besonders anregend erschienen waren. Hier wurden Texte in großer Zahl am Schluß dieses Bandes gesammelt und bilden eine Art Blumenlese, von der wir hoffen, daß sie einer ganz anderen Kategorie von Lesern nützlich sein werde.»

Der Verfasser hatte den beiden ersten Fassungen die schöne Widmung vorangestellt:

> «Meinen glaubenden Freunden, auch
> jenen, die glauben, nicht zu glauben.»

Diese brüderliche, allen angebotene Hand zu ergreifen, wäre ein Aufbruch zu alten und neuen Quellen – Heilquellen. «Darum muß uns die Gestalt Henris de Lubac», wie sein Freund Hans Urs von Balthasar schon vor Jahren schrieb, «auch diesseits des Rheins nah und vertraut sein, weil sie uns ein Ideal vorlebt, dem wir wenigstens nachstreben müßten: deshalb für die Gegenwart führend zu sein, weil man die Schätze der Überlieferung kennt und ins Heutige umzumünzen versteht, und deshalb sich mit allem christlich wahrhaft Lebendigen abzugeben, weil es am Geist des Evangeliums teilhat, der immerfort heutig und morgig ist.»

Zur bewegten Entstehungsgeschichte dieses Buches verweisen wir auf die von Henri Kardinal de Lubac SJ selbst verfaßten Erinnerungen: «Mémoire sur l'occasion de mes écrits», die 1989 vom Verlag Culture et Vérité, Namur, in der Reihe «Chrétiens aujourd'hui» herausgegeben worden sind, besonders auf die Seiten 40f. und 81f.

Pfingsten 1992

VON DER GOTTESERKENNTNIS

Nach dem Gottesdienst auf dem Pausenhof machte sich ein Kind über die eben überstandene Predigt lustig. Eine armselige Predigt, wie so viele andere. In der Absicht, etwas über Gott zu sagen, hatte der Prediger sein junges Auditorium mit einer Flut von teils abstrakten, teils frommen Redensarten überschüttet, die auf jene, die nicht vor sich hindösten, höchst lächerlich gewirkt hatten. Der Präfekt, ein Mann Gottes, rief den Spötter zu sich und, statt ihn anzufahren, fragte er ihn ruhig: Hast du dir je überlegt, daß es nichts Schwierigeres gibt, als über ein solches Thema zu reden? Das Kind war nicht dumm. Es dachte nach, und an diesem Vorfall wurde ihm zum ersten Mal das Geheimnis des doppelten Geheimnisses bewußt, das des Menschen und das Gottes.

Wenn die folgenden Gedanken sich von vielen Predigten durchaus unterscheiden, so werden sie wohl nicht weniger belächelt werden. Absichtlich bruchstückhaft, erheben sie keinen Anspruch, die klassischen Darstellungen zu ersetzen, ja sie wollen nicht einmal an ihre Seite treten. Sie bilden eher Randglossen dazu und suchen keineswegs jene Art heilsamer Verlegenheit zu verbergen, die jeden denkenden Geist in einem solchen Fall unvermeidlich überkommen muß. Nicht weniger entschlossen, nehmen diese Überlegungen davon Abstand, die Schwelle des Geheimnisses zu überschreiten, aus dem das geistliche Leben sich nährt, ein der Welt verborgenes Leben, die inwendige Geschichte der Kirche, an die man mit profaner Hand nicht rühren dürfte. Mögen diese Erwägungen trotz ihrer Unzulänglichkeit und ebenso großen Unbeholfenheit doch den einen oder andern Leser zum Nachdenken bewegen und ihn so, jenseits aller Bereiche menschlicher Worte und Gedanken, Gott finden lassen!

ABYSSUS ABYSSUM INVOCAT

Wer hat recht, Mose oder Xenophanes? Hat Gott den Menschen nach seinem Bild erschaffen, oder hat nicht vielmehr der Mensch Gott nach dem seinen gemacht?

Aller Anschein spricht für Xenophanes – und doch spricht Mose die Wahrheit. Und im Grunde ist auch Xenophanes dieser Meinung. Denn er redet weder vom gleichen Gott noch vom gleichen Bild, was die Auseinandersetzung offenbar nie zu einem Schluß kommen läßt. Doch die Absicht des Xenophanes ist nicht, die Gottheit zu leugnen: er will vielmehr den Menschen, der sich unter die von ihm selbst geschmiedeten Götter verirrt,[1] zur Gottheit zurückrufen. Darin kann ihm ein Christ nur zustimmen.[2] Er darf diesen «revolutionären Intellektuellen» unter die Zahl derer rechnen, die der Wahrheit «den Weg gebahnt» haben.[3] Seine Verachtung der anthropomorphen Götter hat eine eminent positive Bedeutung, und seine Stimme weckt im Menschen in der Tat ein heimliches Einverständnis. Sie löst in ihm eine vorerst noch schlecht entfaltete Kraft aus, die ihn aber weit über die Leugnung seiner Götter hinausführen wird. Hören wir einen Widerhall dazu aus einer uns näherliegenden Zeit:

> Welt, alles Böse kommt aus der Gestalt der Götter...
> Weshalb verdeckt man das göttliche Sein mit
> Phantomen?[4]

Weg also mit all den Projizierungen und Sublimierungen, diesen Schöpfungen unserer Leidenschaften und Träume, unserer Ängste und unseres Zorns, unserer Sehnsüchte und Schreckbilder! Weg mit den Göttern, die «vom Feind des Menschengeschlechtes eigens erfunden zu sein scheinen, um alle Verbrechen zu rechtfertigen und die Gottheit lächerlich zu machen».[5] Weg mit den Göttern des Nichts, die uns uns selbst überlassen und zu Sklaven machen! Weg mit all diesen falschen Göttern! – Mose hat daher nicht weniger recht mit dem Gott, von dem er spricht, dem Gott ohne Antlitz, der alle menschlichen Götter verneint. Und dieser Gott, der alle Götter unserer Sehnsüchte verneint, ist deshalb nicht weniger Gott, der alleinige Gott menschlicher Sehnsucht! Dieser Gott, vor dem alles ist, als wäre es nicht, ist deshalb nicht weniger Gott, der einzige Gott menschlichen Adels!

Jedes Gottesbild ist aus Elementen zusammengewoben, die unserer natürlichen oder sozialen Welt entstammen – doch gibt es im Menschen eine Kraft, die ihn immer wieder darüber hinausstößt: die Kraft seiner eigenen Vernunft. Denn in seinem innersten, nach dem Bild Gottes geformten Sein liegt schon etwas, das zwar nicht seiner Erfahrung, aber jeder Vorstellung entgleitet. «Er trägt in sich, was ihn staunen, was ihn sich selber unendlich übersteigen läßt.»[6] Dort findet sich letztlich, was ihm erlauben wird, Gott in Wahrheit zu erkennen. *Abyssus abyssum invocat.*

Gott, sagt Mose, schuf den Menschen nach seinem Bild. Der Mensch als Bild Gottes bleibt nach christlicher Überlieferung unbegreiflich auf Grund des unbegreiflichen Innersten seiner selbst. «Wer vermag in sich einzutreten und sich zu verstehen?»[7] «Unser Geist trägt das Siegel der unfaßlichen Natur auf Grund des Mysteriums, das in ihm waltet.»[8]

Der Abgrund meines Geistes ruft immer mit Geschrei
Den Abgrund Gottes an: Sag, welcher tiefer sei?[9]

Man kann also nicht sagen, daß eine solche Erkenntnis in ihrer Wurzel eine vom Menschen erworbene sei. Sie ist ein «Bild», ein «Prägmal», ein «Siegel». Sie ist Gottes Zeichen an uns. Wir schaffen diese Erkenntnis nicht, leihen sie uns nicht von anderswo aus: sie ist in unserem Innern, in uns so Armseligen; sie ist wir selbst – oder schon mehr als wir. Jedem Wirken des Verstandes oder des Willens ist sie voraus, von jedem Bewußtsein wird sie vorausgesetzt, unabhängig von unserer Initiative. Von ihr muß man wahrlich sagen: «Auctor nobis de Deo, Deus est; non nisi se auctore cognoscitur»;[10] «Deum scire nemo potest, nisi Deo docente.»[11] Damit wird nicht unsere natürliche Tätigkeit aufgehoben, es wird nur auf ihre erste Voraussetzung hingewiesen und ihre Richtigkeit verbürgt. Es wird der Vernunft kein anderes Prinzip untergeschoben: es wird nur tiefer bis zu ihrem Grund gegraben. Es ist Rückstieg zum Quell. Das heißt zugleich mit Thomas von Aquin und nach der Lehre Pauli[12] behaupten, daß Gott, der Schöpfergott, sich uns durch seine Werke wie in einem Buch offenbart, ja selbst auch am Prinzip der Erkenntnis steht, die wir durch den Gebrauch unserer natürlichen Vernunft erwerben sollen:

> Sein Auge hat er in ihre Herzen gesenkt,
> Um ihnen die Größe seiner Werke zu zeigen.[13]

Es geht um eine zweifache Inititative, auf die unser natürlichstes und spontanstes Tun immer nur Antwort sein kann. Wenn die uns leuchtende Vernunft gleich zu Beginn über sich selbst erleuchtet werden könnte, müßte sie in den Ruf des Mystikers ausbrechen: «Hier bin ich, Du mein Ziel und mein Sinn! Ich rufe Dich... Nein, Du bist es, der Du mich zu Dir rufst!»[14]

In allem, in allen Ordnungen ist Gott der Erste. Immer kommt er uns zuvor. Immer und auf allen Ebenen gibt er sich zuerst zu erkennen. Stets ist er es, der sich offenbart.[15] Das Bemühen der Vernunft, das uns bis zu ihm trägt – nein, nicht bis zu ihm, sondern nur an die Schwelle seines Mysteriums –, ist immer nur der zweite Takt eines Rhythmus, den er selber ausgelöst hat. Wie man die Erkenntnis auch erklären mag – bekanntlich deckt sich etwa die Erklärung des hl. Thomas von Aquin nicht genau mit der des hl. Augustinus oder des hl. Bonaventura –, in diesem Punkt ist die traditionelle Philosophie einmütig. Immer ist Gott im Innersten des Geistes das «erleuchtende Licht» unseres «erleuchteten Lichtes».[16] Er ist «jenes ungeschaffene Licht, ohne das ich nicht Blick sein könnte»,[17] und spräche er nicht das *Fiat lux* über meinem Abgrund, so würde die Finsternis weiterhin darin herrschen. Er ist der einzige Feuerherd, an dem sich alle Seelen wie Lichter entzünden.[18] Im Herzen der Vernunft ist er stets und unaufhörlich, *Ipse qui illuminat:*[19]

... Lux lucis et fons luminis,
Diem dies illuminans![20]

Das heißt mit anderen Worten, daß in dieser geringen Vernunft etwas Heiliges wohnt.[21]

Damit werden alle agnostischen Bedenken ausgeräumt – aber auch alle profanen Selbstgenügsamkeiten. Der Mensch soll sich mit Kühnheit seiner Vernunft bedienen! Er schätze die in ihm liegende Macht nicht gering, überhebe sich aber auch nicht ihretwegen! Er zeige sich im höchsten Gebrauch seines Erkenntnisvermögens weder zaudernd noch vermessen! So schweifend die Wege auch sein mögen, die sein Denken durchlaufen hat, er lerne endlich, zur Quelle zurückzusteigen, zum Lichtherd hinzustreben!

Vor allem – obwohl dies erst einer nachträglichen, oft späten, ja allzuoft verhinderten Reflexion klar wird – offenbart sich Gott dem Menschen unaufhörlich, indem er ihm unaufhörlich sein Bild einprägt.[22] Dieses göttliche Wirken begründet den Menschen zentral, macht ihn zum Geist-, zum Vernunftwesen.[23] Daraus folgt, daß, streng genommen, für den Menschen keine weitere Offenbarung notwendig wäre, damit er seinen Gott erkenne: dazu genügte, ohne jede übernatürliche Einwirkung, diese «natürliche Offenbarung». Sagen wir, um nicht zu übertreiben, daß sie grundsätzlich genügte. Die Sünde hat sie nicht völlig ausgelöscht. Denn wenn die menschliche Seele sich heute in einer aktuellen und faßbaren Erkenntnis nur durch die Akte hindurch erkennt, die sie setzt,[24] so hat sie immerhin eine gewisse «habituelle Kenntnis» von sich selbst, die eine reale, wenn auch dunkle und verhüllte ist, eine stete, wenn auch immer flüchtige. Von daher stammt, daß sie sich selbst immer gegenwärtig ist.[25] Dank dieser Selbstgegenwart der Seele läßt sich die ihr einwohnende Gegenwart Gottes[26] wie in einem Spiegel ablesen. Wie die Realität des göttlichen Bildes in der Seele die rationale Tätigkeit begründet, die sie von der Erkenntnis der Welt bis zur Bejahung Gottes führen soll, so kann die «habituelle Kenntnis» ihrer selbst zum Anlaß einer innersten Reflexion werden, die sie ihre Realität als «Bild»[27] erkennen läßt.

... Mensch, begreife deine Größe, indem du deine Abhängigkeit eingestehst. Bedenke die Herrlichkeit, die du in dir trägst.[28] Verkenne das Licht nicht, das dir geschenkt ist, doch schreibe seinen Ursprung nicht dir selber zu.[29] Lerne deine Wirklichkeit als Spiegel und Bild entdecken. Lerne dich erkennen, indem du deinen Gott erkennst. Beginne, soweit es einem Sterblichen möglich ist, sein Antlitz zu betrachten, indem du in dich selber einkehrst.

ERSTES KAPITEL

VOM URSPRUNG DER GOTTESIDEE

Die Theorien über den Ursprung der Gottesideen sind zahlreich. Seit einem Jahrhundert haben sie sich vervielfacht. Die meisten erklären nichts oder lösen unmerklich eben das in nichts auf, was sie erklären wollen. Die verschiedensten Disziplinen werden dabei vermischt, und das *Apriori,* das sie steuert, besteht darin, daß es sich um eine Illusion handelt. Der Atheismus steht am Ausgangspunkt und lenkt auch weiterhin den Lauf: was Wunder, daß er sich am Endpunkt wiederfindet? Mehr oder weniger ausdrücklich wird für gewöhnlich daraus geschlossen, daß in der Tat jede Gottesidee zu verwerfen sei, da man ja nun wisse, «auf Grund welcher Mechanismen die Menschheit diese Idee gebildet hat, und daß diese Mechanismen ein Schwindel sind». – Doch dies ist eine reine *petitio principii.*

Der Mensch habe, so sagt man zum Beispiel, den Himmel vergöttlicht. Meinetwegen. Woher aber hat er die Idee des Göttlichen, um gerade sie auf den Himmel anzuwenden?[1] Warum diese überall zu beobachtende spontane Bewegung unserer Species? Warum dieses Unternehmen der Vergöttlichung, sei es des Himmels oder irgendeiner anderen Sache? Das Wort «Gott» selbst, so sagt man noch, indem man sich auf die Philologie beruft, bedeute nichts anderes als «den lichten Himmel des Tages»: nochmals meinetwegen. Aber weshalb ist gerade dieser «lichte Himmel des Tages» für die Menschen zu einem Gott geworden? Viele sehen nicht einmal, daß sich hier eine Frage stellt.[2]

Alle, die für die Gottesidee eine Genese im eigentlichen Sinn annehmen wollen – werde sie von ihnen nun ideologisch oder sinnenhaft, individuell oder sozial verstanden und als völlig illusorisch oder als relativ begründet erklärt –, sie alle leugnen von vornherein, zum mindesten implizit, die

Gottesidee. Leugnen sie, indem sie sie als ganze auf *etwas anderes* zurückführen.[3]

«Denn es ist nicht recht einzusehen», schreibt Mircea Eliade, «inwiefern etwa der Anlaß der Entdeckung der ersten geometrischen Gesetze – die empirischen Erfordernisse der Bewässerung des Nildeltas – die geringste Bedeutung gewinnen könnte für die Geltung oder Nichtgeltung dieser Gesetze.»[4] Wir können hier im gleichen Sinn folgern. Man sieht in der Tat auch hier nicht, inwiefern die Tatsache, daß das erste Aufkeimen der Gottesidee im Bewußtsein vielleicht durch dieses oder jenes Ereignis ausgelöst wurde oder mit dieser oder jener sinnenhaften Erfahrung verknüpft war, ausreichen sollte, die Gültigkeit dieser Idee in Frage zu stellen. Im einen wie im anderen Fall unterscheiden sich das Problem der empirischen Entstehung und das Problem des Wesens oder des Wertes. Sie gehören einer anderen Ordnung an. Sowenig die Feldvermessung die Geometrie erzeugt hat, sowenig hat das Erlebnis des Gewittersturms oder des lichten Himmels die Idee Gottes erzeugt. In sich selbst muß diese Idee bedacht werden: nicht in den Zufälligkeiten ihres Entstehens, sondern in ihren inwendigen Gründen.

Wenn die Gottesidee im Menschen real ist, so kann keine der Geschichte, der Psychologie, der Soziologie oder irgendeiner anderen wissenschaftlichen Disziplin zugängliche Tatsache wirklich ihre erzeugende Ursache sein.[5] Kein der Forschung zugänglicher «Vorgang» genügt, sie zu erklären. In diesem Sinn hat sie keine Genese; – sowenig wie, um den Vergleich nochmals aufzugreifen, die Geometrie eine Genese hat. Das heißt nicht – ganz im Gegenteil –, daß sie nicht «erschlossen» werden könnte. Es heißt, daß sie sich nicht auf das trügerische Ergebnis irgendeiner empirischen Wandlung reduzieren läßt. Ihr Aufwachen im Bewußtsein kann wohl von dieser oder jener Bedingung abhängig sein; sie kann wohl durch diesen oder jenen Anlaß bestimmt oder durch dieses oder jenes Zeichen ausgelöst werden. Ein einzelnes Phänomen kann sich mehr als andere dazu eignen, dem Geist den hinweisenden Schock zu versetzen, ihn aufzuwecken. Es mag sein, daß unseren Vorfahren «das erste Begreifen des Wortes Gottes als kosmische Macht» durch die Vermittlung «des natürlichen Phänomens des Gewitters» aufgedämmert ist; ließ sich im Rollen des Donners nicht die Stimme des mächtigen und furchterregenden Gottes hören»?[6] Viele andere Hypothesen können formuliert werden, mehr oder weniger wahrscheinliche und begründete, die sich nicht zwangsläufig widersprechen, oft aber ergänzen. Es ist also möglich und nicht ohne Interesse, gewisse Bedingungen oder Vorgänge der Gottesfindung zu untersuchen, wozu uns nun die Arbeiten der Historiker, Ethnologen und Psychologen eine Fülle wertvoller, wenn auch meist allzu fragmentarischer Hinweise bieten. Ihre Forschungen sind fruchtbar, doch keinesfalls in der Lage, uns im Wesentlichen Auskunft zu geben. Verfallen wir nicht nochmals dem Sophismus, «Prinzipien in geschichtlichen Ursprüngen zu suchen».[7]

Es gibt Wege, zahllose Wege, die tatsächlich zu Gott führen. Es gibt auch verschiedene Wege, sichere Wege von universaler Geltung, die Gottesidee rational zu begründen und so den Verstand in seiner Bejahung Gottes zu festigen. Denn man kann *«Den, der Ist,* von irgendeinem der Objekte aus erreichen, von denen man sagen kann, daß sie *sind»*[8] – von denen man zugleich auch sagen muß, daß sie *nicht sind.* Die Gottesbeweise liegen auf einer ganz anderen Ebene als die der empirischen Abläufe, und aus eben diesem Grund gibt es und kann es im eigentlichen Sinne keine «Genese» der Gottesidee geben.

★

«Betrachtet man die Dinge in ihrer Genese, gewinnt man vollkommene Einsicht in sie.»[9] Diese Worte des Aquinaten finden hier ihre Anwendung, denn von Gott – und Thomas zeigt dies gut – läßt sich gerade keine solche Einsicht gewinnen. Die Gottesidee kann weder als Idee einer in ihren Ursachen vollkommen ergründeten Illusion noch als die einer geistigen Konstruktion erklärt werden.

★

Eine große Auseinandersetzung ist im Gange, ob die objektive Bejahung Gottes dem «logischen» oder dem «mythischen Denken» entstamme, das heißt angeblich, der Vernunft oder der Einbildungskraft; oder, wie oft vertreten wird, der Wahrheit oder der Illusion. Doch hat man vielleicht der Tatsache nicht immer genügend Rechnung getragen, daß auch die Logik ihre Illusionen hat; daß sie versucht ist, auf die Bereiche der Phantasie umzuschalten, oder daß sie im Gegenteil einmal allzu «vernünftig» sein könnte, um in Wahrheit *Den* zu finden, der auch die Vernunft überragt ... Ist der Gott des Rationalismus wirklich «der wahre Gott»? Ist die Idee dieses Gottes eine fest begründete und wahrhaft rationale Idee?

In Wirklichkeit entstammt das echte Ja zu Gott – das weit mehr ist als eine Bejahung – in erster Linie dem innersten Denkprozeß, der in sich selbst weder «mythisch» noch rein «logisch» ist, wenn es sich normalerweise auch der Wege der Logik bedienen muß, um sich auszusagen, und ebenso die imaginitiven Kräfte in Anspruch nimmt, um sich Gestalt zu geben, so daß seine spontanen Gebilde eine den Mythen analoge Struktur aufweisen. Vielleicht sollte man sie in Berücksichtigung all dieser Elemente eher als eine «symbolische»[10] Bejahung bezeichnen, – also ein Wort verwenden, dessen moderner Mißbrauch uns nicht abhalten sollte, es für uns in Anspruch zu nehmen –, oder auch mit einem anderen alten, bei den Vätern beliebten Ausdruck: «anagogische» Bejahung.[11]

★

Mythischer oder logischer Instinkt? Ersterer ergäbe nur eine illusorische Gottheit. Der zweite, für sich allein genommen, ergäbe sozusagen auch nur einen profanen Gott. Der eine wie der andere indessen sind am Werk. Doch beide wirken in einer geheimnisvollen Synergie unter der Leitung eines «göttlichen Instinkts».

★

Alle Versuche einer «Genese» wie einer «Reduktion» – alle Versuche *reduktiver Genese* – sind, auf die Gottesidee angewandt, irgendwo inadäquat. Diese eine, eigenständige und einzigartige Idee fügt sich in kein System. Sie durchblitzt die Geschichte unserer Menschheit und wirft die mühevoll erarbeiteten Synthesen der Ethnologen und Historiker, alle Entwicklungsschemata, alle gelehrten «Physiologien der Religionen» über den Haufen. Sobald der Verstand zur Reife gelangt ist, quillt die Gottesidee spontan in ihm hervor.

Doch so unzerstörbar sie fortan in ihm waltet, sie leuchtet bei weitem nicht sogleich in ihrer vollen Leuchtkraft. Ebenso haust und regiert sie dort nicht sogleich friedlich. Ganz im Gegenteil: wie der Same im Evangelium, der mitten unter die Dornen fällt, so könnte man meinen, würde auch dieser Keim inmitten der tollen Wucherungen der Mythen rasch erstickt. Oder aber, wenn er seine Frucht bringt, scheint sich diese Frucht mit dem üppigen Gewucher der wilden Samen so sehr zu vermischen, daß es praktisch bald kein Mittel mehr gibt, dieses zu entfernen, ohne jenen zugleich mitauszureißen. Im Maß also wie die Religion in dieser Art mit dem Mythos zusammen existiert, verleiht sie ihm neue Verführungskraft, die sich gegen sie selbst zurückwendet. Die Götter, diese Schmarotzer, nähren sich heimlich von der Gottesidee, um den wahren Gott am Erscheinen zu hindern ... Von daher kommt diese «Flut von Götzendienst»[12], die den ganzen Erdkreis überschwemmt. Um also eine reine Religion zu erhalten, muß man offenbar – eher als die Götter zu läutern, zu prüfen und den zu behalten, dessen Ansprüche als authentisch anerkannt würden – alle Götter abschaffen. Der Mensch wird sich vom Aberglauben durch den Atheismus befreien[13] – bis er wiederum in den Aberglauben zurückfällt. Wieviele Hypothesen wird der Mensch nicht schmieden! Wie aber soll er dem Zirkel entrinnen? Auf jedem Weg, den er einschlägt, wie schwer hat es seine Vernunft, sich zu behaupten! Wieviele Schwierigkeiten sind zu überwinden! Wieviel Illusionen zu entlarven! Ja, wieviel Ungewißheiten gibt es bei den meisten! Wieviel falsches Verhalten! Welch unaufhörliche Vermischung von Irrtümern! Und bis in den Ruf des Monotheismus hinein – der doch rational so gesichert ist –, was für ein Mangel so oft an Zuversicht:

> Der du die Erde trägst und doch über ihr thronst,
> Wer du auch sein magst, den wir nie ergründen, Zeus,
> Ob Gesetz des Stoffs du bist, ob Menschengeist ...[14]

... Es sei denn, Gott selbst, den fatalen Zirkel durchbrechend, erwählte sich einen Vertrauten, den er beauftragt, ihn seinen Brüdern zu verkünden,[15] was, wie der Verfasser des Hebräerbriefs sagt, «zu wiederholten Malen und auf mannigfaltige Art»[16] geschehen kann.

★

In einer nach dem Bilde Gottes geschaffenen, doch sündigen Menschheit, der ein langer und tastender Aufstieg auferlegt ist, die aber auch seit ihrem Erwachen durch einen Anruf von oben angetrieben wird, ist es normal, daß die Gottesidee stets am Aufbrechen ist, stets aber auch erstickt zu werden droht. Zwei Tendenzen sind von Anfang an am Werk, um den natürlichen Aufschwung zum Schöpfer zu hemmen oder abzulenken. Die eine Tendenz ist durch die Bedingungen selbst gegeben, unter denen sich der Verstand mühen muß, sich selbst allmählich der Nacht abzugewinnen;[17] die andere ist nach der Lehre des katholischen Glaubens die unmittelbare Auswirkung der erbsündigen sittlichen Verirrung. Beide Tendenzen, die natürliche wie die verderbte, verstärken sich, um den königlichen Weg des Geistes zu versperren und diesen durch die tausend Labyrinthe des Mythos und der Magie irrezuführen.[18] Die Tendenz, den Urheber der Natur mit dieser Natur selbst zu verwechseln, durch die hindurch er sich dunkel offenbart, und der man gewiß Züge entleihen muß, um ihn zu denken; die Tendenz, einen allzu fordernden und allzu unbestechlichen Gott um untergeordneterer Größen oder Fiktionen willen preiszugeben. Unter dieser zweifach verkoppelten Wirkung verhärten sich die Analogien schnell.[19] Die Welt verdichtet sich. Was ein Zeichen sein sollte, wird zur verdeckenden Hülle. Die noch kaum wahrgenommene ursprüngliche Schau löst sich auf . . . Das göttliche Gestirn verschwindet hinter seinem «groben Schatten».

> . . . Das Feuer, der Wind, die linden Lüfte,
> Der gestirnte Himmel, die stürmische Welle
> Oder die Flammenzeichen des Himmels,
> Sie werden als die Herren der Welt angesehen.

Im Untergrund des Bewußtseins wird «die Herrlichkeit des unbestechlichen Gottes», noch ehe sie in ihrem vollen Glanz aufgeleuchtet ist, gegen die Götter des Nichts und der Lüge vertauscht.[20] . . . Jedenfalls ist der nahe Gott zu einem fernen geworden.[21] Für lange Zeit wird er der unbekannte Gott bleiben. Selbst bei jenen, die sich die Erinnerung an ihn bewahrt haben, wird er zum verlassenen Gott. Man wird ihn etappenweise wiederentdecken müssen, tastend im Doppeldeutigen und zuweilen im Glauben, ihn zu verlieren. Bis in die Zeiten, da die Erkenntnis des Menschen entscheidende Fortschritte gemacht zu haben scheint, wird Gott noch gern als ein Individuum mit menschlichen Leidenschaften oder im Gegenteil als diffuse Kraft aufgefaßt. Nimmt man an, seine Idee erschöpft zu haben, ist er nurmehr eine Art *materia prima,* ein Wesen, das ebenso unbestimmt und dem Nichts nahe ist wie der Raum, oder aber er wird zu einem Prinzip ohne Inwendigkeit, zu einer Abstraktion ohne wirksame Ausstrahlung. Jede Formel ist entmutigend und erzeugt als Reaktion eine entgegengesetzte Formel. Was geistig gewonnen wurde, ist nie endgültiger Besitz: ein solcher allein vermöchte das intellektuell Erworbene zu festigen und zu nähren. Das Beste wandelt sich zum Schlimmsten, und die große menschliche Kraft der Vervollkommnung wird profanen Zwecken dienstbar gemacht: der Mensch vergöttlicht wiederum seine Bedürfnisse, seine Interessen und Leidenschaften, seine halben Kenntnisse und Torheiten ... Damit wird Fortschritt zur Verneinung. An die Stelle der Götter der Fabel tritt eher das Göttliche als der lebendige Gott. Religion und Moral werden zu Todfeinden. Der Mensch erobert sich seine Innerlichkeit von den Göttern. Doch ab und zu dringt ein reiner Lichtstrahl durch. Auch die Heiden haben ihre «verborgenen Heiligen», und der wahre Gott erwählt sich überall Propheten.[22]

★

Vieles gibt den marxistischen und ähnlichen Theorien einen Anschein von Richtigkeit. Je nachdem der Mensch Jäger, Bauer oder Hirte ist, weist das ganze religiöse Gefüge unterschiedliche Züge auf. Nicht allein die Marxisten und andere Ungläubige unterstreichen diese Art von Gesetzlichkeit. Sämtliche Forschungsergebnisse bestätigen diese, und die Kulturkreislehre hat mit besonderer Stringenz daraus das Prinzip aller religiösen Evolution außerhalb der übernatürlichen Offenbarung gemacht. Man hat die Religion von Völkern, je nachdem sie «Sammler», «Hirten», «Jäger» oder «Landbebauer» waren, unterschieden ... Man hat ebenso festgestellt, daß zum Beispiel während der ganzen Zeit der Pferdekultur Reitergötter verehrt wurden usf.[23] Ferner ist es Tatsache, daß Götter großer Weltstädte solchen von in sich selbst geschlossenen Kleinstaaten überhaupt nicht ähnlich sind. In dem Maß, wie die menschliche Gruppe, die zunächst ein bescheidener Stamm ist, zum Stadtverband, dann zur Nation, schließlich zum Reich wird und das kosmische Bewußtsein sich ordnet und entwickelt, geht auch in den Riten und Mythen eine Reihe paralleler Wandlungen vor sich.[24] Es stimmt also, daß diese sich in den sozialen Verhältnissen – die zu den wirtschaftlichen Gegebenheiten in enger Abhängigkeit stehen – widerspiegeln und folglich mit dazu beitragen, diese Verhältnisse mit ihren Zwängen zu steigern. Nur müßte man, um gerecht zu urteilen, auch sehen, wie eine so verstandene Religion, mitsamt den sozialen Mißständen, das eigentliche Prinzip der Gesellschaft heiligt; wie sie also, dank des durch sie gesicherten gesellschaftlichen Zusammenhalts und geistigen Gefüges, mehr als jedes andere Element dem Menschen ermöglicht, zu überdauern und zu leben, was erste Voraussetzung für jeden Fortschritt ist.

Allein, es gibt noch etwas anderes: das Wesentliche. Wie der Rationalismus, so hat der Marxismus sozusagen in quantitativer Hinsicht recht – ein wenig so, wie der Determinismus in bezug auf den größeren oder augenscheinlichsten Anteil menschlichen Handelns recht hat. Der historische Materialismus ist eine jener Grundwahrheiten, die sich auf den ersten Blick unbedingt aufdrängen, dem aber, der ins Herz der Wirklichkeit eindringen will, keinesfalls weiterhelfen. Nimmt nicht in allem, was Gegenstand der Erfahrung ist, das Falsche und Unbedeutende unendlich mehr Raum ein als das Wesentliche und Echte? Der Abklatsch und die Verpuffungen des Geistes, seine abartigen oder domestizierten Formen, seine falschen Ausbrüche oder genormten Erzeugnisse machen sich am hellen Tag breit und drängen sich dem Betrachter auf. Sie füllen weite Räume, verstopfen die ganze Bühne. Das wirklich Gültige hingegen, was sich bereit macht und anschickt, alles zu verwandeln, ist fast immer selten und verborgen, auch wenn sein diffuses Wirken schon nahezu überallhin gelangt sein kann. Doch selbst wenn es wahrgenommen wird, es müßte noch, um nach seinem wahren Wert geschätzt zu werden, von innen her und nach einer Methode betrachtet werden, die mit statistischen Methoden nichts zu tun hat und auch jede empirische Beobachtung übersteigt. Gewiß darf angenommen werden, daß etwa eine noch so gewissenhaft und klug durchgeführte marxistische Analyse, die vor zwanzig Jahrhunderten durchgeführt worden wäre, das unauffällige Geschehen in Palästina, das sich im Namen Jesus von Nazaret zusammenfaßt, übersehen hätte – genauso wie die jüdischen und römischen Historiker es in der Tat nicht beachtet haben. Dieser kaum wahrnehmbare Punkt wäre durch die Maschen ihrer Untersuchung hindurchgefallen oder im Netze ihrer gelehrten Erklärungen hängengeblieben und hätte so seine Sprengkraft eingebüßt.

Einige Hauptzüge sind immerhin allzu markant, als daß sie dem, der schlicht die Augen offenhalten will, ganz verborgen bleiben könnten. Ist der Kult eines gestaltlosen Gottes, so sagt man uns beispielsweise, nicht der Reflex einer Epoche weltweiter Handels- und Bankgeschäfte? Ist der Monotheismus nicht das Ergebnis eines allmählichen Zusammenschlusses der irdischen Mächte? – Wie aber soll man dann die Geschichte Indiens erklären, wo sich tiefgründige Systeme der Religionsphilosophie und hohe Formen des Kultes inmitten einer primitiven Wirtschaft und einer politisch amorphen Gesellschaft entfaltet haben? Vor allem, hat man die ersten Gebote des jüdischen Dekalogs gelesen? (Die Frage ihrer genauen Datierung ist hier unwichtig.) «Höre, Israel! Ich bin Jahwe, dein Gott. Du sollst keine fremden Götter neben mir haben. Du sollst dir kein geschnitztes Bild machen ... Denn ich, Jahwe, bin ein eifersüchtiger Gott!»[25]

★

Es bedarf in unserer abendländischen Geschichte keiner sehr differenzierten Untersuchung, um, trotz vielfacher Implikationen, zwei Arten «monotheistischer» Religionen ungleichen Ursprungs zu unterscheiden. Die erste ist in der Tat, zum Teil wenigstens, die Frucht der sozialen und politischen Entwicklung wie auch einer fortgeschrittenen Reflexion. Allmählich bilden sich Götterordnungen nach dem Bild dessen, was sich auf Erden abspielt. Die Götter organisieren sich, bilden eine Hierarchie, denn gerade ihre Vielheit und Vermischung legen die Einheit des Göttlichen nahe.[26] Schließlich entwickelt sich das Haupt der Göttergesellschaft zum höchsten Gott, und die anderen Götter sind nurmehr dessen Erscheinungsformen oder Diener.[27] Trifft ein Volk auf die Götter unterworfener Völker, so vermischt es sie mit den seinen nach einem System der Gleichwertigkeit, was sich zugleich bereichernd und einigend auswirkt.[28] Ergibt sich zufällig Konkurrenz, so werden die Götter des besiegten Volkes als selber Besiegte ausgeschieden, es sei denn, die Sieger adoptierten sie oder sie würden zu Dämonen ... So – mit zahlreichen Abwandlungen des Vorgangs – in Babylonien, in Ägypten oder bei den alten Indoeuropäern, im Achämenidenreich, in der hellenistischen Welt oder im Rom der Kaiserzeit ... Als Gewinn für die Politik, die Kultur, das Denken? Gewiß allermeistens und zuweilen in recht beträchtlichem Ausmaß. Doch eigentlich religiöser Fortschritt? Nicht immer, ja oft überhaupt nicht. Selbst in den Fällen, wo der Anthropomorphismus überwunden wird, gelangt man kaum weiter als bis zu einem abstrakten Göttlichen oder einer vergöttlichen Natur: *«Aequum est, quidquid omnes colunt, unum putari: eadem spectamus astra, commune coelum est, idem nos mundus involvit ...»*[29] Die Götter haben sich verdichtet: doch Gott haben sie nicht hervorgebracht.

In der zweiten Art des Monotheismus hingegen behauptet sich der einzige Gott mit einer grimmigen Ausschließlichkeit: «Gott allein ist Gott.» Er ist nicht das Ergebnis irgendeiner Verdichtung noch irgendeines Synkretismus, weder eines intellektuellen noch politischen. Er stellt eine neue Wertordnung auf und heiligt sie. Zu diesem Gott gelangt man nicht über andere Götter, sondern muß sich zu ihm bekehren, indem man die Götzenbilder zerschlägt – die von Hand geschnitzten wie die im Herzen geschmiedeten. Er ist ein Gott, der die Götter der Natur herausfordert, wie der noch unbekannte junge David den berühmten Riesen Goliat. Ein Gott, dem man folgen muß, indem man das Land seiner Väter verläßt ... Ein Gott, der ins Unbekannte führt. Ein Gott, der denen zum Ärgernis wird, die er nicht in seinen Bann gezogen hat. Vor ihm sind die «Götter der Völker» nichts als «Holz und Ton»; sind «Eitelkeit», «Nichts»; sie sind «Greuel», «Sünde», sind «Unreine», «Leichname», «Nicht-Götter». «Und weichet nicht vom Herrn und betet nicht an eitle Götter.»[30] «Seht, auf schneller Wolke fährt Jahwe dahin und kommt nach Ägypten! Die Götter Ägyptens beben vor ihm!»[31] «Ein eifersüchtiger, ein exklusiver Gott, vor dem nichts dauert und Bestand hat.» Eben war die Rede von einem bequemen Prinzip, das die Praktiken des Polytheismus rechtfertigte, indem es die fleischlichen Herrschaften festigte und an sich die Errungenschaft einer kleinen Elite von Weisen blieb. Jetzt aber hat man ein Wesen vor sich, das keineswegs abstrakt und doch ganz geistig ist; ein lebendiges, handelndes, wenn auch unsichtbares Wesen. Ein unerbittliches Wesen, das alle Verehrung für sich allein in Anspruch nimmt und von jedermann anerkannt sein will; ein transzendentes und doch höchst persönliches Wesen, das alle irdischen Reiche überragt, und wäre es das Weltreich. Kein kosmopolitischer Gott, sondern ein Gott, der, wenn er es noch nicht ist, der universale Gott sein wird.

Nur dieser zweite Monotheismus hat Sprengkraft in sich. Er allein trägt den religiösen Fortschritt, da er am Ursprung eines radikalen Wandels innerhalb der Anschauungen und des religiösen Lebens steht. Er allein vermag auch den sittlichen und sozialen Fortschritt zu übernehmen, soweit er ihn nicht von sich her in Bewegung setzt. Sein Gott allein vermag im vollen Sinn des Wortes Gegenstand eines Glaubens zu sein.[32] Trifft er auf den ersterwähnten Monotheismus, so fällt er mit diesem nicht überein: er muß ihn erst überwinden.

Hebraeorum Deus a Romanis non receptus, quia se solum coli voluerit.[33] Dann verwendet er ihn, um sich auszuformulieren, zu vervollständigen und selber sich auszubreiten, und führt ihn so zu seinem Ziel. Wir stellen jedoch fest, daß er in großen geeinten Staaten, nach mächtigen Eroberungen, nicht in Erscheinung tritt, auch nicht als Folge tiefer Spekulationen oder großer wirtschaftlicher Umwälzungen. Soweit beim hoffnungslosen Stand der Quellen die Geschichte sich rekonstruieren läßt, entstand die Religion des Zarathustra, «die unheidnischste der heidnischen Religionen», die Religion, deren göttliche Mächte eher «Eigenschaften der einzigen Gottheit»[34] als selber Götter sind, in einer abgelegenen Region des Iran, jedenfalls weit entfernt vom Zentrum der Kultur, dem damaligen Babylon, und noch vor der Epoche des Synkretismus, die durch die Eroberungen des Cyrus in dem gleichen Babylon eingeleitet wurde.[35] Ebenso widersprechen Judentum und Islam jeder religiösen Entwicklungstheorie, die sich einzig auf religionsfremde Faktoren stützt. Israel war ein kleines Volk mit einem noch wenig entwickelten Denken, einer rudimentären Wirtschaft, einer längst nicht so herausragenden Kultur wie die seiner großen Nachbarn, die es nacheinander zermalmten. Wenn es, besonders in der Zeit des Exils, von dieser geistig weit umfassenderen Vorstellungswelt großen Nutzen gezogen hat, so für seine eigenen Zwecke und um gleichsam den Gott, den es als einziges Volk schon bejahte, mit einem noch herrlicheren Mantel zu bekleiden. Ja, dessen Triumph es im Untergang und in der Gefangenschaft feiert. Was die Araber betrifft, so bildeten sie vor der Hedschra kaum eine Einheit. In ihren höchsten Offenbarungen wie in ihren bescheidensten Formen zerbricht und überragt die Gottesidee alle sozialen und geistigen Rahmen. Man kann wahrlich sagen: «Der Geist weht, wo er will.»

★

Jede überdauernde Religion muß verwurzelt sein, und ihr Entstehen wird von einer Reihe von Bedingungen abhängen, die nicht alle der religiösen Ordnung angehören. Ein Christ wird sich darüber nicht wundern, weiß er doch, welchen Raum die Idee der «Fülle der Zeiten» selbst in der offenbarten Religion einnimmt. Übernatürlich heißt nicht oberflächlich. Das Göttliche schließt das Menschliche nicht aus. Es überlagert es auch nicht eigenmächtig. Hüten wir uns aber, gerade in diesem Bereich, Bedingungen für Ursachen zu halten.

★

Im Heidentum drängte die Entwicklung des Denkens zur Abschaffung der Götter. Durch das Christentum hat der Glaube an Gott die Entwicklung des Bewußtseins bewirkt. Der von Gott angerufene Mensch hat sein eigenes Wesen durch seine Berufung erkannt. Er ist für sich selbst auf immer Person geworden.

★

Wenn *Gott* sich wie die *Götter* benennt, so nicht kraft ich weiß nicht welcher Verwandtschaft, als wäre etwa der eine die Vollkommenheit, die Sublimierung oder Ineinssetzung der anderen. Damit soll vielmehr deutlich gemacht werden, daß die übrigen Götter nie über mehr als eine geborgte, ja fälschlich sich angeeignete Existenz und Benennung verfügt haben. Gott tritt wieder in seine Rechte ein, die eitle Phantome oder böse Mächte vom Tag an, da sich der Mensch von ihm abgewandt hatte, sich angemaßt haben.

★

Die einen sind der Ansicht, der einzige Gott sei ein Produkt der religiösen *Evolution*. Anfänglich in einer Wolke heiliger Wesen verstreut, organisiert sich das Göttliche allmählich, ordnet sich hierarchisch, verdichtet und übersteigt sich schließlich in eine höchste Gottheit, der die von der mythischen Einbildungskraft geschaffenen anderen Mächte von nun an nur mehr dienen. Dann kann sich das Göttliche nach Belieben läutern, vergeistigen und verfeinern – so sehr vielleicht, daß es sich auflöst.[36]

Andere hingegen sind der Meinung, daß dieser einzige Gott in einem Male durch eine religiöse *Revolution* gesetzt wird. Er behauptet sich zum vorneherein, indem er sich in Gegensatz stellt, als einzelner Gott die übrigen Götter verdrängt. Dies entspricht einer bestimmten Vorstellung des Göttlichen, das in seiner Ausschließlichkeit auftaucht und sich in Gegensatz stellt zu den bisher gelebten Vorstellungen, deren der Mensch überdrüssig geworden ist, deren Leere er erkannt oder deren Wert er nicht mehr wahrgenommen hat.

Die eine wie die andere These beruht auf einer Reihe genauer Untersuchungen, und man wird beide berücksichtigen müssen, wenn auch die zweite weit mehr historische Wahrheit für sich beanspruchen kann als die erste, sofern man dem lebendigen Gott der Religion größere Beachtung schenkt als dem höchsten Prinzip der Philosophie.[37] Der Gott der Bibel hat einen Eigennamen, nämlich Jahwe, und er behauptet sich in seiner Einzigkeit, indem er sich ein einzelnes Volk heranbildet, abseits von den anderen Völkern, diesem eine besondere Gesetzgebung gibt und durch seine Propheten der von Menschenhand geschaffenen Götter spottet. Der Gott der Evangelien ist nicht weniger persönlich: er ist der himmlische Vater, und für die Christen können die Götter des Heidentums, sofern sie überhaupt existieren, nur Dämonen sein. Dennoch gilt, daß nach einer Phase der Intransigenz, in deren Verlauf der Eingottkult oder Monotheismus sich durchsetzt, eine Phase der Integration nicht lange auf sich warten läßt, in deren Verlauf der siegreiche Gott, ohne sich weiter davon berühren zu lassen, all das für sich wieder zusammenholt, was sich an Gedanken oder wahrer Anbetung anderswohin verirrt hatte. Auf die Entgegensetzung folgt die Einverleibung, so daß die beiden Thesen weniger als Gegensatz denn als Vervollständigung erscheinen.

Doch dringt weder die eine noch die andere bis auf den Grund der Dinge. Keine von beiden steigt zum Quell zurück. In Wirklichkeit entspringt die Idee des einen und transzendenten Gottes in ihrer historischen Erscheinung weder einer Kritik noch irgendeiner Enttäuschung. Sie ist nicht die Frucht einer revolutionären oder evolutiven immanenten Dialektik. Sie wird weder durch Synthese gewonnen, als sei sie die Antwort auf ein zuvor empfundendes Bedürfnis, das verstreute Göttliche zu vereinen, noch durch Antithese, als sei sich der Mensch vorher schon der Eitelkeit seiner alten Götter bewußt geworden. Kein Prozeß der Integration noch des Gegensatzes erklärt sie. Was man für die Ursache hält, ist in Wirklichkeit Wirkung. Die Idee des einen Gottes entspringt spontan im Innersten des Bewußtseins, sei es auf Grund einer rationalen Notwendigkeit, sei es auf Grund irgendeiner übernatürlichen Erleuchtung, und sie auferlegt sich dem Geist selbst kraft eigener Notwendigkeit. Tatsächlich ist es im besten Fall Gott selbst, der, sich offenbarend, die Götzen zunichte macht oder den, den er heimsucht, nötigt, sie aus seinem Herzen zu reißen: *Reverberasti infirmitatem aspectus mei, radians in me vehementer, et contremui amore et horrore.*[38] Was zuerst kommt, ist dieses Aufleuchten, diese «Ausstrahlung»; diese mit Furcht vermischte Einsicht und Anziehung. Daraufhin enthüllt sich durch ein Phänomen der «Rückstrahlung» die Hinfälligkeit menschlicher Vorstellungen in ihrer ganzen Schärfe, und der Mensch, den Gott angerührt hat, wird von Abscheu gegen die selber erzeugten Wahngebilde erfüllt. Der Glaube, der in ihm erwacht, löst ihn vom Bann.

Zu Beginn erfolgt also eine Berührung, eine Begegnung; es geschieht eine gewisse Wahrnehmung, wie man diese je nachdem auch benennen wird: Geistesblitz, Schau, Hören oder Glaube. Die Antithese folgt an zweiter, die Synthese, soweit man von einer solchen sprechen kann, erst an letzter Stelle.

Was wahrhaft zählt, ist dieser Auftakt: Abraham, der den Ruf vernimmt, der ihn vom Land und Kult seiner Ahnen losreißt; Mose, der auf dem Sinai das Gesetz empfängt; Jesaja, der die Majestät Jahwes im Tempel schaut ... Jesus, der im Geist frohlockt und mit seinem Vater spricht. In alldem findet sich keinerlei Umkehrung von einem Für zu einem Wider, keine Relativierung. Keine «Dialektik». Alle Dialektik, sei sie historisch oder nicht, welcher Art sie auch sein mag, setzt Andersheit und Verneinung voraus. In jeder Dialektik, was sie auch auslöst, ruft das eine Moment das andere hervor. Die Umkehrung des Für zum Wider setzt nicht die Einführung eines neuen Prinzips voraus. Die Dialektik ist eine mächtige Waffe, denn sie entspricht einem der wesentlichsten geistigen Vorgänge. Will sie aber das Denken nicht bloß ordnen, sondern im eigentlichen Sinn erzeugen, dann wird sie zur blinden Notwendigkeit. Sie erleuchtet nicht das Innere der Wesen, die sie nacheinander setzt; diese Wesen haben vielmehr kein Inneres mehr, da sie nur noch völlig auf jene anderen bezogene Momente sind, mit denen sie zusammengereiht werden. Gewiß, wenn einmal die Idee des lebendigen Gottes – sei es durch die Wirkung des Vernunftlichtes oder durch das Licht einer übernatürlichen Offenbarung – wie ein Keim ins Bewußtsein gefallen ist, so unterliegt sie wie jede andere Idee der Dialektik. Ja, irgendwie mehr noch als jede andere, denn sie wird dort zum Prinzip einer dauernden «Beunruhigung», von der sie selbst endlos umgetrieben wird. Dennoch bleibt sie ganz wesentlich und positiv, und das sichert ihr den Sieg. Sie entspricht keineswegs einer Phase menschlicher Dialektik, diese spielt vielmehr die Rolle der Vermittlung, gleichsam als Mittelstück zwischen einer wahrgenommenen Wirklichkeit und einem erahnten Geheimnis, unablässig von einer Gegenwart in ihrer Bewegung unterstützt ...

Wieviel eindrücklicher noch verhält sich dies in der konkreten Dialektik der Geschichte! Der religiöse Monotheismus, wie wir ihn Israel und Christus verdanken – oder in geringem Maß die anderswo beobachteten analogen Erscheinungen –, entzündet sich unmittelbar am göttlichen Feuer. Bevor er noch Glaube ist, und erst recht bevor er zu einer Überlieferung oder Idee wird, war er ein Anruf und wird es, wo er seine ursprüngliche Kraft bewahrt, immerdar bleiben. Bei seiner Entstehung gibt es nicht die geringste Spur jener dialektischen Bewegung des «Ressentiments» im Sinne Nietzsches. Abraham fand zum wahren Gott nicht aus Überdruß an den Göttern seiner Väter, er hatte sich in einem inneren Kampf selber von ihnen abzusetzen, und sein Glaube mußte sich als Sieg erweisen. Jesus predigt nicht, wie der Buddha, die Eitelkeit dieser Welt und der Götter, die sie heiligsprechen, weil sie mythisch ihrer Substanz entstammen: Er verkündet das Himmelreich, wo seine Seele bereits atmet, und zeigt die Liebe des himmlischen Vaters mittels seiner eigenen Person. In diesem Sinn bewahrheitet sich auch das tiefsinnige Wort des Apostels: *Nur Ja ist in ihm.*[39]

★

Man hat mit mehr oder weniger Erfolg die Mythologien der Psychoanalyse unterzogen. Immer dringender wird eine Psychoanalyse des Atheismus. Eine Psychoanalyse des Glaubens wird immer scheitern.[40]

ZWEITES KAPITEL

VOM JA ZU GOTT

Wenn man mit Augustinus die Bezeichnung «Glaube» für jene Akte reserviert, durch die der Geist jenen Wahrheiten zustimmt, die über dem Sinnlichen liegen und die der Verstand noch nicht zu durchdringen vermag, so wird man sagen können, das Ja zu Gott sei stets Sache eines Glaubens. Doch wird man sogleich näherhin klären müssen, daß im Hinblick auf die Gewißheit keine Bejahung je mit diesem Glauben vergleichbar ist. Denn bevor dieses Ja noch geformt, bevor Gott genannt wurde, hat es bereits alle übrigen Bejahungen im voraus begründet. Denn daran knüpft sich, wie Descartes sehr richtig gesehen hat, auch wenn er es schlecht erklärt, jede Zustimmung; in ihm gründet jede Gewißheit. «Man mag sich anstellen, wie man will», sagte auch Leibniz, «auf die göttliche Existenz kann man nicht verzichten.» Auf ihre Weise – an der wir hier keine Kritik zu üben haben – griffen diese beiden Philosophen das von Thomas ausgesprochene Axiom wieder auf: «Alles Erkennende erkennt implizit Gott in jedem Erkannten.»[1]

Jeder menschliche Akt des Erkennens oder Wollens, der im Wirklichen, an dem er sich vollzieht, Bestand und Sinn voraussetzt, stützt sich insgeheim auf Gott. Denn Gott ist das Absolute; und man kann nichts denken, ohne das Absolute zu setzen und das Gedachte mit diesem Absoluten in Verbindung zu bringen; man kann nichts wollen, ohne nach dem Absoluten zu streben, noch irgend etwas bewerten, ohne es am Gewicht des Absoluten zu messen.[2]

God is used – nicht allein in den sogenannten religiösen Akten, noch in einem grob pragmatischen Verständnis gilt das bekannte Wort. Sich Gottes bedienen, um die Flut der unmittelbaren Existenz zu beherrschen, das Chaos zu ordnen, um auszusagen, zu urteilen, zu wählen, in einem Wort, einen geistigen Akt zu setzen, ohne sich bei jedem Schritt zu widersprechen, sich gleichzeitig aber zu weigern, Ihn zu erkennen, im Denkakt Den auszuschalten, ohne den das Denken ein bloßer psychischer Vorgang bliebe, sich im selben Akt, durch den man Ihn verneint, auf Ihn zu stützen, darin besteht der äußerste Widerspruch. Ein Urteil, das sich in Wirklichkeit selber verneint und aufhebt, und zwar nicht bloß seinem Gehalt nach, sondern als solches, da es sein Gefüge zerstört und sich seiner Kondition versagt. Ein zweifellos nicht wahrgenommener Widerspruch, denn er ergibt sich nicht zwischen zwei sachlichen Aussagen, sondern zwischen der sachlichen und der transzendentalen Bejahung; zwischen der ausgesprochenen und der im Denken gelebten Zustimmung. Folglich ist es kein einzelner und rein logischer – und deshalb immer möglicher – Widerspruch, sondern ein allumfassender, ein vitaler und geistiger Widerspruch. Widerspruch im Wesen, das denkt. Sünde des Geistes wider den Geist.

So handelten die Heiden Roms, die sich in die Kirchen flüchteten, um den Schlägen der Barbaren zu entgehen, und die ihnen vom Gott der Christen gewährte Sicherheit dazu benutzten, Ihn zu lästern. Um das Recht zu haben, Gott zu leugnen, ohne sich selbst zu widersprechen, müßte man zugleich aufhören können, zu wollen und zu denken,[3] müßte aufhören zu reden.[4]

★

Ohne den Geist selbst zu zerstören, könnte man sein immerwährendes Hinbezogensein auf das Absolute, auf das real gedachte Absolute, nicht unterbrechen. Man kann «diese Grundbeziehung zum Sein, die von den Philosophien des Fortschritts oder des Ganzheitlichen stets vernachlässigt wird», nicht aufheben; noch kann man, ohne sich aller wahren Philosophie zu verschließen, diese «dem Philosophen wie allen Menschen gemeinsame Grunderfahrung» der «nicht begrifflichen Gegenwart des Seins im Bewußtsein»,[5] verkennen.

★

«Da Gott kein Prinzip hat, kann er auch nicht kraft eines von ihm unterschiedenen Prinzips ausgesagt werden» (P. Scheuer).

Damit wird nicht gesagt, daß nicht – nach den Prinzipien – geschlossen werden sollte, um die Existenz Gottes zu beweisen, sondern daß das Denken, das Bejahung Gottes ist, nicht erst auf Grund einer Schlußfolgerung in uns besteht. Das schließende Denken ist vor der Schlußfolgerung da. Wenn gefolgert werden muß, so um uns beizubringen, was das Denken an sich ist oder was es besagt. Denn die Wirklichkeit des Denkens ist kein Ereignis psychologischer Ordnung, und keine empirische Untersuchungsmethode könnte uns helfen, es zu ergründen.

Damit wird weiterhin gesagt, daß die Existenz Gottes keine beliebige Wahrheit ist, keine einzelne Wahrheit, die *an sich* von einer größeren, umfassenderen, grundlegenderen Wahrheit abhinge, von der sie gewissermaßen eine Anwendung unter anderen wäre. Oder mit anderen Worten, daß das Sein Gottes kein einzelnes Sein ist, das innerhalb oder zu Beginn einer Reihe seinen Ort hätte. Gott ist nicht das erste Glied in der Kette der Seienden.

Ferner ist auch gegen jeden Rationalismus wie gegen jede Geringschätzung der rationalen Gewißheiten anzuerkennen, daß Gott die Wirklichkeit ist, die unser Denken beherrscht, umgreift und mißt, und nicht umgekehrt. Er ist die Wirklichkeit, die unser Denken zugleich so groß, seiner selbst so gewiß und in seinem königlichen Akt des Urteilens so absolut macht und so unbedingt fügsam ...

Kurz, die Wirklichkeit Gottes muß ernstgenommen, die Transzendenz Gottes in ihrer ganzen Tragweite anerkannt werden.

★

Gäbe es nicht eine bestimmte – nicht objektivierte, noch nicht wahrgenommene, unbewußte, wenn auch dem Bewußtsein gegenwärtige, und im Grunde genommen *nicht begriffliche* – Gottesidee, die all unseren Begriffen vorausliegt und stets allen gegenwärtig ist, so würden alle Läuterungen, die wir ihnen angedeihen lassen, um Gott richtig zu denken, schließlich nur dazu führen, alles zu verneinen, um im Nichts zu enden. Nach der Phase der Negation von einer Phase der «excellentia» oder der «eminentia» zu sprechen, wäre ein Scherz. Denn würde die Phase der Negation ernsthaft durchschritten, sie hinterließe im Geist eine Tabula rasa, hätte darin nichts überstehen lassen. Alle mit der Vorsilbe *über* gebildeten Bezeichnungen wären somit Geplapper, reine Wortklauberei, verkappte Rückkehr zur ersten Behauptung, wie sie vor jeder Kritik bestand.[6]

Desgleichen, gäbe es keinerlei Art von Gottesidee, die allen Schlußfolgerungen, durch die wir Gott eine logische Grundlage in uns zu bilden suchen, vorausliegt, so würde die nachher notwendig anzubringende Kritik an der allgemeinen Form, in die sich diese Schlußfolgerungen gießen, zur Verneinung jeder Gottesbejahung führen.

Doch die angedeutete Hypothese ist hinfällig. Die doppelte Tätigkeit des Geistes ist keineswegs jenes nicht endende Werk der Penelope. Sie kommt wirklich zu einem Schluß. Ihr Erfolg ist ein endgültiger. Denn all unseren Begriffen voraus, wenn auch objektiv außerhalb ihrer nicht faßbar, wie auch all unseren Schlußfolgerungen vorweg, wenn auch ohne sie nicht logisch zu begründen, lebt von Anfang an die sowohl die einen wie die anderen inspirierende, bewegende und rechtfertigende Gottesidee geheimnisvoll in uns. *Omnia cognoscentia cognoscunt implicite Deum in quolibet cognito.*[7]

Eine solche Aussage gilt allein von Gott. So bescheiden man sie auch versteht, ihr Wert ist unschätzbar. Die Gottesidee waltet über all unseren Verneinungen wie über all unserer Kritik, ungefähr so wie das Wort, das man sucht, das man kennt, ohne es finden zu können, alle übrigen Wörter verdrängt, die sich dem Geiste anbieten. Selbst in der Verneinung triumphiert die Bejahung, und die Kritik ist eine Festigung.

In ihrem ursprünglichen und bleibenden Zustand ist diese Gottesidee kein Erzeugnis des Verstandes, kein Begriff. Sie ist eine Wirklichkeit: die eigentliche Seele der Seele; geistiges Abbild der Gottheit, «Eikôn».[8]

★

Würde der Geist Gott nicht bejahen – wäre er nicht Bejahung Gottes, vermöchte er überhaupt nichts zu bejahen. Wie ein seiner Sonne beraubtes Land, wäre er ohne jedes Gesetz. Ganz in den Limbus eines dunklen Psychismus zurückgefallen, wäre er jeder rationalen Tätigkeit unfähig. Er könnte nicht mehr urteilen, er hätte das Einzige verloren, was als Fundament, als Licht und Norm, als Rechtfertigung und Bezugspunkt für alles übrige dienen kann.

Das heißt aber nicht, daß Gott nicht zu beweisen ist. Heißt auch nicht, daß Gottes Existenz uns von Anfang an evident ist. Vom Relativen ausgehend, erhebt sich die Vernunft zum Absoluten. Was jeden ihrer Schritte stützt und lenkt, ist in anderer Hinsicht zugleich das Ziel dieser Schritte. Was die Erkenntnis erklärt und rechtfertigt, muß von ihr erarbeitet werden. Was an ihr Wurzel ist, muß, um erkannt werden zu können, an ihrem Wipfel erscheinen.

★

Um an Gott zu glauben, werde ich mich nicht mit einem zweifelhaften Argument begnügen, mit einem Beweis, der nur halbwegs trägt. Dies widerstrebt dem sittlichen Empfinden ebensosehr wie dem Verstand. Die Größe des Einsatzes ist für mich kein Grund, mich rasch zufriedenzugeben, sie zwingt mich zu größerer Strenge. Anderseits müßte mir, wäre ich scharfsichtiger, ein bloßer Hinweis, ein bloßes Anzeichen genügen; denn ich trage den Beweis in mir. Bevor ich ihn mir mehr oder weniger wissenschaftlich und kritisch darlege, spüre ich sein Wirken wie das eines Hebels. Ich erhebe mich zu Gott, wie ich atme. In beiden Fällen auf Grund derselben Notwendigkeit. Allerdings mit dem zweifachen Unterschied: im Falle des körperlichen Lebens ist diese Notwendigkeit ohne weiteres gegeben, im Fall des geistigen Lebens jedoch bringt sie ihr Licht mit sich; doch während – unglaubliches Paradox – die es stets umhüllende Nacht das Atmen des Leibes nie hindert, in vollkommener Regelmäßigkeit fortzudauern, reicht das Licht, das das Atmen des Geistes begleitet, nicht aus, ihm Anerkennung zu verschaffen, so daß der Geist es zwar nicht verhindern – was den Tod für ihn bedeutete –, wohl aber stören kann.

★

Wenn es zur Festigung meines Glaubens an Gott notwendig sein mag, äußere Mittel zu ergreifen, so nicht, weil meine verstandesmäßige Gewißheit auch nur im geringsten schwankend wäre. Wenn irgendein mir vorgelegter Einwand wirklich stimmt, so betrifft er, ich weiß es, nur meine Unbeholfenheit. Das Labyrinth, in das man mich einschließt, habe ich nie ganz betreten.

Ich weiß aber auch: der Verstand ist nicht der ganze Mensch. Und der verständige Mensch behandelt sich nicht als reinen Verstand. Die vielfache Berufung auf Gewohnheit, Überlieferung, Autorität, auf die Lehren der positiven Religion, auf die von Kind auf wiederholten Gebärden – der ganze Rückgriff auf die «Maschine» – haben nicht den Sinn, der Vernunft Zwang anzutun, noch sie zu ersetzen, vielmehr sie vor dem Schweifen der Einbildungskraft zu schützen. Es geht darum, das Kind zu beruhigen, das, wie Plato sagt, noch immer in einem jeden von uns wohnt. Daran Ärgernis nehmen werden nur jene, so können wir mit Augustinus sagen:

Qui nesciunt quam rarum et arduum sit carnalia phantasmata prae mentis serenitate superare.[9]

★

Alle metaphysischen Wahrheiten, so rigoros ihre Deduktion auch gewesen sein mag, lassen das Tor für eine zweifelnde Anfrage offen. Selbst die am tiefsten von ihnen Beeindruckten «fürchten eine Stunde später, sich geirrt zu haben» – sie sind jedenfalls davon nicht zufriedengestellt. Nicht daß diese Wahrheiten schlecht begründet wären oder daß der reine Verstand sich von ihrem Beweis nicht überzeugen ließe. Doch ist einmal die Stunde der Beweisführung vorbei, wird dann die Erinnerung daran immer ausreichen, dem Ansturm so vieler entgegengesetzter Eindrücke standzuhalten? An einem abstrakten Himmel vermag zwar das Licht dieser Wahrheiten weiterhin zu leuchten, diese aber sind dazu geschaffen, um erfahren – *est enim sensus et mentis*[10] – und nicht bloß bewiesen zu werden; um in Besitz genommen und umfaßt und nicht nur aus der Ferne, in einer blassen, bloß oberflächlichen Helle wahrgenommen zu werden. Ihr Beweis legt sie uns nahe, vermittelt sie uns aber nicht.[11] Die Gewißheit, die er uns verleiht, ist kein Besitz. Es ist schön, daß der Mensch sich beispielsweise seine Unsterblichkeit selber beweisen kann. Doch was kann für ein unsterbliches Wesen ein solcher Beweis anderes sein als ein Notbehelf? Die ganze Stringenz, die man einem solchen Beweis zubilligen kann, vermag das Gefühl der Unwirklichkeit nicht auszuräumen, das ihn selbst bei vollem Licht begleitet. Je mehr der Beweis als Beweis empfunden wird, desto tiefer läßt er uns des Elends bewußt werden, das uns nötigt, den Beweis zu erbringen, ein Elend, das andauern wird, selbst nach erbrachtem Beweis …

Mit wieviel mehr Grund wird das Bewußtsein dieses Elends sich verschärfen und das Gefühl der Unwirklichkeit auf unserem Geist lasten, wenn es sich um Gott handelt, das unendlich reine Wesen, «das im unzugänglichen Licht wohnt». Um Den, der alle Wesenheit, «jeden Namen und jede Gestalt» überragt, um Den, den alles bedeutet, nichts aber letzten Endes darzustellen vermag![12] Wie könnten wir uns mit einem Beweis zufrieden geben , da es sich um Den handelt, der, gerade auf Grund seiner vollkommenen Aktualität und Fülle, sich von der objektiven Vernunft nur als nackte Existenz unmittelbar erfassen läßt und dessen Wirklichkeit uns zu inwendig und zugleich zu unbegreiflich ist, als daß sie uns durch «Introversion» je zum dauernden Besitz werden könnte?

Ubi est lux inaccessibilis, aut quomodo accedam ad lucem inaccessibilem? Numquam te vidi, Domine Deus meus, non novi faciem tuam!

Haec lux est inaccessibilis, et tamen proxima animae etiam plus quam ipsa sibi. Est etiam inalligabilis, et tamen summe intima.[13]

★

Wir erträumen stets das Unmögliche, möchten eine Wahrheit, die nicht abstrakt, eine Wirklichkeit, die nicht empirisch wäre; eine Tatsache, die alle Eigenschaften des Rechts besäße; eine Feststellung, die zugleich Antwort auf eine Forderung, eine ideale Genugtuung wäre und nicht weniger konkreter Besitz. Nur um diesen Preis würde die Befriedung des Geistes erlangt. Aber wir schwanken immer zwischen den beiden Polen hin und her. Für das Doppelwesen, das wir sind, bleibt die Dualität unüberwindlich. Diesem Gemisch von Sinnenhaftigkeit und Vernunft entgleitet die Einheit fortwährend. Wenn wir sie zu fassen meinen, teilt sie sich sogleich, und die universale Einheit ist nicht die konkrete Einheit. Was wir voranschreitend erreichen, ist nicht nur, infolge seiner Unzulänglichkeit, Prinzip eines neuen Suchens: es ist immer neue Enttäuschung. *Cur non te sentit, Domine Deus animae meae, si invenit te? Aut non invenit, quem invenit esse lucem et veritatem . . .*[14]

Werden wir denn von einem Trugbild getrieben? Keineswegs. Es gibt ein Unmögliches, das dennoch nicht trügt. Aber Gott allein steht es zu, jenseits von Sinnen und Vernunft, die – hienieden immer bruchstückhaft und flüchtig bleibende – Synthese zu wirken. In der Nacht der Sinne und in der Nacht der Vernunft, in der Nacht, die Nacht bleibt, leuchtet dann die eine einzigartige Gegenwart auf.[15]

*

Warum hat der Geist, wenn er Gott gefunden hat, noch immer oder wiederum das Gefühl, ihn nicht gefunden zu haben? Warum stets diese lastende Ferne bis in die innerste Gegenwart hinein? Warum dieses unbesiegliche Dunkel Dessen, der ganz Licht ist? Warum dieses unübersteigbare Hindernis, diese unüberwindliche Ferne im Angesicht Dessen, der alles durchdringt? Warum diese Mauer, diese gähnende Leere? Warum der Verrat all der Dinge, die uns, kaum haben sie uns Gott gezeigt, ihn abermals verbergen?

Versuchung, diesem Ärgernis zu erliegen, in einer um so größeren Verzweiflung, als wir zuvor geglaubt hatten, gefunden zu haben. Versuchung, das Licht zu leugnen, weil der Schleier sich wieder verdichtet oder weil die Augen geblendet sind. Versuchung des Überdrusses, nach der Mühsal eines Marsches, der immer wieder zum Ausgangspunkt zurückführt ... – Aber ebenso, für andere, die umgekehrte Versuchung «aller kurzschlüssigen Mittel»: die Illusion dessen, der sich einredet, er brauche nur mehr einen leichten Schleier zu lüften, damit endlich die Gegenwart erscheine; hätte seinen Blick nur nach innen zu wenden, um den leuchtenden, alle seine Gedanken erhellenden Punkt anzublicken, um sich der Anschauung seines Gottes zu erfreuen; es genüge ihm zu sein, um das Sein zu besitzen ... Dies ist eine Unterschätzung des Hindernisses. Eine allzu schnell erworbene Abgeklärtheit. Eine Verwechslung der blassen Helle des Seins mit dem göttlichen Licht ...

Herr, warum soviel Doppelsinniges? Warum ein solches Hin und Her in der Seele, ein solcher Widerstreit? Warum so viele widersprüchliche und vergebliche Anläufe? «Warum das?»

... Cur hoc, Domine, cur hoc? Tenebratur oculus ejus infirmitate sua, aut reverberatur fulgore tuo? – Sed certe et tenebratur in se, et reverberatur a te. Utique et obscuratur sua brevitate, et obruitur tua immensitate. Vere et contrahitur angustia sua, et vincitur amplitudine tua ...[16]

★

Die Feststellung, Gottes Existenz sei «glaubhaft» (in der Sinnbedeutung von «annehmbar»),[17] die man zuweilen hört, entbehrt jeden Sinnes. Worauf könnte sich eine solche Glaubhaftigkeit gründen, wenn nicht, wie jede Glaubhaftigkeit, auf einer allgemeineren Gewißheit derselben Ordnung? Gott aber ist allein in seiner Ordnung, und der Platz, den er in der Erkenntnis einnimmt, ist einmalig. Die Glaubhaftigkeit der Existenz Gottes müßte also in der seiner Existenz vorausliegenden Gewißheit gründen. Genauso könnten wir sagen, unsere eigene Existenz sei glaubhaft ...

Glaubhaftigkeit ist nur im empirischen Bereich denkbar. Sie hat Sinn nur im Hinblick auf einen einzelnen Gegenstand, das heißt auf einen Gegenstand, der Teil eines Ganzen ist, auf eine Tatsache unter anderen Tatsachen. Gott aber ist an der gemeinsamen Erfahrung nicht beteiligt. Gott ist keine Tatsache, kein «Gegenstand». Die Wirklichkeit Gottes ist nicht die eines Ereignisses. Gott ist auch nicht der Einzelfall, die besondere Anwendung, die besondere Verwirklichung einer allgemeinen Wahrheit oder eines allgemeinen ihm vorausliegenden Prinzips. Wie die Alten sagten, «das Sein gehört keiner Gattung an»,[18] «Gott ist nicht innerhalb der Gattung», Gott ist einzigartig.

So sage man also, wenn man will und um das Geheimnis zu achten, in das unser Erkennen bis in seine letzten Gewißheiten hinein restlos eingetaucht ist, daß das geistige Leben auf einem Glauben beruht. Man setze an seinen Ursprung eine bestimmte Art von Vertrauen oder besser noch «Vorausnahme»,[19] gebe auch das Gefühl von Unwirklichkeit zu, das der rigoroseste Gebrauch der Vernunft unter den Bedingungen unseres irdischen Daseins oft nur noch verstärkt... Doch diese verschiedenen Begriffe, die sich dem Begriff der Gewißheit nicht entgegenstellen, haben mit dem Begriff der Glaubhaftigkeit nichts zu tun.

★

Das Glaubhafte (probable) kann zudem das Wahrscheinliche (vraisemblable) sein. Wer aber wird sagen, Gottes Sein sei wahrscheinlich? Hält man sich an die Analogien und den Anschein und hört auf die allgemeine Vernunft und das allgemeine Urteil, was gibt es dann Unwahrscheinlicheres? Was gibt es Verwirrenderes, wie man es auch anpackt? Nicht auf Grund seiner Wahrscheinlichkeit bejahe ich dieses Sein Gottes, dieses Sein, das Gott ist, sondern trotz seiner Unwahrscheinlichkeit. Trotz aller Antinomien, an denen ich mich, Ihn setzend, stoße, trotz allen Widerstrebens, das mich immer wieder hemmt. Und dennoch tue ich es, und zwar völlig sicheren Geistes, nicht durch eine fremde Macht gedrängt, sondern durch eine rationale Notwendigkeit, die mir die Unmöglichkeit zeigt, daß er nicht sei. Sein Licht ist indirekt, und was es zeigt, ist nur negativ: doch seine Macht ist so groß, daß sie alle «Wahrscheinlichkeiten» hinwegfegt. Das Unwahrscheinliche ist zugleich das Unumstößliche; und dieses überwiegt jenes unendlich.

★

«Die Gewißheit ist ein abgründiger Bereich, wo das Denken sich allein durch das Tun erhält.»[20]

★

«Die Wahrheit», sagt Malebranche großartig, «ist abgerückt, sie ist nicht sinnfällig, ist kein Gut, das man zu lieben sich rasch entschließt. Die Aufmerksamkeit des Geistes ist daher notwendig.» – Doch fügt er im Gefolge Augustins hinzu: «Wie soll ein Mensch, der von allen Seiten gezerrt, überall verletzt, zurückgestoßen wird, wenn er vorwärts will, den man weiterschleppt, wenn er zurück will, den man fortwährend hindert oder mißhandelt, wie soll er aufmerksam sein?» Dies aber ist die Situation des Geistes im Fleisch. Er ist nie – noch nicht – ganz er selbst. Nie kann er sich lange Zeit ungehindert der Erforschung oder der Betrachtung des Wahren hingeben.

Der ganze «Apparat», mit dem sich der Glaube an Gott umgibt, sich schützt und festigt, bezieht von daher seine Notwendigkeit – und zugleich seine Rechtfertigung. Er ist nicht dazu da, irgendeinem Mangel an Beweiskraft oder an vernünftiger Gewißheit abzuhelfen. Er besteht nur, um in etwa diese notwendige und unmögliche «Aufmerksamkeit» zu ermöglichen oder ihr nachzuhelfen. Eine Aufgabe, die an sich immer erfordert ist, denn «die Vorurteile setzen immer wieder zum Angriff an und vertreiben uns aus dem von uns Eroberten, falls wir uns nicht durch Wachsamkeit und gute Verschanzungen darin zu behaupten wissen». Durch diese «guten Verschanzungen» leidet die Wahrheit keinen Schaden, sondern sie wird gerettet. Das Denken schützt sich vor dem «geistigen Schwindelgefühl»; es wird nicht geknechtet, sondern befreit.

★

Bis in unsere sichersten Gewißheiten hinein – sooft es sich um einen Gegenstand handelt, der uns überragt – wird der eminente Vorrang des Geistes, seine Freiheit, gewahrt. Sie ist gewahrt noch in der höchsten dieser Gewißheiten, der sichersten und begründetsten von allen, der zuhöchst rationalen Gewißheit, der Gewißheit von der Existenz Gottes. Mehr noch, dort allein erweist sie sich in ihrer Fülle. Denn der menschliche Geist ist trotz seiner vorläufigen Zerspanntheit im tiefsten seiner selbst nicht in sich selbst gespalten. Die Unterscheidung seiner «Fähigkeiten» ist nicht eine Unterscheidung von Dingen, die sich gegenseitig ausschließen. Es ist keineswegs so, daß seine beiden Vermögen, das des sicheren Erkennens und das des freien Wollens, jedes für sich die Vollkommenheit ihres Aktes um den Preis einer Minderung und gleichsam der Unterwerfung des anderen erkaufen müßten, als könnte die freie Gewißheit immer nur eine halbe Freiheit oder eine halbe Gewißheit sein; sie steigern sich vielmehr in dem Maß wie ihr Gegenstand sich erhöht, und suchen sich in der Einheit zusammenzufinden. Nie sind sie dieser näher als in der Bejahung Gottes.

★

Die Bejahung Gottes, in dem sie setzenden Subjekt betrachtet, ist nicht nur im Sinn jener wesentlichen, grundlegenden Freiheit frei, von der zum Beispiel ein Spinoza spricht, jener Freiheit, die jedem geistigen Akt eignet, *qui sola ducitur ratione.* Nicht einmal im Sinn jener höheren Freiheit, jener autonomen und totalen Initiative, die sie fordert, um sich konkret zu vollenden.[21] Sie ist es auch im Sinn jener bescheideneren, ganz empirischen und gewöhnlichen Freiheit, die Tag für Tag kämpfen und sich den Umständen anpassen muß, die sich gegen Überraschungen wehren, sich in der Praxis verwurzeln und nötigenfalls ohne falsche Scham die tausend kleinen Kunstgriffe anwenden muß, die ihr die Klugheit empfiehlt und der gesunde Menschenverstand nahelegt.

Die erste dieser Freiheiten ist die eigentliche Voraussetzung aller wahren Erkenntnis; es ist die Freiheit des Subjekts, dessen Urteil «durch keinerlei äußere Ursache erzwungen» werden kann.[22] Die zweite ist unentbehrlich, um Gott, den

Schlußstein allen Wissens, zu bejahen. Der Gebrauch der dritten kann jeden Augenblick nützlich oder notwendig sein, um ihre reflektierte Bejahung unnachgiebig durchzuhalten, indem wir uns selbst in der Wahrheit unserer Natur erhalten.

★

In der Bejahung wie im Gegenstand selbst, im Denken wie im Sein ist alles verbunden: wie bei einer unzerreißbaren Kette, in der ein Glied alle anderen mitzieht. Vom statischen und abstrakten Standpunkt aus kann man selbstverständlich und muß man Stufen unterscheiden. Und was auf einer dieser Stufen vor sich geht, wird in dem, was oberhalb oder unterhalb geschieht, nicht immer einen Widerhall finden. Jeder einzelne Beweis hat seinen eigenen Grad an Gültigkeit und jeder einzelne Gegenstand seinen eigenen Grad an Evidenz. Es gibt keine gute Arbeitsmethode, ja nicht einmal ein sauberes Denken, ohne daß die Fragen richtig geordnet werden und nicht immer alles wieder in Frage gestellt wird. Bei jeder Hypothese genügt der natürliche Gebrauch der Vernunft, um schon nicht wenige Wahrheiten sicher zu erkennen, selbst wenn andere noch verkannt sind. Sie erlaubt, bis zur allerhöchsten, bis zur Wahrheit der Existenz Gottes zu gelangen, und selbst in allerwesentlichsten Dingen kann ein Sünder richtiger urteilen als ein Heiliger.

Etwas anderes ist allerdings das Problem der Erkenntnis der verschiedenen Wahrheiten oder selbst ihres respektiven Gewißheitsgrades, etwas anderes das Problem des *ontologischen Hinweises,* von dem letzten Endes die Gesamtheit der durch den Geist bejahten Dinge betroffen ist. Dies letzte ist ein Problem eigener Art. Es wird nicht wie das vorhergehende von der formalen Logik des Verstandes (den es unangetastet läßt) bestimmt, sondern von der realen Logik des konkreten Seins. Es bezieht sich notwendigerweise auf das Ganze als solches, und was da in den Blick genommen wird, ist das Wirken eines lebendigen Geistes inmitten eines Abenteuers, das seinerseits wieder ein Ganzes bildet. Vom Sinn aber, den dieser lebendige Geist seinem Abenteuer einprägt, wird schließlich die Kohärenz und Festigkeit des Gesamtgefüges seiner geistigen Welt abhängen.

Von einem solchen Geist werden wir somit nicht sagen, daß er nicht selber viele Gewißheiten haben kann. Wir werden nicht einmal sagen, was bereits etwas ganz anderes wäre, daß er einer metaphysischen Gewißheit nicht fähig sei. Wir werden aber genauerhin sagen, daß diese metaphysische Gewißheit einen noch vorläufigen Charakter hat, ja vor allem, daß das Sein, auf das sie sich bezieht, sozusagen noch nicht seine ganze Dichte hat. Hier ist – um einen Vorgang zu vereinfachen, der im Konkreten sich unendlich nuanciert und differenziert, – zu unterscheiden zwischen der Zeit, die im Subjekt seiner Annahme oder Verweigerung der Gnade vorausgeht, und der Zeit, die darauf folgt. In der vorausgehenden Zeit ist die ontologische Gewißheit das, was sie ist, ohne daß man sie als illegitim oder besser als illusorisch erklären müßte. Nach der Verweigerung gewinnen diese Kennzeichnungen einen Sinn – der aber streng spezifiziert werden muß. Denn wenn die ontologische Gewißheit als illegitim oder illusorisch bezeichnet werden kann, dann nicht, um sie selbst als solche zu erklären – das Wesen des Verstandes hat sich ja nicht verändert –, sondern weil sie fortan vitalen Widerspruch erfährt.[23]

Der Mensch ist Geist, geschaffen nach dem Bild Gottes. Unauslöschliches Vorrecht, wesenhafte Eigenart, die keine Pervertierung auszurotten vermag. Der Mensch kann nichts tun, damit das *Bild* nicht in ihm bleibe.[24] Wenn er aber darauf aus ist, dieses Bild, soweit es in seiner Macht steht, zu zerstören, wenn er sich willentlich seiner Geistberufung widersetzt, so trägt er einen Widerspruch nicht nur in seinen Verstand hinein – der weiterfunktionieren kann wie bisher –, sondern auch in sein Wesen selbst, zwischen seinen Verstand und sein Leben. Dieser Widerspruch aber nimmt ihm, solange er nicht behoben wird, im Prinzip das Recht oder vielmehr die Möglichkeit, jenes Wort in seiner vollen Kraft auszusprechen, das allen Dingen ihre Tiefe verleiht, nämlich: *Es ist.*[25]

★

«Das Existenzurteil, das keineswegs das Denken in der reinen Vorstellung des Gegenstands festhalten will, der vielleicht bald darauf die Bejahung des Irrationalen folgt, treibt es im Gegenteil an, und es ermöglicht uns so, das metaphysische Absolute etappenweise zu erkennen. Diese Denkbewegung läßt uns aber keineswegs das Wirkliche vergessen, sie führt uns erst recht darauf zurück, und wir bejahen gewissermaßen metaphysisch Gott nur, um von der Existenz der Geschöpfe tiefer vergewissert zu sein. Die metaphysische Erklärung zeigt sich in der Tat immer als ein über eine rein abstrakte und der Tiefe entbehrende Vorstellung des Wirklichen errungener Sieg.»[26]

★

«Die Negativität des Bewußtseins, die man nicht unterschätzen darf, ist eine Kehrseite, die ihren Ort fordert. Wenn das *Für-sich* Trennung vom Ich ist, verneinende Macht, so weil sein wahrhaftes Sein ihm nicht gegeben ist, sondern erstrebt wird. Dieses Vermögen, nein zu sagen, dieses Überschreiten aller Bestimmung, blieben sie nicht unverständlich, wenn sie nicht eine Richtung einer höheren Seinsform entgegen zum Ausdruck brächten, einen Anruf auf eine Fülle hin, deren Mangel gerade das Bewußtsein mitbegründet?...

Gewiß ..., das Bewußtsein ist nicht Fülle des Seins. Doch in einem erfüllten Sein würde es nicht wie ein Nichts und grundlos aufbrechen. In einem unvollendeten und geringeren Sein kann es ein Verlangen nach Mehrsein zum Ausdruck bringen. Die Erfahrung, mit der das geistige Leben einsetzt, ist die des Nichtübereinstimmens mit mir selbst. Das Ich kann weder sich selbst einholen, noch kann es sich sich selbst gleichsetzen. Es muß fortwährend wählen, was es sein will, und seine Existenz besteht darin, sich dieses Sein sinnvoll zu geben.

Diese unser persönliches Bewußtsein begründende Transzendenz verlangt von jedem Menschen ..., irgendeine Philosophie zu haben ... Die Notwendigkeit einer Philosophie, die Gegenwart eines Absoluten in jedem Urteil, das sind zwei Weisen, denselben notwendigen Aspekt des menschlichen Bewußtseins auszusagen. Was übrigens für gewöhnlich nicht bestritten wird. Die Schwierigkeiten setzen ein ..., wenn es darum geht, die Natur dieses Absoluten und den wahren Charakter der Philosophie zu verstehen ...

Der menschliche Geist kann gewiß auf eine gesamthafte Vorstellung der Dinge nicht verzichten; er kann nicht umhin, die Idee einer absoluten Wahrheit vor sich hinzusetzen. Muß man aber daraus schließen, daß diese Wahrheit unabhängig von ihm existiert? Diese subsistierende Wahrheit wäre nur die illusorische Projektion in das Sein einer für das Spiel der Reflexion unentbehrlichen Kategorie. Die Idee des Absoluten spielt die Rolle eines Gerüsts, welches das Denken benötigt, um sich aufzubauen. Und das Gerüst, das zunächst den Bau überragte, muß hernach beseitigt werden. Doch ist es schwierig, so zu reden, denn die Idee der Wahrheit läßt sich nicht beliebig zum Denken hinzufügen. Sie ist ihm gleichwesentlich. Das Denken wird nicht an sich und vor der Idee der Wahrheit begründet; es ist das Aufbrechen im Bewußtsein des Bedürfnisses nach Wahrheit. Somit handelt es sich nicht um ein nachträgliches oder zufälliges Verlangen des Geistes; dieses Verlangen ist der Geist selbst, der nur Vermögen oder Funktion der Wahrheit ist. Es ist unmöglich, daß das Absolute nicht sei, da mein Geist nur durch dieses Absolute ist. Er verneint es in einem Urteil, das nur trägt, weil er es bejaht. Das, wodurch mein Geist sein Sein erlangt, kann unmöglich nicht sein.»[27]

⋆

Wenn unsere Begriffe an sich, noch vor jeder analogischen Richtigstellung, nur der Erfahrungswelt angepaßt sind, so muß dies ebenso und gleichermaßen von unseren Schlußfolgerungen gesagt werden, sofern diese nur ein Zusammenordnen von Begriffen sind.

Selbstverständlich kann man sagen, daß unsere Begriffe, angemessen gewählt und richtiggestellt, der transzendenten Wirklichkeit angepaßt werden können. Das stimmt. Wir müssen sie in der Tat gebrauchen, auch wenn sie alle und trotz allem für einen so hohen Gebrauch hoffnungslos unwürdig bleiben.[28] Doch dazu ist erforderlich, daß diese Wirklichkeit zuerst gesetzt ist; daß sie *in einem gewissen Sinn* bereits einschlußweise gedacht wird.

Was unsere Schlußfolgerungen angeht, haben wir dieselben Erwägungen anzustellen. Erst wenn einmal eine erste Bejahung Gottes gesetzt ist – eine noch ganz implizite, in jedem unserer Existenz- oder Werturteile einbezogene Bejahung und infolgedessen unserer ganzen geistigen Tätigkeit koextensive, dem Geiste kongeniale Bejahung –, können wir darangehen, sie in unserem bewußten Leben einzuholen, indem wir uns auf dem Weg der Schlußfolgerung logisch voranarbeiten: genauso wie wir, erst nachdem wir einmal im Besitz dieser in der impliziten Bejahung enthaltenen Gottesidee sind, uns auf dem einzigen sich uns bietenden Weg: dem der Begriffe, etwas vorstellen können. Eine erste und unterirdische, unbemerkte, aber bestimmende Phase des geistigen Lebens. Noch vor jeder ausdrücklichen Schlußfolgerung wie vor jedem objektiven Begriff,[29] und um dem Subjekt dessen unerläßliche Anwendung zu ermöglichen, muß Gott dem Geist bereits gegenwärtig, muß darin heimlich bejaht und gedacht sein.[30] Noch bevor er im Geist durch einen bewußten Akt «identifiziert» wird, muß ein gewisses «Gewohntsein an Gott»[31] im Geist bestehen.

Wenn es also eine Wahrheit gibt, «nach der alles in uns sich sehnt, eine Wahrheit, die wir leben, noch ehe wir sie erkennen, und die wir – so sehr ist sie uns wesensgleich – mit Gewißheit erkennen können, noch bevor wir sie einer begrifflichen Prüfung unterwerfen, so ist dies mit Sicherheit die Erkenntnis Gottes.»[32]

★

Wenn wir sie nur dort betrachten, wo sie sich vollzieht, wo sie wirklich ausgesprochen wird, in dem konkreten Verstand, der zugleich ein einzelnes Subjekt ist, in dieser Person, die zugleich vernunftbegabt ist, erscheint uns die Bejahung Gottes als ein mit keinem anderen, ähnlichen vergleichbarer Akt. Diesem Ja eignet etwas vom ontologischen Argument wie von dem der Wahl – obwohl es weder das eine noch das andere ist. Es ist Ausdruck der allerleuchtendsten Evidenz und Zeugnis der dunkelsten Wahrheit.[33] Es ist der freieste und notwendigste Akt. Stets fortdauernde Bejahung und allerpersönlichster Einsatz.[34]

★

Je reiner das Licht, um so weniger übt es Zwang aus.[35]

DRITTES KAPITEL

VOM GOTTESBEWEIS

Für viele ist Gott Ansichtssache oder, wenn man schon bereit ist, im Hinblick auf ihn von Gewißheit zu reden, so erklärt man gleichsam entschuldigend, es handle sich nur um eine gefühlsmäßige, im engen Sinn persönliche Gewißheit. – Für uns ist er Gegenstand des Beweises. Darüber hat sich übrigens die katholische Kirche mehr als einmal geäußert und so denen, die ihr Vertrauen schenken, geholfen, wieder auf ihre eigene Vernunft zu vertrauen, und diese damit ermuntert, der unserem Zeitalter drohenden Gefahr einer «metaphysischen Abdankung» die Stirn zu bieten. Die Bewegung, die uns, über die «sichtbare und unsichtbare» Schöpfung hinaus, bis zu Gott trägt, ist nicht bloß ein Aufschwung des Herzens, den höchstens eine intellektuelle Ansicht begleitet. So persönlich sie auch in jedem von uns sein mag – sein muß –, sie hat universale Geltung. Eine *«de-monstratio»* kann ihren Weg zeichnen, den ihr wesentlichen Mechanismus erforschen, ihren Bereich bestimmen, die dabei für jeden Geist geltenden Etappen unterscheiden.

Doch wie es verschiedene Arten von Gegenständen gibt, so auch verschiedene Arten von Beweisen. Jedesmal wenn ein Beweis sich nicht allein darauf beschränkt, den in einem Begriff erfaßten Gehalt zu entfalten, jedesmal wenn er mit der Entdeckung eines radikal neuen Gegenstandes einen wirklichen Fortschritt erzielt, impliziert der geistige Dynamismus, der diesen Beweis erbringt, eine Finalität. Der Geist erweist sich dann dem in Frage stehenden Gegenstand als «angemessen». Er wird im voraus von ihm spezifiziert. Das Band vom einen zum andern hat nichts Zufälliges. Das heißt, daß ein solcher Gegenstand, gerade auf Grund der Neuheit, die er bringen wird, bereits, kraft einer geheimnisvollen, gleichsam keimhaften Gegenwart, dem Geist gegenwärtig ist. Ihn am Ende des logischen Prozesses erfassen, ihn sozusagen in ein Netz objektiver Formen einfangen, das heißt ihn «erkennen». Beweisen heißt in diesem Fall «sich bewußt werden». Man «entdeckt», was war.

Um wieviel mehr trifft dies im Fall des Gottesbeweises zu! Der dem Verstand, der in einen neuen Bereich eindringt, wesentliche Finalismus erweist sich damit als doppelt einzigartig. In allen anderen Fällen haben wir noch einen Gegenstand unserer Welt, der Welt unserer Erfahrung, im Blick, selbst wenn er jenseits der aktuellen Reichweite dieser Erfahrung liegt. Handelt es sich hingegen um Gott, für den selbst die Worte Gegenstand und Dasein einen transzendenten Sinn annehmen, dann geht es um das Sein, das Quell meines Seins ist, «mehr ich selbst als ich». Wie weit erhabener, innerlicher als alles übrige Seiende! So ist in diesem Fall die vom Dynamismus des Beweises zeugende Gegenwart eine ungleich anregendere und tiefere: ein geheiligter Punkt, ein mir eingeprägtes Gottesmal, eben das, was mich zum Geist macht,[1] und zugleich das, was mich zur Person, zur verantwortlichen Person macht. Aus diesem Grunde hängt der stärkste Beweis mehr als jeder andere vom «guten Willen» ab – gewiß nicht nach seinem abstrakten Schema, wohl aber in seiner konkreten Überzeugungskraft. Denn stets steht mehr als das unpersönliche Funktionieren eines Verstandes auf dem Spiel. Die Reinheit des Blicks deckt sich hier mit seiner Redlichkeit.

Anderseits besteht zwischen dem spontanen Aufschwung der Seele, die sich zum Dasein Gottes erhebt, und den rationalen Untersuchungen des Philosophen keine eigentliche Andersartigkeit. Vor dem ersteren spricht man oft von Instinkt, Herz, Gefühl, Intuition: mehrdeutige Ausdrücke, die den Dynamismus des Intellekts, seinen tiefen Quell, die Einheit seiner Bewegung wiedergeben und zugleich die konkreten Schätze und das spürbare Erschauern andeuten wollen, durch die hindurch das Licht des Geistes sich seinen Weg bahnt. Der Philosoph seinerseits vollbringt sein kritisches Werk: er sucht zu läutern, nachzuprüfen, zuweilen zu berichtigen und zu ergänzen; doch vor allem analysiert er und zerlegt die bruchlose Bewegung in streng geprüfte logische Schritte. Selten versucht er, mit seiner Arbeit nicht nur den Ablauf der Bewegung zu erforschen, sondern ins eigentliche «Herz» der Dynamik vorzustoßen, in jene geheime Mitte, aus der Vernunft und Wille entspringen. Er spürt allzusehr, daß hier das logische Instrument zur Analyse nicht mehr ausreicht; daß es außerdem nötig wäre, nahezulegen, zu fragen, zu helfen, sich bewußt zu werden; daß man einen latenten Inhalt «enthüllen» müßte, in ständiger Furcht, ihn zu trüben. Eine heikle Aufgabe, der er sich schlecht gewachsen fühlt. – Zudem, wenn es sich um ihn selbst handelt und nicht mehr um eine sozusagen fachliche Frage, vielmehr um sein ihm eigenes, eines lebendigen Menschen Problem, fürchtet er vielleicht auch dunkel, nicht nur mehr einem Forschungsobjekt, sondern Gott selber zu begegnen; und nicht allein «den Urheber der Natur», jeglicher Natur zu entdecken – sondern als ein Lebendiger auf das in jedem Menschen unaufhebbar einzigartige und unaufhörlich drängende Wirken des lebendigen Gottes zu stoßen. *«Non enim fecit Deus et abiit . . .»* (Victor Fontoynont SJ).

★

Was den Gottesbeweis betrifft, so ist an sich die klassischste und einfachste Darlegung noch immer die beste.[2] Sie bildet sozusagen das bleibende Schema, das sich durch alle äußeren technischen Präzisionen durchhält, die jede Schule, jedes Zeitalter, jeder Denker miteinbringt. Es nährt selbst noch den denkerischen Aufschwung jener, die meinen, ohne es auszukommen – denn «der jedem Menschen zur vollen Gewißheit notwendige Beweis bietet sich so leicht und klar dar, daß man sich des ihm impliziten logischen Verfahrens kaum bewußt wird.»[3] Darin liegt, wie Fénelon feststellt, «eine sinnenfällige und volkstümliche Philosophie, deren jeder leidenschaftslose und vorurteilsfreie Mensch fähig ist.»[4] Von rechtswegen und ebenso für jeden, der einfachen und geraden Geistes ist, auch faktisch, «genügt der geringste Blick, um die Hand, die alles schafft, wahrzunehmen».[5] Bewegung, Kontingenz, Exemplarität, Kausalität, Finalität, Seinsollen: alles ewige Kategorien, stets angebotene, allzeit gegenwärtige, der Kritik widerstehende Ausgangspunkte, die ebenso aktuell sind wie der Mensch selbst und sein Denken.[6] *Ecce caelum et terra: clamant quod facta sint.*[7] Einfacher noch: *Aliquid est, ergo Deus est.* «Die ganze Schule ist sich einig, daß es dazu nicht mehr braucht.»[8]

Gewiß muß der so aufbrechende spontane Beweis, um in seiner ganzen Stärke dem reflexiven Denken einzuleuchten, unaufhörlich kommentiert werden, und dieser rechtfertigende Kommentar, der eines kritischen Teils nicht entbehren kann, ist zum Teil zwangsläufig selber einem Wandel unterworfen. Als «wissenschaftliche Form» des Beweises – «vor allem dazu da, auf die Einwände einzugehen oder ihnen zuvorzukommen»,[9] – läßt er sich ohne eine immer neue Bemühung um Anpassung nicht denken. Eine solche Notwendigkeit könnte aber nur den befremden, der sich nie überlegt hätte, was in jeder Weise Einzigartiges sich im Fall Gottes anbietet. «Der erhabene und einfache Akt»,[10] der zu Ihm hinführt, bleibt in seinem Grund immer derselbe. Der teilweise Wandel der Verfahrensweisen, der Perspektiven und Vorstellungen berühren ihn nicht.[11] Wie Gott selbst in seiner Ewigkeit das unaufhörliche Strömen der Schöpfung beherrscht, so beherrscht die Gottesidee in uns die Schwankungen des geistigen Lebens und lenkt es immerfort, mit der gleichen unbesieglichen Kraft, durch eben diese Schwankungen hindurch. Und alle großen Denker, die von Gott gesprochen haben, bleiben für immer unsere Zeitgenossen.

⋆

Die Kausalität, von der Kant zeigen wollte, daß ihre «transzendente» Anwendung nicht rechtmäßig sei, war im engen

Sinn nur die wissenschaftliche, spezialisierte Kategorie, die das Universum Newtons beherrscht. Dazu geschaffen, die Phänomene zu ordnen, erschöpft sie in ihnen ihre Kraft. Diese kantische Kausalität ist übrigens nur ein Beispiel. Die modernen abendländischen Philosophien haben in der Tat «dieses Besondere an sich, daß die Welt, von der sie ausgehen», meistens nur die ist, «die von den Wissenschaften fortwährend begründet und verändert wird».[12] Wie also sich darüber wundern, daß eine solche Welt machtlos ist, den Aufschwung des Denkens aus sich selber zu begründen und bis zum Ende durchzutragen? Man müßte tiefer graben, um unter den künstlichen und methodologischen Kategorien der Wissenschaft die großen natürlichen Kategorien der Vernunft wiederzufinden. Dann könnte sich die Diskussion eröffnen zwischen einer negativen Kritik, die sie als illusorisch erklärt, und einem Versuch reflexiver Rechtfertigung und zugleich Läuterung ihrer spontanen Anwendung.[13]

★

Bei den scheinbaren Abwandlungen bleibt sich das Schema des Beweises immer gleich.[14] Er ist gut, er ist ewig. Fester als der härteste Stahl. Er ist mehr als eine Erfindung der Vernunft: Er ist die Vernunft selbst.

★

Man mag gegen die verschiedenen Existenzbeweise Gottes alle möglichen Einwände erheben, nie wird die Kritik sie zerstören, weil sie das Prinzip, das ihnen allen gemeinsam ist, nie zu fassen bekommt. Im Gegenteil, dieses Prinzip wird um so gebieterischer hervortreten, je mehr alle Elemente, aus denen diese Beweise sich zusammensetzen, durcheinandergeschüttelt worden sind. Es geht eben nicht um ein einzelnes Prinzip, das der Geist isolieren und seiner kritischen Prüfung unterwerfen könnte, um dessen Grenzen festzulegen oder es gar als ganzes aus sich hinauszuwerfen: er rührt damit an seine eigene Substanz. Es ist kein Weg, auf dem der Geist sich entmutigen lassen dürfte, bis ans Ende zu gehen, oder von dem er sich abwenden könnte, aus Furcht, falsch gelaufen zu sein; er fällt mit ihm zusammen. *Der Geist selbst ist ein Weg, der geht.*[15]

★

Causa essendi, ratio intelligendi, ordo vivendi. Jedes Denken wie jedes Sein, ja jeder Akt braucht eine Ursache und ein Ziel.[16] Der Geist hat sich nicht ganz allein in Bewegung gesetzt, und seine Bewegung setzt eine Richtung voraus, das heißt einen Fixpunkt. Das rein Grund- und Zwecklose ist eine andere Bezeichnung für das Sinnlose. Auf Gott kann man nicht verzichten.

★

Wenn der Mensch, indem er Gott anbetet, die Menschheit selbst anbetete, wie das viele geglaubt haben, dann würde er sie als Natur oder als Ideal, das heißt als ein Verwirklichtes oder ein zu Verwirklichendes anbeten. Im einen wie im anderen Fall wäre der gesetzte Gegenstand nicht anbetungwürdiger als der transzendente Gott, wie man ihn sich zunächst vorgestellt und danach der Kritik unterzogen hat.

Wenn diese Gottheit als reines, für immer unrealisierbares Ideal aufgefaßt würde, sich schaffend, ohne je sein zu müssen, mit welchem Recht könnte man sie dann noch als «Menschheit» bezeichnen? Und was gäbe es noch Einsichtiges – oder Anbetungswürdiges – in einem so ungreifbaren Ausdruck?

Drei Versuche, dem lebendigen Gott zu entfliehen, drei Ausflüchte in die Mystifikation.

★

Gott ist nicht das erste Glied einer Kette. In der Abfolge von Ursachen und Wirkungen, die diese Welt zusammensetzt, ist Gott nicht der Erste der Reihe.[17] Gott ist kein «Anfangspunkt in der Vergangenheit»: er ist «ausreichender Grund in der Gegenwart» (sowie in Vergangenheit und Zukunft – in der gesamten Ausdehnung der Zeit).[18] Wieviele Einwände würden hinfällig, wieviele Mißverständnisse klärten sich, wenn diese so einfache Wahrheit begriffen würde!

★

Gott steht nicht nur am Anfang und am Ende: als das Gute alles Guten, das Leben aller Lebenden und Sein alles Seienden[19] wohnt er im Herzen aller Dinge. *In illo vivimus, et movemur, et sumus.*[20] Ohne diese Anwesenheit des Absoluten im Schoß des Relativen, des Ewigen im Schoß des Sich-Bewegenden zerfiele alles wieder in Staub.

★

Das Werden für sich allein hat keinen Sinn. Es fließt dahin, verrinnt, ohne je wirklich zu werden; es ist noch ein weiterer Name für das Absurde. Doch ohne Transzendenz – das heißt ohne ein anwesendes Absolutes, das bereits im Herzen der werdenden Wirklichkeit wohnt, das, unabhängig von ihr, sie dennoch durchwirkt, an sich zieht, sie polarisiert und wahrhaft vorantreibt – kann es nur endloses Werden geben, es sei denn, eine Katastrophe setze allem ein brutales Ende und das Absurde finde schließlich sozusagen zur Wahrheit seines Wesens zurück, zum unzweideutigen Nichts...

Alles Werden wird vom Sein verursacht. Alles Werden ist auf das Sein hin gerichtet. Das Werden kann nur vom Sein her gedacht werden.

Die Idee des Fortschritts, die das Werden und irgendwie die Hypostasie preist, ist eine der hohlsten, die Menschen je gebildet haben. Denn der vergöttlichte Fortschritt ist nicht bloß, wie man zu recht geschrieben hat,[21] eine «steuerlose Fahrt»; er ist eine ziellose Fahrt. Mehr noch eine Irrfahrt, die überhaupt nicht vorankommt. Das Ziel aufgeben, heißt auch die Fahrtrichtung aufgeben. Damit «spiegelt man dem gepeinigten und versklavten Individuum ein abstraktes Jenseits vor, das ihm in dem Maß entflieht, als es sich ihm zu nähern meint».[22] Damit wird der Fortschritt aufgehoben. «Die absolute Vollkommenheit ausschalten, heißt auch jede Idee der Vervollkommnung ausschalten. Es gibt keinen wirklichen Überstieg ohne Achse und Ziel; keinen wirklichen Fortschritt ohne «Grenzüberschreitung». Wenn es Werden und Fortschritt geben soll, muß es eines Tages Vollendung geben (oder sagen wir wenigstens: mögliche Vollendung); und wenn es Vollendung geben soll oder kann, so gibt es seit je etwas anderes als Werden.[23]

«Nehmt das Ende der Welt weg (das auch ihr Anfang ist), dann gibt es in den Dingen keine Abfolge mehr, sondern nur noch Chaos, das euch zur Verzweiflung treibt und dem der alte Tathagata das Nichts vorzog.»[24]

★

Wider die Sinnlosigkeit des Urchaos, des Nichts, woraus das Gesamte hervorgehen würde, wo eine blinde Kraft die hellen Einsichten des Geistes entspringen ließe: ein Quell des Seins, ein «Punkt Alpha».

Wider die Verzweiflung des Endchaos, des absoluten Scheiterns, des unwiderruflich von der dumpfen Materie besiegten Geistes, des fortwährenden Todes, der trübsinnigen kreisenden Wiederkehr, wo alle Träume endlos zerschellen: ein Ort, wo das Sein sich sammelt, ein «Punkt Omega».

«Ich bin das Alpha und das Omega», spricht der Herr.[25]

★

Der Verstand, so sagen uns die alten Philosophen, «ist auf irgendeine Art alle Dinge». Er ist sich dessen auch spontan bewußt, und jedesmal, wenn es ihm durch die Systeme hindurch gelingt, seinem Traum Ausdruck zu verleihen, geht es für ihn, so seltsam auch die vielgestaltigen Formulierungen sind, in denen dieser Traum Gestalt gewinnt, stets darum, alle Dinge in sich selbst zu begreifen. *Vult autem anima totum mundum describi in se.*[26]

Mit anderen Worten: da der Verstand auf das Absolute, für das er geschaffen ist, nicht verzichten kann, er anderseits aber noch nicht weiß, wo er dieses Absolute ansiedeln noch wie er es verstehen soll, sucht er es natürlich vorerst in einem Gegenüber, in der Natur, im Ding. – Es aber auf diese Weise suchen, hieße das nicht, sich dazu verdammen, es niemals zu erreichen? Die objektive Welt ist unbegrenzt. Sie ist ein uferloses Meer, worin sich der Geist rasch verliert. Sich in der Hoffnung einzuschiffen, eines Tages in Ländern «jenseits der physischen Dinge» vor Anker zu gehen, hieße das nicht, die reale Welt verlassen um eines unbegrenzten Reichs von Abstraktionen willen? Wahre Metaphysik ist die Wissenschaft des Realen und Konkreten.[27]

Man glaubt also zunächst an die sinnfälligen Gegebenheiten: haben sie nicht den Vorzug des Unmittelbaren? Ist ihre Gegenwart nicht stets bestimmend, überlebt diese nicht sämtliche Theorien? Muß man nicht immer neu darauf zurückkommen? – Doch sehr bald merkt man, daß sie nur Schein oder höchstens Schale der Wirklichkeit sind. So vertraut man auf die durch die Wissenschaft ausgedachten Entitäten: verleihen sie dem amorphen und fließenden Sinnfälligen nicht ein Gerüst? Auferlegen sie ihm nicht eine Ordnung und ein Gesetz? – Aber nochmals muß man zurückstecken. In der Analyse scheinen sich diese für absolut gehaltenen Entitäten einander entgegenzusetzen oder sich in andere aufzulösen: so die Bewegung oder das «Atom» der Vorfahren ...[28] Die Welt der Wissenschaft widersteht nicht besser als die Welt des Sinnfälligen, sofern sie sich nicht an eine Welt ganz anderer Natur anlehnt. Je mehr die Wissenschaft mit der Perfektionierung ihrer Methoden die Welt dem Menschen unterwirft, desto mehr entzieht sich das Sein, das sich nicht unterwerfen läßt... Und vor diesem neuerlichen, scheinbar endgültigen Scheitern meldet sich natürlich die Versuchung des Agnostizismus. – Aber auch er wird sich als widersprüchlich erweisen – er, den man als verzweifelten Ausweg erfunden hatte, um wenigstens die Logik zu retten. Man kann dabei nicht stehenbleiben. Wie sollte man ein Absolutes weiterhin bejahen, das man als absolut unerkennbar erklärt? Fortan scheint offener Skeptizismus unumgänglich. – Doch der Verstand kann keinesfalls abdanken; er kann auf sein Wesensgesetz nicht verzichten: nämlich zu urteilen, was stets bejahen heißt. Der Skeptizismus bedrängt ihn und greift ihn an der Wurzel an, indem er den Widerspruch nicht nur mehr zwischen die unterschiedlichen Inhalte seiner verschiedenen Bejahungen hineinträgt, sondern in den Verstand selbst, ins Herz eines jeden seiner Akte. In der Absicht, sich davon zu befreien, kann er sich darauf verlegen, sich gleichsam eine Art Ersatz-Absolutes im allgemeinsten Sinn des Wortes auszudenken: das Gesetz. Das bedeutet, zwischen dem Geist und dem Wirklichen wie zwischen dem Immanenten und Transzendenten ein Vermittelndes, eine *«terra media»* zu setzen, «worauf sich unsere Handlungen konzentrieren, das Bedürfnis zu erkennen aber sich jenseits des Vermittelnden im Metaphysischen verliert, nämlich in den wunderlichen und müßigen Diskussion um belanglose Fragen des praktischen Lebens.» – Doch wiederum, dieses bescheidene Refugium hat selber keinen Bestand. Man muß wohl wiederum zugeben: wie die Absolutheit der Dinge widersprüchlich war, so hängt diese Absolutheit des Gesetzes in der Luft. «Ewiges Axiom» oder wie immer man es nennt, wenn es nicht Maskierung von etwas anderem ist, so nur Leere – eine abstrakte Leere ohne Tiefe und Geheimnis.

Ist man nicht endgültig in eine Sackgasse geraten?

Alles Übel stammt aus der anfänglichen Illusion. Es

kommt von der unkritischen Überzeugung her, man brauche bei der Erkenntnis der Welt nur von ihren ersten Gegebenheiten her, ohne reflexives Überlegen, voranzugehen; der Blick des Geistes habe gewissermaßen endlos den Blick der Sinne weiterzuführen, selbst wenn er diesen mit Hilfe der Wissenschaft der Kritik zu unterziehen scheint, um so das Sein unter seinem Schein zu entdecken; das mit dem Sein verwechselte Ding sei zu horten wie ein Schatz, auszuhöhlen, um in ihm seine Nahrung zu finden, sei zu bewahren, um sich daran zu ergötzen. Kurz, das Übel kommt von der Illusion her, es ginge immer nur darum, sich in dieser Welt besser einzurichten, sich gründlicher darin einzusenken...

Eine für den Geist wie für den Menschen natürliche Illusion. Eine vielleicht notwendige, jedenfalls nützliche Illusion, um die Anstrengung des Forschens zu unterstützen, die zur menschlichen Berufung gehört. Eine Illusion allerdings, gegen die der denkende Mensch in sich die Mittel findet, sie zu zerstören. Ja er wird sie mit der Feststellung, daß die vollkommene und adäquate Erkenntnis dieser Welt in doppeltem Sinn unmöglich ist, auf doppelte Weise zerstören. Mag man sie, je nachdem man eine eher rationalistische oder psychologistische Tendenz verfolgt, «Wissen» oder «Intuition» nennen, sie auffassen als geheimnisvolles Strömen im Herzen des Wirklichen, im Entschwinden all ihrer Formen, oder im Gegenteil als lebendiges Endziel einer ungeheuren Anstrengung auf eine rationale Synthese hin, als ein Unmittelbares oder als eine Konstruktion: das Ideal, das die menschliche Erkenntnis anzutreiben schien, ist ein Trugbild.

Das absolute Wissen wie die Intuition der Welt widerstreben gleicherweise.

Das absolute Wissen widerstrebt, weil es im Augenblick, da es sich realisiert, den zum Verschwinden brächte, der es in sich zu tragen hat. Es könnte nicht Wissen eines Wissenden sein. Alle Widersprüche wären überwunden, alle Gegensätze überholt. Alle Gesetze würden sich ineinanderfügen, um schließlich in einer einzigen Formel enthalten zu sein. Aber gerade weil kein einzelner Standpunkt mehr vorhanden wäre, würde sich das Individuelle fortan ins Universale auflösen, die Vielheit ganz in die Einheit aufgehen, und diese allgemeine Formel fände weder ein Symbol, um sich darin auszudrücken, noch ein Bewußtsein, um sich darin zu bejahen. Bis an die Grenze seines Wissens vorstoßend, wäre der Wissende «wie die Hexe, die schließlich ihre eigenen Eingeweide verzehrte». «Es überdauerte nurmehr die unausdenkbare Gleichheit von Nichts zu Nichts.»[29]

Die Intuition der Welt widerstrebt nicht weniger, da sie die Welt, die sie umfassen will, in nichts auflösen würde. Es gibt tatsächlich in dieser Welt Unter-Geistiges: restlos vom Verstand absorbiert, von ihm ausgeschöpft, hörte es auf, es selbst zu sein. Die letzte Begründung dafür bleibt übrigens noch auf seiten des Subjekts zu suchen: denn wenn die Welt wesenhaft sinnfällig ist, so, weil sie wesenhaft unbestimmt ist; und wenn sie schon unbestimmt ist, also nicht totalisierbar und unerschöpflich, ist sie es dann nicht, weil sie das zwangsläufige Korrelat von Geistwesen ist, die ihrerseits im Werden sind?

Kurz: die Welt ist weder ein Gesetz noch eine Wesenheit. Die Antinomien, die sie unaufhörlich bietet und so die Bewegung des Geistes auslöst und durchhält, werden niemals alle gelöst. Auf ihrer Ebene real, lassen die Gesetze und Wesenheiten, die unser Verstand dort immer neu entdeckt, eine nicht zu vertreibende Dunkelheit weiterdauern. Nie wird sich die Wissenschaft zur totalen Synthese erheben, die sie der Metaphysik gleichsetzen würde, und der letzte, der eigentliche Gegenstand der Metaphysik ist nicht von dieser Welt. Das Verstehen wird immer Verstehen bleiben, nämlich unvollkommene, mit Sinnenhaftem vermischte Einsicht – es bleibt selbst nur ein vorläufiger Ersatz und ein Hilfsmittel des Geistes.

Das Verstehen, eine Eigenschaft der Wissenschaft, blickte nach außen: der Geist muß sich nach innen kehren. Durch «kritisches Überdenken»,[30] notwendiges «Darauf-Zurückkommen», «Introversion», «Reflexion», entdeckt die Metaphysik schließlich ihren Bereich. «Nein», so verwahrte sich Malebranche, «ich werde euch nicht in ein fremdes Land führen; vielleicht aber werde ich euch lehren, daß ihr in eurem eigenen Land selbst fremd seid.»

Das Verstehen ist Potenz einer Unendlichkeit von Dingen gegenüber: ist das nicht das Zeichen, daß der Geist sich dem Unendlichen selbst zuneigt? Ohne die Dinge totalisieren zu können,[31] sind wir imstande, sie uns alle unbegrenzt vorzustellen: heißt das aber nicht, daß wir, soweit es an uns liegt, Gott besitzen wollen? Akosmismus, wenn man will, aber einer, der in Wirklichkeit die Welt rettet. Ohne den die Welt nur «eine systematische Enttäuschung» sein kann; durch ihn aber findet sie ihren Wert und ihre Konsistenz wieder, ihren Sinn und ihre Rechtfertigung. Sie enthüllt sich als ein Mittel, eine Etappe und Erprobung. Ihre wesenhafte Unbestimmtheit hat nichts Ärgerliches mehr an sich, ja die Welt kann sich in ihrer gegenwärtigen Gestalt sozusagen unter unseren Händen verflüchtigen, ohne daß ihr Verschwinden uns aus der Fassung brächte: sie ist eine Verklärung, die Ankündigung und das Nahen eines weit besseren Gutes. Wir sind «πάντα πως», weil wir, wie gesagt wurde, «ϑεός πως» sind; man hat auch von einem «des Göttlichen Fähigsein» in uns gesprochen. Vielleicht könnte man zutreffender, ja genauer sagen: der *Verstand* ist des Seins *mächtig,* weil der *Geist* Gottes *fähig* ist.

Der menschliche Geist könnte mit einer Pflanze verglichen werden. Die Bestimmung der Pflanze ist es, durch Aufnahme von Elementen, die sie von außerhalb schöpft, zu leben, sich selbst zu werden. Die Bestimmung des Geistes – der zunächst, um sich das Sinnfällige anzueignen, Verständnis wird – ist es nicht, sich in den Elementen zu verlieren, die sich ihm von überallher anbieten; auch nicht, mit ihnen zusammen das vollkommene Gebäude des Wissens aufzubauen; seine Bestimmung ist vielmehr, sich selbst zu werden, zu leben. Und sein Leben ist Selbstbesitz – und Besitz aller Dinge – im strahlenden Abhängigsein von Gott.

«Ich bin mit den Menschen, spricht der Wanderer, und nicht mit Engeln, und mir steht der Sinn nur nach dem, was nach meinem Bild atmet.

– Das ist nicht wahr, antwortet die Stimme, du sehnst dich allein nach Gott. Denn die Erkenntnis Gottes ist dein Anteil, und wie die Biene im Sommer den Honig bereitet, so ist es deine Aufgabe, den Unvergänglichen mit Augen der Liebe zu schauen.»[32]

Noli foras ire, in teipsum redi, in interiore homine habitat Veritas; et si tuam naturam mutabilem inveneris, transcende teipsum. Sed memento, cum te transcendis, ratiocinantem animam te transcendere. Illuc ergo tende, unde ipsum lumen rationis accenditur...[33]

★

Solus Deus est, in quem nec pondus nec mensura cadit omnino, nec numerus. Unus Deus est, et non habet sui generis cui valeat comparari.[34]

Alles, was an Gott rührt, alles, was zu Gott führt, alles, was mit Gott eint, ist einmalig.[35] Zwischen Gott und den Geschöpfen ist jede «Communio» des Namens oder Wesens ausgeschlossen.[36] Nichts, was Gott oder unsere Beziehungen zu ihm betrifft, geht in die Gattung ein.[37] Dieses Prinzip duldet keine Ausnahme. Der Weg, der zu Gott führt, der in seinen abgeleiteten Gestalten so vielfach und mannigfaltig ist, ist an und in sich selber einmalig:[38] ἅπαξ.

★

«Glaubst du an Gott, Polemon?

– Gewiß, antwortete der Philosoph; ich glaube an ein einziges ewiges Prinzip, das aus sich selbst existiert.

– Diesen Gott, sprach darauf Callista, den spüre ich in meinem Herzen, und ich fühle mich in seiner Gegenwart! Er sagt mir: Tu dies, tu jenes nicht! Vielleicht wirst Du mir sagen, diese Eingebung sei ein bloßes Naturgesetz, eine der

Freude oder dem Schmerz analoge Empfindung ... Ich aber glaube das Gegenteil. Ich vernehme den Widerhall einer wirklichen und wahrhaftigen Stimme, und diese Stimme kommt von einem von meiner Person unabhängigen Wesen her! Diese Stimme trägt in sich selbst den Beweis ihres göttlichen Ursprungs. Mein Herz hängt an ihr und liebt sie, als wäre sie eine Person voller Liebenswürdigkeit. Gehorche ich ihr, so bin ich voller Freude; widersetze ich mich ihr, so fühle ich mich traurig. Es ist mir, als würde ich einen verehrten Freund je nachdem betrüben oder erfreuen.

Du siehst, Polemon, ich glaube an das, was weit mehr ist als ein bloßes ‹Etwas›. Der Gegenstand meines Glaubens ist für mich wirklicher als Sonne, Mond und Sterne, als die so schöne Erde und die vertrauten Worte eines Freundes. Du wirst mich fragen: Was ist das für ein Ding? Hat es dir je sein Wesen offenbart? Nein, leider nicht! ... Oh! das bedauere ich bitterlich ... Aber sowenig es auch ist, ich kann mich von dem, was ich besitze, nicht trennen ... Ein Echo setzt eine Stimme voraus; eine Stimme ein sprechendes Wesen. Und dieses Wesen, diese heimliche Stimme, ich liebe sie und fürchte sie zugleich.»[39]

★

Das Denken wird das Sein nie umfangen, und doch, von seinen ersten Schritten an steht es mit dem Sein in Berührung. Es bewegte sich nicht voran, wäre es nicht irgendwie schon angekommen.

★

Ist denn der ganze Apparat von Beweisen im Grunde etwas anderes als ein *removens prohibens*? Ein zwar allzu notwendiges in der leibgebundenen Verfaßtheit des Geistes. Wesenhaft positiv, wenn innerhalb des intellektuellen Lebens betrachtet, würde seine Bedeutung vor allem negativ, wenn man es in den umfassenderen Rahmen oder in die tiefere Perspektive des konkreten Geistes zurückversetzen wollte:

Nicht schafft der Bildhauer ein Bildnis,
Er nimmt nur weg, was es verbarg.[40]

★

Die von der Vernunft eingeschlagenen Wege, um zu Gott zu gelangen, sind Beweise, und umgekehrt sind diese Beweise ihrerseits Wege. Damit wird ihnen ihr Beweischarakter nicht genommen – obwohl es oft unvollständige Beweise sind[41] –, doch ihr Gegenstand, einzigartig unter allen Gegenständen des Denkens, verleiht ihnen einen besonderen Charakter. Sie erschließen uns ihre Gegenstände nicht, wie andere Beweise es mehr oder weniger tun. Sie gewähren uns keinen Durchblick. Gott allein ist für den, der ihn beweist – wie für jenen, der ihn verneint –, bereits eine innerste Gegenwart. Aber zugleich von einer so unfaßlichen Gegenwart, daß wir Ihn als einzigen unter allen Gegenständen nicht fassen.[42]

★

Gott wird von allen «auf natürliche Weise gekannt» – wird aber nicht immer von allen wiedererkannt. Tausend Hemmnisse von innen und von außen verhindern oft dieses Wiedererkennen. Nicht alle wissen also, daß sie Ihn kennen, und erkennen Ihn folglich nicht einfach «schlechthin». So wenn ich – der Vergleich stammt von Thomas[43] – Peter kommen sehe, so ist es tatsächlich Peter, den ich in dem Wesen erblicke, das auf mich zukommt, doch ich weiß noch nicht, daß er es ist.[44]

Man könnte versucht sein, diesen Vergleich abzulehnen, denn er setzt voraus, daß ich Peter bereits kannte und ihn alsbald als den wiedererkennen werde, den ich kannte. Während es sich im Fall Gottes um eine «eigentliche» Erkenntnis handelt, die auf eine noch völlig implizite Erkenntnis folgen wird. Also bin ich nicht im Begriff, Ihn tatsächlich wiederzuerkennen, sondern Ihn ein erstes Mal zu erkennen.

Gewiß, jeder Vergleich hinkt, und es ist allzu klar, daß der Vergleich des Aquinaten sich nicht in jeder Hinsicht anwenden läßt. Doch sollte seine Tragweite nicht allzusehr vermindert werden. Wenn ich zur expliziten Erkenntnis Gottes gelange, dann sicher nicht so, wie ich einen wiedererkenne, den ich in der gleichen Art schon gekannt, inzwischen aber vergessen oder aus dem Auge verloren hätte. Ich kannte Gott noch nicht bewußt, im üblichen Wortsinn. Dennoch besteht das Wunderbare genau darin, daß *ich*, Gott erstmals erkennend, *Ihn* eben doch *wiedererkenne*.[45] Denn – um das hier angeführte Beispiel des Thomas nochmals aufzugreifen – wenn ich Gott als den zu erkennen beginne, der mich glücklich machen soll, so erkenne ich zugleich die Identität Gottes mit dieser Glückseligkeit – die mir als ersehnte bekannt war, die ich aber zunächst in trügerische Dinge verlegte – oder vielmehr die Identität meiner Glückseligkeit mit Ihm. Also besteht hier gewiß ein Wiedererkennen. So geschieht es jedesmal. Nie entdecke ich die Existenz Gottes, wie ich etwa die Existenz einer fernen Stadt entdecken würde, mit der mich nichts Wesentliches verbände und die ich bloß als ein äußeres Faktum zu registrieren hätte. Fügen wir mit Jules Lebreton hinzu: «Einem Menschen von Gott reden, heißt nicht, einem Blinden Farben schildern.»[46] Zweifellos verhalten sich viele Menschen Gott gegenüber wie ein Blinder den Farben gegenüber; doch die Probleme einer reflexiven Philosophie sind nicht mit den Problemen der empirischen Psychologie oder Soziologie zu verwechseln; und wenn eines Tages einer dieser Blinden wieder sehend wird, dann wird man im Augenblick, da er Gott erkennt, sagen können, daß er Ihn wiedererkennt. Denn – und darin liegt das Außergewöhnliche, das Einmalige, Staunenswerte – «das Gewohntsein an Gott», das zum Wesen des Geistes selbst gehört, ist in seinem Besitz noch «vor jedem

Akt». Das will Thomas mit seinem Vergleich verständlich machen, und wenn er zugleich präzisiert, daß durch unsere erste, völlig «natürliche» und implizite Erkenntnis Gott noch nicht «simpliciter» erkannt wird, sagt er damit genau, daß Gott auf eine gewisse Weise doch schon bekannt ist, und dies wird im gegebenen Augenblick erlauben, Ihn «wiederzuerkennen».[47]

★

An *eine Ewigkeit im Augenblick* glauben – jede hohe geistige Erfahrung verpflichtet dazu –, ohne zuzugeben, daß sie Teilhabe ist an der *ewigen Ewigkeit*, heißt sich in Widersprüche verfangen. Heißt sich damit abfinden, von einer Illusion zu leben, ohne sich dies voll einzugestehen.

★

Man kann gegen Anselms Argument den klassischen Einwand von den hundert Talern erheben: daß die Existenz kein Prädikat, keine Vervollkommnung des Wesens ist... Man kann dagegen auch einwenden, das Sein, zu dem es gelangt, sei letztlich nur das Denken selbst, das es setzt; es hätte nur Geltung dank des in ihm enthaltenen «virtuellen Idealismus».[48] In der Tat, «wie kann dieses Unendliche, das nur als objektiv gedacht werden kann, anders existieren, denn als eben dieses Vermögen des Geistes zur Transzendenz? Und diese uneinholbare Größe, was ist sie anderes als die Größe des Denkens selbst, das sich fähig weiß, alle Grenzen zu übersteigen? Und eben dadurch scheint die bejahte Sache – die nicht darauf angewiesen ist, daß das Denken zu ihrer Bejahung aus sich selbst heraustrete – nichts anderes zu sein als das Denken, das sich bejaht, indem es sich als allem übrigen überlegen bejaht. Damit ist das Sein in das Denken eingegangen». Indem man auf die Existenz eines von diesem Denken unterschiedenen Gottes schließt, schafft man einen besonders typischen Fall jener «Entfremdung», die die Erben Hegels von allen Seiten anzuprangern bemüht sind.

Nichts erlaubt vielleicht besser als dieser Einwand, die große Tragweite und letzte Bedeutung des Arguments zu erfassen. Es bedarf dazu nur einer Weiterführung der Dialektik Anselms, die ihn zum klassischen Argument der Kontingenz gelangen läßt.

«Von einem streng und ausschließlich geistigen Gesichtspunkt aus erreicht und bejaht das Argument nichts anderes als das sich selbst bejahende Denken, das allein sich als das Unübertreffliche erfahren kann, und zwar auf Grund des ihm eignenden Vermögens, alle Bilder auszulöschen, alle Vorstellungen zu zerstören, alle Grenzen zu übersteigen. Dann aber wird sich die Reflexion, die sich dieser grenzenlosen Größe bewußt wird, unvermeidlich eine ironische Ambivalenz zulegen: ist das ein anderes als ich? Läßt sich dies von diesem selben streng noetischen Gesichtspunkt aus entscheiden? Wir glauben es, denn die intellektuelle Erfahrung, um die es hier allein geht, ist die Erfahrung nicht allein des Triumphes der Reflexion, in der sich das Denken als über jedes Ding erhaben bejaht, sondern auch der reflexiven Anstrengung, jenes Aktes, der die sich immer neu vorschiebende Grenze zurückdrängt und verneint. Sie ist nicht nur Erfahrung einer Größe; sie ist auch die eines Ungenügens ...: Ungenügen und Größe werden in ihrer Beziehung zusammen verliehen, die eben der Akt des Bedenkens und Übersteigens ist. Weil die Grenze überstiegen, das Unüberschreitbare bejaht wird, kann nicht vergessen werden, daß dieser Überstieg die Grenze fordert, ja sagen wir, Bewußtsein der Grenze ist. Damit weiß ich zugleich, daß ich nur durch das Unüberschreitbare bin, daß ich aber das Unüberschreitbare nicht bin: Ich erleide diese Größe, die mich bedingt und mich meine Enge erkennen läßt. Eben das, was als das zugleich im individuellen Geist wie in der Wirklichkeit Vorhandene bejaht wird, ist das absolute Denken, dieses absolute Denken aber, das der begrenzte Geist weder sich anzueignen noch völlig in sich aufzunehmen vermag, dem er sich eben deshalb entgegensetzen muß, wird in dieser Entgegensetzung zur Wirklichkeit des Denkens, das heißt zum Sein selbst...»[49]

Anselms Beweis in seiner strikten Verstandesmäßigkeit enthält somit nicht schon keimhaft den Idealismus und Immanentismus: er ist eine Betrachtung der Kraft und der Begrenzung, des Elends und der Größe unseres Denken. Er ist weder eine Vorbereitung der Entfremdung des Menschen noch rechtfertigt er sie über Gebühr; er zeigt ihm in der Bejahung seiner Grenze das Geheimnis, das allein sie zu übersteigen erlaubt.

★

An sich unvergleichlich stärker als jeder andere Beweis, weil dem ihn aussagenden Geist wesensgleicher, läßt sich der Gottesbeweis – wie die Erfahrung zeigt – auch um so eher umgehen; und derselbe Grund verleiht ihm die beiden scheinbar entgegengesetzten Merkmale. Denn Gott ist kein Gegenstand unter soviel anderen: er kann, wenn Er ist, nur der totale Gegenstand, die totale Wahrheit sein, und den ganzen Geist in Anspruch nehmen. Wird nun *eine* einzelne Wahrheit zurückgewiesen, so nimmt man dafür nur *eine* Sinnlosigkeit in Kauf, weist man aber die totale Wahrheit zurück, so läßt man auf einen Schlag die Sinnlosigkeit in sich ein. Doch solange der Verstand noch irgendeinem festen Seinsbereich anhängt, erfüllt ihn die geringste Sinnlosigkeit natürlich mit Abscheu, weil sie, einmal wahrgenommen, genügt, die innere Kohärenz seiner geistigen Welt zu zerstören, wobei er aber, sobald das Gesetz des Kontrastes nicht mehr spielt, alle Mühe hat, die volle Sinnlosigkeit zu «realisieren», die sich ihm wie eine Art umgekehrte, seinem ganzen Wissen koextensive Kohärenz darbietet. Die totale Sinnlosigkeit verdirbt dieses Wissen gründlich, ohne dessen inneren Zusammenhänge zu verunklären. So kann sich der Verstand mit Spitzfindigkeiten immerzu selbst betrügen.

★

Die Gottesbeweise unterliegen fortwährend zwei Arten von Kritik, wobei gewisse Einzelheiten wohl zuweilen zusammenfallen können, einander aber in ihrem Ursprung nicht weniger entgegengesetzt sind als in ihrem Ergebnis.

Die erste Art dieser Kritik geht von einem strengen, doch verengten Begriff des Intellekts aus; oder sie richtet, wenn sie sich gegen die in der Vergangenheit formulierten Beweise wendet, ihr Augenmerk oberflächlich auf deren «begriffliche Moral der Geschichte» und auf das Äußere ihrer «logischen Formen», ohne sich um die Wiederentdeckung der darin stets anwesenden Seele zu kümmern. Als buchstäblicher Historizismus, der, gerade in seiner Genauigkeit, das Wesentliche der Lehren, die er zu beurteilen vorgibt, übersieht und auf diese Weise dem unzulänglichen Denken eines anderen zuschreibt, was nur Unzulänglichkeit seiner eigenen Methode ist... Derartige Kritik endet stets, zumindest auf Vernunftebene, in einer Infragestellung der Existenz Gottes wie in einer Verstümmelung des Geistes.

Die zweite Art von Kritik entspringt im Gegenteil ganz den Forderungen eines Glaubens an Gott. Sie will keine Beweise, die nicht zum wahrhaftigen Gott führen. Sie will ohne gesicherte Transzendenz weder etwas von einer Ursache noch von einem Ziel noch von einem Gesetzgeber wissen. Ein höherer Instinkt leitet sie, derselbe, der die Beweise ausgelöst hat. Eigentlich ist diese Art weit mehr eine Vertiefung der Beweise als deren Kritik. Sie verbündet sich mit ihnen, hilft ihnen, sich zu berichtigen und zu vervollkommnen. Sie enthüllt deren wahres Wesen, unterscheidet darin das bewegende Prinzip und setzt es frei. Der Geist wird sich durch diese Art Kritik hindurch bewußt, was an den verschiedenen Beweisen einmalig und umfassend ist, was ihre Kraft jeder anderen Beweiskraft überlegen macht. Eine einheitsbildende Richtigstellung, der durch solche von einer besonderen Geisteshaltung oder einem bestimmten Stand der Wissenschaften geprägte Ausdrücke der überragende, ewige Wert des Geistwirkens entstammt, das, ohne Ihn zu sehen, Gott unfehlbar setzt. Und dies nicht als ein zwanghaftes Tun, dem sich der Geist nicht entziehen könnte, ohne sich dabei Gewalt anzutun und, soweit es an ihm liegt, selbst zu zerstören.[50]

★

Ein Fachmann stellt sich die Frage: «Darf man den Existenzbeweis Gottes vulgarisieren?» Nach seiner Meinung hätte offenbar nur eine geringe Zahl von Spezialisten, Techniker der «metaphysischen Wissenschaft», auf Grund der erforderlichen Sachkenntnis das Recht, die Existenz Gottes zu bejahen. Sie allein würden darin eine wirkliche Gewißheit erreichen. Alle übrigen Menschen befänden sich in dieser Hinsicht in einer Illusion. Intellektuell wäre ihre Bejahung bedeutungslos. Derartige Bejahungen spielten höchstens als ein mehr oder weniger abliegendes «Vorstadium» der Beweisführung eine Rolle, als Vorbereitungen, die als «recht nützlich» angesehen werden können, «sofern sie als das genommen werden, was sie sind».

Wie merken solche, die auf diese Weise reden, nicht, sofern sie wirklich an Gott glauben, daß sie sich ein unerhörtes Vorrecht anmaßen? Wie merken sie nicht wenigstens, daß der Gesichtspunkt, von dem her sie im Recht sind, oberflächlich bleibt?

Es gibt, so antwortet ihnen Jacques Maritain, eine «doppelte natürliche» Gotteserkenntnis, die Frucht einer Wahrnehmung des Seins ist und «entschieden tiefer eindringt als irgendein wissenschaftlich hochentwickeltes logisches Procedere», da sie in einer «ursprünglichen und einfachen Intuitivität»[51] wurzelt. Eine solche Erkenntnis macht die «wissenschaftlichen» Beweise nicht überflüssig, ermöglicht sie vielmehr, ihr Zeugnis stützt sie, auf sie wird man schließlich stets zurückkommen müssen.[52]

★

Es liegt oft nahe, sich an gewissen Einzelheiten unserer «gelehrten» Beweise zu stoßen. Die verwendeten Materialien können ja nicht immer in gleichem Maße tragfähig sein;[53] auch sind die ihnen zugrundeliegenden Kategorien nicht immer genügend überprüft worden; der ihnen zur Verfügung stehende dialektische Apparat kann überholte Formen haben und den subtilen Einwand wie durch ein allzu weitmaschiges Netz schlüpfen lassen. «Bald befindet sich (die kritische Reflexion) in Gegenwart eines reichen und tiefen, aber noch impliziten, nicht ausformulierten Denkens; bald trifft sie im Gegenteil auf explizite Formulierungen, die sich als authentische Gottesbeweise ausgeben, doch fast immer von irgendeiner Seite her anfechtbar sind.»[54] Kurz gesagt, es ist dem denkenden Gläubigen nicht verheißen, daß er stets ein strenger Logiker, ein geschickter Analytiker, ein beschlagener Gelehrter oder ein tiefsinniger Philosoph sein wird. Selbst wenn er ein guter Denker ist, kann seine Technik eine unzureichende sein. Dies zuzugeben, braucht man sich nicht zu schämen.

Doch die Bemerkung muß weiter ausholen. Alles gelehrte Denken ist in der Tat ein technisches Denken und als solches, im etymologischen Sinn des Wortes, künstlich. Nun aber kann sich selbst der legitimen Künstlichkeit eine andere, gar sophistische Künstlichkeit als eine wenigstens vorläufige Instanz entgegensetzen. Um dieser Instanz Herr zu werden, sind neue Präzisionen, technische Nachweise erforderlich, die vielleicht ihre Bedeutung selber erst durch das Einbringen neuer Gesichtspunkte erhalten. Neue Beanstandungen werden nicht auf sich warten lassen. Nachdem man sich «bei den Unwissenden Gehör verschafft hat», wird man, wie Fénelon sagt, «die vermessene Kritik jener abwehren müssen, die ihren Geist gegen die Wahrheit mißbrauchen»[55] – hat aber auch neuen Anforderungen gerecht zu werden, die positiven Gewinn bringen können. Nach den Schwierigkeiten von Locke und Hume sieht man die – von ihnen ausgelösten, aber völlig andersartigen – Schwierigkeiten Kants aufbrechen.

Bald danach die Hegels, dann die so vieler anderer; stets sind es wenigstens zum Teil unvorhergesehene Schwierigkeiten – und stets setzt die Antwort, um adäquat zu sein, noch unausgesprochene Überlegungen voraus, endlos. Die Vernunft ist nie am Ende ihrer Möglichkeiten. Die dialektische Kette schmiedet sich immerfort neue Glieder. Der Geist ist, solange er voranschreitet, vor Fehltritten nicht gefeit, er verirrt sich in manche Sackgasse, dringt aber auch immer tiefer, entdeckt in sich neue Bereiche, sein Leben kennt keinen Stillstand. Es ist illusorisch zu glauben, daß er sich je zufriedengeben wird.[56] Man muß sich damit abfinden: die Vorbedingung ist, nicht aufzugeben. Nie darf man sich einfach mit der Leistung der Ahnen zur Ruhe setzen, selbst mit der glücklichsten dieser Leistungen, selbst bei aller Anstrengung, sich diese aufs beste anzueignen. Nicht daß sie geringzuschätzen wären oder daß man sich von seiner eigenen Überlegenheit zu überzeugen hätte: keineswegs. Aber bloßes Wiederholen ist nicht der Weg, sie wirklich einzuholen. Der Beweis jedenfalls bleibt im Grund derselbe, man kommt nicht darüber hinaus. Nur muß die erste Gewißheit immerfort neu erobert werden, und um einfachste Wahrheiten wieder herzustellen, braucht es in gewissen Fällen nicht nur manchen Kampf, sondern ebenso nicht weniger «Neuerfindungen».

Mittlerweile aber läßt sich einer, der wahrhaft an Gott glaubt, nicht beirren. Keine gelehrte Instanz – sei sie rationaler, «dialektischer» oder psychologischer usf. Ordnung – vermag seinen Glauben zu erschüttern. Denn der in gelehrter und reflektierter Künstlichkeit entfaltete Beweis ist für ihn nur Ausführung und rationale Überprüfung eines einfacheren, grundlegenderen und dauernden Beweises. Eines ganz natürlichen und spontanen, vielleicht in manchen Fällen noch nicht expliziten Beweises, der jedoch «in die verborgensten Falten der Vernunftnatur» eingezeichnet ist. Ein Beweis, der nicht aufhört, selbst im Moment, da die Einwände unlösbar erscheinen, eine völlig vernunftgerechte Überzeugung zu schaffen, eine «weit stärkere und unantastbarere als jede künstlich erlangte».[57] Ein Beweis, der für jeden gelehrten Beweis stets intakter Anstoß bleibt.

Ferner ist es bei der Gottesfrage, was auch immer gewisse Leute zu denken versucht sind, nie der Beweis, der fehlt, sondern der Geschmack.[58] Die betrüblichste und alarmierendste Diagnose, die unserer Zeit zu stellen ist: sie hat, zumindest dem Anschein nach, den Geschmack an Gott verloren. Der Mensch zieht sich Gott vor. Er kehrt die Bewegung, die ihn zu Ihm führt, um; oder, wenn ihm dies nicht gelingt, setzt er alles daran, sie umzudeuten. Er meint, die Beweise erledigt zu haben, macht sich stark für die Kritik, kommt aber nicht darüber hinaus. Er wendet sich von dem ab, was ihn überzeugen könnte. Würde dieser Geschmack an Gott wiederkehren, so könnten wir gewiß sein, daß die Beweise, sofern man ihre Seele berücksichtigt, sich sehr schnell in den Augen aller wieder als das erwiesen – was sie in der Tat sind – klarer als der Tag.

★

«Wer aber ein Philister ist und auf Erdhaftes sinnt, der weiß das nicht, daß man in jeder Erde Wasser findet, der weiß nicht in jeder Seele einen Sinn und ein Bild Gottes zu finden.»[59]

VIERTES KAPITEL

VON DER GOTTESERKENNTNIS

Das All, durch das Gott sich offenbart, ist nicht nur sein Werk, es ist sein Geschöpf. Es ist nicht nur etwas, das Gott in seiner Macht aus dem Nichts erschaffen hat; es ist gerade deshalb ein Seiendes, weil es nur aus dem Leben und Sein ist und lebt, das ihm unaufhörlich von seinem Urheber geliehen wird. Oder besser – denn die klassischen Metaphern der Leihgabe und der Quelle sind zugleich zu stark und zu schwach –, das All lebt und existiert nur in Gott. *In Eo vivimus et sumus.*

Gott, der «sein eigenes Sein» ist, ist zugleich «das Sein von allem.»[1] Unfaßlich und unerreichbar ist er uns zugleich innerlich und nah. «Als Prinzip und Wurzel jeglichen Geschöpfs» ist er das gegenwärtige Sein schlechthin.[2]

Überall also kommt uns Gott durch die Welt entgegen, durch sein Sein werden wir angesprochen. Überall müßten wir Ihm begegnen, überall Ihn erkennen können. Ob wir die «große Welt» oder die «kleine Welt», den Kosmos, der uns umgibt, oder unseren eigenen Geist bedenken, all das Wirkliche, das sich uns darbietet, ist durch sein ganzes Selbst, ja zunächst auf Grund seines bloßen Daseins, Symbol oder Zeichen Gottes.[3] Nicht irgendein künstliches, nachträglich gewähltes, durch Konvention geltendes Zeichen, sondern ein natürliches, für uns notwendiges Symbol. Ein ontologisches Zeichen, das man weder entbehren noch von dem man sich je wird freimachen können. Nie wird Gott unmittelbar und ohne Zeichen geschaut; sondern Gott leuchtet überall, wenn auch dunkel, durch die Welt hindurch. Jedes Geschöpf ist in sich selbst eine Theophanie. Alles ist voller Zeichen, Spuren und Rätsel. Von überallher strahlt die Gottheit hervor.[4] Alles leuchtet von der einmaligen Gegenwart. «Ein reines Herz und ein steter Blick sehen alle Dinge vor sich durchscheinend werden.»[5] Wenn sowohl das Wissen wie die Unwissenheit in uns der Schau Abbruch tun, wenn der Blick unseres Geistes an der Rinde der Welt kleben bleibt, nichts Heiliges darin erblickt – oder wenn er im Gegenteil die Welt «voller Götter» sieht –, so liegt die Schuld an irgendeiner Erkrankung des blickenden Auges. In der Tat ist es nur allzu wahr: mehr als die Welt uns Gott zeigt, verbirgt sie Ihn uns. Alle Dinge sind für uns undurchsichtig geworden, und doch bleibt wahr, daß der Schöpfer «über die Geschöpfe den Abglanz seiner göttlichen Vollkommenheiten ausgebreitet hat und wir dank dieser sichtbaren Lichter auf dem Weg der Analogie die unzugänglichen Herrlichkeiten des Schöpfers erkennen können.»[6] *Invisibilia Dei per ea quae facta sunt intellecta conspiciuntur.*[7]

«O Du, der Du durch jegliche Gestalt und jegliche Form hindurchscheinst, ohne ihr anzuhangen oder Dich mit ihr zu vermischen!» Daraus folgt zunächst, daß die Gotteserkenntnis auf dem Weg über die äußere Welt in gewissem Sinn selbst schon eine Offenbarung ist:

> ... Denn aus der Größe und der Schönheit der
> Geschöpfe wird analogisch ihr Schöpfer erschaut.[8]

Objektive Offenbarung ist, wie die natürliche Vernunft, selber subjektive Offenbarung. Doppelte und einzige natürliche Offenbarung als korrelative Gabe des Zeichens und des Vermögens, das Zeichen zu deuten; Gabe des Buches und des Vermögens, zu lesen. Denn es ist nicht mein Geist, der sich zuerst von der Welt zu Gott erhebt; Gott ist es, der durch die Welt irgendwie bis zu meinem Geist absteigt. So spontan der Beweis auch sein mag, den ich mir gebe, er kommt doch als etwas Zweites. Sosehr er Aktion sein mag, er ist doch nur Reaktion. Während ich diesen Beweis in mir erarbeite, wird das Zeichen, das ihm vorausgeht und darin bereits enthalten ist, das den Beweis ermöglicht, ihn auslöst, in Bewegung setzt und stets übersteigt, von einem Andern geschaffen. Letztlich *gibt Gott mir ein Zeichen.*[9] Die Geschöpfe sind Ihm als erste Sprache zu Diensten, um mit mir in Verbindung zu treten. Durch das Wort erschaffen, ist jedes Ding ein Wort, das von Ihm zu mir kommt und von Ihm spricht. Darauf muß ich aufmerken und antworten – die Initiative aber geht nicht von mir aus.

Auf Grund des Faktums selbst ist eine solche, wenn auch immer mittelbare Erkenntnis des Schöpfergottes keine ganz indirekte. Man könnte sie als *contuitio* bezeichnen, um ein Wort Augustins zu verwenden. Gott belehnt mich gewissermaßen mit seinen Zeichen, und ich entdecke Ihn in seiner Schöpfung – bis ich seine Schöpfung in Ihm erblicke. Diese Erkenntnis bleibt infolge der Schwäche meines Verstandes[10] stets dunkel,[11] ist aber dennoch grundsätzlich ganz konkret, auch wenn sie sich der Wege der Logik und der Abstraktion bedient, weil sie Erkenntnis einer *Gegenwart* ist. Eine bloße Schlußfolgerung – vorausgesetzt, die Initiative dazu ginge ganz von mir aus –, eine Schlußfolgerung, zu der ich nicht gedrängt, die von keinem Anreiz noch wesenhaften Impuls ausginge, könnte mir nur eine ganz indirekte und abstrakte Erkenntnis vermitteln. Sie lieferte mir nur den nackten Begriff anstelle eines *abwesenden* Seienden – oder vielmehr eines abwesenden Dinges. Hinter der von mir stammenden Abstraktion offenbart sich tatsächlich der wahre Gott als Gegenwärtiger.

Gewiß, wenn, was doch unmöglich ist, von Gott wirklich nur die rein begriffliche Abstraktion in mir vorhanden wäre, da ja jede Vorstellung Gottes sich als völlig unzulänglich erweist, könnte man mich fragen, welcher Weg mir noch offenbliebe, um dem Agnostizismus zu entrinnen.[12] Manche haben sich diese Frage gestellt, ohne darauf eine Antwort zu finden. Nach einer solchen Hypothese wäre meine Erkenntnis vergeblich. Und die Hypothese an sich ergibt nichts. *Denn im Begriff selbst ist stets mehr als der Begriff,*[13] was so viele Kritiker und Rechtfertigungen des Begriffs vergessen. Doch eben dies erlaubt mir zu verstehen, wie unter der unerläßlichen Kritik der Vorstellung die Erkenntnis Gottes weiterbesteht. Die sich häufenden Verneinungen, die alles auszulöschen scheinen, stehen fortwährend im Dienst einer stärkeren und reineren Bejahung. Wenn Gott sich entzieht, so innerhalb seiner Gegenwart. Seine Transzendenz hat nichts von einem Rückzug aus der Welt an sich, sie ist alles andere als eine Abwesenheit.[14] Jegliches Geschöpf offenbart Ihn im Sein selbst, das es Ihm entleiht, indem es ausruft, es sei nicht Er. Das Geheimnis ist es, das nicht aufhört, in seinem Dunkel ein Licht zu sein; die Leere, zu der es nötigt, ist die Gestalt seiner Fülle.[15]

Patet quam ampla sit via illuminationis, et quomodo in omni re quae sentitur sive quae cognoscitur, interius lateat ipse Deus.[16]

★

Der verborgene Gott, der geheimnisvolle Gott ist kein ferner, kein abwesender Gott: Er ist stets der nahe Gott.

★

«Da wir Gott nicht so denken können, wie Er ist, betreten wir nach reiflichem Urteil den weisen wie demütigen Weg, Ihn so zu denken, wie wir sind. Wir verleihen Ihm Eigenschaften nach unseren Beziehungen zu Ihm, und da diese Beziehungen wirkliche sind, sagen wir wahre Dinge aus, obwohl sie in ihrem Definitionswert so unzulänglich bleiben, daß sie kaum etwas erbringen.»[17]

Weiser Entschluß, wahrhaftige Erkenntnis, aber nur, weil ein tieferes Bedenken diesen Entschluß beseelt, weil ein geheimeres Licht diese Erkenntnis erhellt.

★

Wer die Immanenz vertritt, verneint die Transzendenz, während einer, der an die Transzendenz glaubt, nicht deshalb schon die Immanenz verneint. Ja, er realisiert die Idee der

Transzendenz hinreichend, um zu verstehen, daß sie notwendigerweise die Immanenz miteinschließt. Wenn Gott transzendent ist, so stellt sich nichts in Gegensatz zu Ihm, nichts begrenzt Ihn, noch läßt sich etwas mit Ihm addieren: der «ganz andere» als die Welt durchdringt diese dennoch absolut. *Deus, interior intimo meo et superior summo meo . . .*

Wer die bloße Immanenz vertritt, erweist sich somit als parteiisch. Nur wer die Transzendenz vertritt, ist umfassend wie die Wahrheit selbst.

Wer die Immanenz vertritt, will in der Idee der Transzendenz nur ein raumhaftes Bild sehen, das fortan ein völlig mythisches Denken erheischt. Er nimmt für sich selbst die Ausschließlichkeit des *Logos* in Anspruch. Doch wenn er nicht zur absoluten Leere des Seins und des Denkens gelangen will, bleibt er nicht minder als sein Gegner ein Gefangener der Einbildungskraft. Das «Innen» ist nicht weniger raumhaft als das «Außen» oder «Oberhalb». Es gibt a priori nicht weniger Grund, das Innen zum Beispiel als die «konkave räumliche Seite» einer Kugel zu betrachten... Die «Tiefe» ist nicht weniger bildhaft als die «Höhe». So könnte selbst ein subtiler Immanentismus nichts anderes sein als ein «umgedrehtes raumhaftes Vorurteil».[18] Beiderseits ist eine Kritik der Einbildungskraft vonnöten.[19]

Locales quidem excedit (Deus) temporalesque angustias, sed libertate naturae, non enormitate substantiae![20]

Wer die Immanenz vertritt, nährt diese Illusion nur, indem er den Glauben des an die Transzendenz Glaubenden «verinnerlicht», er macht sich zum abschließenden Deuter eines Propheten, der nicht zu sehen wußte, wohin seine Intuition ihn führen sollte. Auf diese Weise meint er den Übergang vom Glauben zur Philosophie oder von der Spontaneität zur Reflexion sicherzustellen. In einer mit Nachsicht vermischten Geringschätzung, von der uns die Geistesgeschichte manche Beispiele bietet, glaubt er, den Gläubigen zu rechtfertigen, indem er ihn zugleich richtet. Er meint, eine relative Wahrheit in eine absolute umzuwandeln. Doch die Bemühung – die ebenfalls von der Geistesgeschichte bezeugt wird –, eine stets erneuerte, immer wieder enttäuschte Bemühung, im Innersten der Immanenz selbst ein neues «Umgreifendes», ein neues «Jenseits», eine neue Transzendenz zu finden, ist nochmals ein Zeugnis zugunsten des Gläubigen. Die Transzendenz behält das letzte Wort. – Und durch den Sieg der Transzendenz wird die Immanenz gesichert – beide Ideen sind «gleichsam miteinander verflochten» –, doch wandelt sich ihre Bedeutung.

Deus, totus intra extraque, supereminens et internus, circumfusus et infusus.

Deus, supra quem nihil, extra quem nihil, sine quo nihil est. Deus, sub quo totum est, in quo totum est, cum quo totum est.[21]

Unus idemque totus ubique . . . circumdando penetrans, penetrando circumdans.[22]

★

«Ich bin in den höheren Teil meines Selbst hinaufgestiegen, doch höher noch herrscht das Wort. Als neugieriger Forscher bin ich auf den Grund meines Selbst hinabgestiegen und habe Es doch noch tiefer unten gefunden. Ich habe nach außenhin geblickt und bin Ihm weit außerhalb von allem begegnet. Ich habe nach innen geblickt: Es ist tiefer innen als ich selbst. – Und ich habe die Wahrheit dessen erkannt, was ich gelesen hatte, daß wir in Ihm leben, in Ihm uns bewegen und sind.»[23]

★

«Es ist Sache der Kunst, die Götter zu gestalten», schreibt Léon Bloy. Die Sache auch des Denkens, ja allen höheren menschlichen Schaffens, das ein «dichterisches» Schaffen ist (*poietes*).

Doch dem *Dichter,* der die Götter schafft, steht der *Prophet* gegenüber, der von Gott Offenbarung empfängt. Dem Bildhauer von Idolen, der den Göttern Gestalt verleiht, steht der

Bilderstürmer gegenüber, der es ablehnt, Gott in eine Form pressen zu lassen. Dem Denker, der seine Gedanken in ein Corpus ordnet, steht der Mystiker gegenüber, der sie verwirft, insoweit sie zum Leib geworden sind oder vielmehr diesem sukzessive entzogen werden.

Dieser Gegensatz zwischen den Menschen – ist er nicht bis in unsere modernen Zeiten hinein einer der Grundaspekte des Kampfes zwischen Hellenismus und Judentum? Auch der Gegensatz im Innern des Menschen? Ein unübersteigbarer Gegensatz ohne Ende. Ein tragisches, aber fruchtbares Aufeinanderprallen. Es gibt keine Möglichkeit, eine endgültige Wahl zu treffen, ohne etwas Wesentliches zu opfern. Der Dichter ist einer, «der Träume hat» und «der die Bilder seines Herzens veröffentlicht», der stets in Gefahr ist, zum «falschen Propheten» zu werden, wenn er sie als von oben empfangene Wahrheiten ausgibt.[24] Und doch braucht der Prophet diesen Dichter – er ist auch seinerseits ein Dichter –, denn der Mensch kann nichts in seinen Geist aufnehmen, ohne dabei selber denkend mitzuwirken: muß der Gegenstand der Offenbarung nicht *empfangen* werden? Der Mystiker ist nicht weniger auf den Denker angewiesen, denn auch sich loszureißen von den festgelegten Formen – *videntur ut paleae* – setzt die Arbeit voraus, die diesen Formen Gestalt gegeben, und das Urteil, das ihren Wert erkannt hat. Also wird der Krieg zwischen ihnen weder Sieger noch Besiegte kennen. Er muß sich in Harmonie verwandeln. Der Kampf muß zu einem Rhythmus werden – nach dem Vorbild des zum ersten Mal in der Menschwerdung, in Tod und Auferstehung des Erlösers angeschlagenen Rhythmus.

★

«Die Dinge wollen Gott sagen, sagen ihn aber nicht; niemand kann ihn sagen außer er selbst. Auch der Menschengeist will Gott sagen, und doch gelingt es ihm nie. Doch er sagt dessen Existenz aus wie das Vorhandensein einer unfaßlichen Grenze, auf die hin die daseiende Welt unaufhörlich zueilt. Wie auf ein wundersames Hindernis, das man noch nicht sieht, das aber durch ein vorgegebenes Zeichen im voraus angekündigt und bezeichnet ist. Allein das Geistwesen trägt in den Tiefen seiner Struktur gleichsam eine Vorahnung des Ziels, denn auch es ist auf Gott hin gebaut und geworfen, und kann sich dessen bewußt werden. Doch dieses Bewußtsein bleibt unerheblich, wenn die Dinge der Welt nicht zum Zeichen werden...»[25]

★

Man realisiert das *Du* stärker – und durch das *Du* das *Ich,* sein unentbehrliches Korrelativ –, insoweit man vom reinen *Es* Abstand nimmt. So wachsen Immanenz und Exteriorität gemeinsam. Die Reflexion begründet das personale Sein, sie löscht es keineswegs aus. Das ist das vom Idealismus verkannte Prinzip, der stets nur die Beziehungen zwischen einem erkennenden «Subjekt» und dem erkannten «Objekt» gesehen hat.

Doch das so begründete Außen ist, wie man sieht, kein «objektives» Außen; es existiert innerhalb einer «Inter-Subjektivität». Es ist nicht das Außen irgendeines *Es* – das sogleich zu einem Dies herabsinken würde –, es ist das *Du* schlechthin. Nicht das eines Gegenstands, den man beherrscht – und den man in seiner Vorstellung auslöschen kann – ; es ist das Du eines Subjekts, dem man sich schenkt, in dem man sich findet und das man sich als subsistierend denken muß. Dieses Subjekt ist also der wahre *Andere* im strengsten Sinn des Wortes; der absolut Andere, das geheimnisvolle, sich selber innerliche, sich jedem Zugriff entziehende, ganz personale Sein, das einzige *Du,* «das seinem Wesen nach nicht *Es* werden kann».[26] Es ist Der, den man sich nicht vorstellen kann, doch dessen Wirklichkeit sich mit um so größerer Notwendigkeit aufdrängt, Der, durch dessen Erkenntnis man sich seiner selbst bewußt wird, durch dessen

Liebe man sich besitzt; während die Vorstellung, solange man sich auf sie festlegt, bloß einen illusorischen «Anderen» vermittelte, ohne Innerlichkeit, geheimnislos, ohne wirkliche Frucht für das Subjekt. So hatte der Idealismus vielleicht recht, diesen «anderen» aufzulösen, indem er das Objekt in das Subjekt oder die Welt in die Vorstellung absorbierte – ohne übrigens auf diese Weise ein Ich, ein wahrhaft personales Subjekt begründen zu können.

Es gibt kein Subjekt für sich allein. Keine Personalität ohne Alterität, kein auf sich selbst bezogenes Bewußtsein. Kein wirkliches Sein ohne Inter-Subjektivität.[27] Weder wirkliche Erkenntnis noch ontologische Dichte ohne Geheimnis. – Und keinen Menschen ohne Gott.

★

Soll man wirklich glauben, der Grund, daß «viele Christen» in ihrem Gott gern das «Du» schlechthin sehen, liege darin, daß sie «es nicht mehr wagen, von Gott als einem Es, als einem Seienden zu sprechen»? Stimmt es, daß sie sich, «während sie aus Gott ein Du, den Partner in dem Zwiegespräch machen, das Gebet heißt, die Idee zu eigen machen, das Für-den-andern sei die Gestalt unseres Bewußtseins, daß sie also Gott gleichsam nur als einen Teil des Menschlichen zu erreichen scheinen»?[28] Die Kritik ist sehr subtil, und die Analyse scheint recht unzulänglich. Warum sollte der Gesprächspartner, zu dem man «Du» sagt, mit größerer Notwendigkeit «ein Teil des Menschlichen» sein als der Gegenstand, von dem man als «Es» spricht? Warum sollte das Gespräch unausweichlicher zu unserer Abhängigkeit führen als die Vorstellung? Wenn in jeder Erkenntnis eine «Intentionalität» liegt, die von der modernen Philosophie unglücklicherweise verkannt worden war, die ihr aber die zeitgenössische Phänomenologie wieder entdecken half, so könnte es wohl sein, daß die Intentionalität im Gespräch, das ein Subjekt in unmittelbare Beziehung zu einem anderen Subjekt setzt, am stärksten zum Ausdruck kommt. Im übrigen, ob das Gebet nun Bitte, Anbetung oder Übergabe ist, es ist kein beliebiges Gespräch; die Gegenseitigkeit, die es voraussetzt, bedingt keinerlei Ebenbürtigkeit, und der Gläubige, der sich im Gebet an Gott wendet, weiß das wohl, auch ohne der philosophischen Reflexion fähig zu sein. In der Tat lassen sich jene, die – zu Recht oder Unrecht – von Gott eher als von einem «Du» als von einem «Es» reden, nicht von irgendeiner schamhaften Schüchternheit leiten. Selbst wenn sie sich des Exklusivismus schuldig machen, so geht es ihnen bei ihrer Weigerung, vom Sein als von «einem Seienden» zu reden, doch vor allem darum, die Idee der göttlichen Transzendenz zu retten. Indem sie mit ihm die Verbindung des Gebets herstellen, bejahen sie zugleich ihre Abhängigkeit Ihm gegenüber und seine Unabhängigkeit ihnen gegenüber. Mit ihrer Ablehnung, Ihn im «Objekt» einzuschließen, wollen sie weit eher Ihn dem Menschlichen entzogen wissen.[29]

★

Wenn im Erkennen der Pflicht Gott bereits in irgendeiner Weise erkannt wird, selbst durch einen, der ihn nicht zu sehen vermag und sich für einen Atheisten hält, so kann gesagt werden, daß Gott bereits in der Erfüllung dieser Pflicht irgendwie gefunden und in Besitz genommen wird.

Dies aber kann nur mit Hilfe einer ganz präzisen Voraussetzung gesagt werden. Denn es gibt zwei Weisen, die Pflicht zu erkennen und folglich zu erfüllen. Damit die Erkenntnis und der Besitz Gottes, die dem Erkennen und Erfüllen der Pflicht folgen, nicht rein implizit bleiben,[30] muß die Pflicht nicht als reines Formalgesetz kantscher Art erkannt werden, sondern als *die Forderung des Guten*. Erst dann wird die Abstraktion des «Naturgesetzes» überschritten und dem wirklichen Gott Raum gegeben, selbst bei dem, der ihn noch nicht zu nennen vermag.

«Unabhängig von jedem aktuellen Vollzug einer explizit bewußten Erkenntnis» besitzt der Verstand somit «eine vitale und unbegriffliche Gotteserkenntnis, die, im praktischen Begriff des sittlich Guten eingefaltet, noch undeutlich, intuitiv, aber mit der vollen intentionellen Kraft als das formale Motiv des ersten Freiheitsaktes erfaßt wird, sowohl in der Bewegung des Willens auf dieses Gut hin wie zugleich auf das absolute Gut hin. Bei seiner ihn verpflichtenden Wahl erwägt der Mensch, was gut und was böse ist; zugleich aber, ohne es zu wissen, erkennt er Gott, denn kraft der inneren Dynamik dieser Wahl des Guten um des Guten willen will und liebt er das für sich existierende Gute als letztes Ziel seines Daseins.»[31]

Damit aber wird nochmals die Idee eines «natürlichen» Gottes überstiegen, der nur Urheber und äußere Sanktion des Gesetzes wäre oder bloße urbildliche Idee des sittlichen Wertes. Denn hypothetisch ist dieses Gute, dessen Forderung der sittlich Handelnde praktisch erkennt, dem er heimlich anhängt, kein anderes, als wie eben gesehen, das «für sich subsistierende Gute». Es ist «das höchste Gut», das heißt in Wirklichkeit Gott, «in dem er, ob er es will oder nicht, sein letztes Ziel sieht». Gott, der dieses letzte Ziel ist. Also schon der Gott der Gnade.

Anders gesagt, der Gott, der sich auf diese Weise dem Menschen guten Willens, der ihm seinen Namen noch nicht zu geben vermag, implizit offenbart, ist der Gott, der – nicht damit zufrieden, zu befehlen – anzieht, ja an Sich ziehen will. Gott, dem nach Thomas von Aquin die erste Entscheidung des freien, sich dem Guten zuwendenden Wesens gilt,[32] so daß «der erste frei gesetzte Akt des bewußten Willens, der erste Akt des sittlichen Lebens im eigentlichen Wortsinn vom Geheimnis der Gnade umhüllt ist».[33] Es ist der Gott, der nach dem Wort Pascals «die Seele fühlen läßt, daß er ihr einziges Gut ist und daß sie ihre Ruhe nur in der Liebe zu Ihm finden wird».

★

Je erhabener das Mysterium ist, um so unerbittlicher wird die als solche verstandene Einbildungskraft in ihrer unersetzlichen Rolle gefordert.

Wir wissen zum Beispiel, daß unser Gott ein personaler Gott ist. Denn «das Sein trägt das Antlitz der Person».[34] Wir sind nicht versucht, auf die Naturmythen so vieler Religionen noch auf ihre philosophischen Transpositionen zurückzugreifen. Doch dies einmal gesagt und festgehalten, ist es dennoch wahr, daß im Sinne der Evokation die «natürliche» Analogie weitergehen kann als die «personale» – eben weil sie von weiterher herangezogen wird. Sie kann sich sogar zur Läuterung der personalen eignen, ist ihr «natürliches Heilmittel», ihre normale, durch unsere dürftige geistige Entwicklung erforderte Ergänzung.[35]

Man muß sich dieses Gesetz in Erinnerung rufen – das Gesetz der Überzeugens, das sich umgekehrt proportional zur Definition verhält, das Gesetz des Evokationswerts, das sich umgekehrt proportional zum Wert des analytischen Denkens verhält –, um die noetische Bedeutung des Symbols und der Metapher zu verstehen.[36] Man muß es sich auch in Erinnerung rufen, um die Sprache der Mystiker zu würdigen. Dann braucht man sich nicht mehr an einer Übersteigerung zu ärgern, die sich nach unserer Logik scheinbar in verkehrter Richtung bewegt: «O Vater», ruft ein Mystiker, «o Gemahl; o Bruder!» Und dann am Ziele seiner schauenden Liebe: «O tiefer und stiller Strom, verzehrendes Feuer, Licht, das alles zu Licht macht.»[37]

★

«Eigentlich geriete man in arge Verlegenheit, wenn man ein ‹göttliches Attribut› im strikten Sinn zu bestimmen hätte, das ausschließlich mit dem Wort ‹Licht› bezeichnet wäre. Zweifellos erweckt es die Vorstellung von Klarheit, der Durchsichtigkeit einer Erkenntnis, die mühelos das ganze Wirkliche durchdringt, aber es bringt auch die Reinheit einer Wesenheit zum Ausdruck, die von den Schatten des Nichts nicht berührt worden ist: ‹Gott ist Licht, und es ist keine Finsternis in ihm.› Und über diese Eigenschaften hinaus, die wir als ‹äußere› bezeichnen könnten, hilft uns das Wort, ‹die Macht der Ausdehnung›, die ‹Ausstrahlung› eines höchsten Geistes zu realisieren, ohne die alle anderen [Geister] nur Nacht wären, ja allgemeiner noch, jene sieghafte Überfülle an Offenbarung, die wir als ‹Herrlichkeit› bezeichnen. Über all diese Aspekte des unendlichen Seins, die durch Untersuchungen und begriffliche Bestimmungen sich zu verdünnen drohten, breitet das ‹Licht›, indem es sie zusammenbindet, weiterführt und in ein Geheimnis von Seligkeit einhüllt, sein Strömen und seinen Glanz aus.»[38]

★

O Gott! Du bist kein anderes als die Liebe – doch bist Du eine andere Liebe! Du bist kein anderes als die Gerechtigkeit – doch bist Du eine andere Gerechtigkeit! Wenn ich gegen die Liebe oder die Gerechtigkeit fehle, trenne ich mich unfehlbar von Dir, und mein Gottesdienst ist nur Götzenkult. Um an Dich zu glauben, muß ich an die Liebe, an die Gerechtigkeit glauben, und es ist tausendmal mehr wert, an diese beiden zu glauben, als deinen Namen auszusagen.[39] Außerhalb ihrer ist es unmöglich, Dich jemals zu finden, und wer sich von ihnen führen läßt, ist auf dem Weg zu Dir. Um aber im Geist und in der Wahrheit Dich anzubeten, um nicht wieder Gefahr zu laufen, mich selbst anzubeten, muß ich zudem glauben, daß meine Gerechtigkeit – eben jene, die ich begreife, ohne sie je zu verwirklichen – noch nicht *die* Gerechtigkeit und meine Liebe noch nicht *die* Liebe ist. Mein Ideal ist nicht Deine Wirklichkeit. Wenn ich diese Namen Gerechtigkeit und Liebe auf Dich anwende, bist Du von mir noch unverstanden.[40] Denn «wir erkennen unvollkommen, und unvollkommen ist unsere Auslegung», und alles bleibt für uns noch rätselhaft – und wir können uns selbst die Gerechtigkeit zum Götzen machen – ja vielleicht sogar die Liebe.[41]

O Gott, der Du über jeden Namen[42] und über jeden Gedanken erhaben bist, jenseits jedes Ideals und jeden Wertes![43] O lebendiger Gott!

★

Noch vor aller Bewußtheit, vor jeder Begriffsbildung, hervorgehend aus den Wurzeln des Seins und des Denkens, um dem Bewußtsein sein Gefüge und jedem Begriff seine universale Tragweite zu verleihen, entspringt das Ja zu Gott. Geheimnisvoll, eingehüllt, doch unerläßlich und dauernd liegt es jedem Seinsurteil zugrunde. Es bildet ein Einziges mit dem Leben selbst des denkenden Wesens. Es sichert ihm in allen Ordnungen den inneren Zusammenhalt und die Konsistenz, ohne die es in Staub zerfiele, wie die Welt ohne Gott zerfiele. *Forma mea Deus meus.*[44]

Um aber ins Bewußtsein aufzutauchen und seinem Rang entsprechend ein Urteil unter anderen zu werden, muß diese grundlegende Bejahung sich notwendigerweise objektivieren. Sie tut es durch tausend Vorstellungsformen hindurch und findet ihren Ausdruck schließlich in der begrifflichen Bestimmung, dem notwendigen Werkzeug allen menschlichen Denkens. Doch dieses notwendige Werkzeug bleibt auch da, wo es richtig eingesetzt wird, ebenso unvermeidbar ein unzureichendes. Das Absolute, das jede Erkenntnis begründet, betritt somit unser Erkenntnissystem und scheint sich im universalen Netz der Beziehungen zu verfangen. Das Transzendente, das definitionsgemäß alle von unserem Verstand[45] erarbeiteten Begriffe «übersteigt», läßt sich scheinbar darin verschließen.

Damit beginnt instinktiv, um sich hernach methodisch weiter fortzusetzen, das gleicherweise notwendige Werk der intellektuellen Läuterung. Wie wäre in der Tat die Gottesidee zu retten, wenn nicht die Idee des Absoluten und des Transzendenten gerettet würde? Soweit sie sich objektiviert und partikularisiert, wird diese Gottesidee sogleich einer negativen Dialektik unterworfen, die sich allen groben Elementen entgegensetzt, aus denen sie ihre Substanz zu beziehen scheint.

Doch ist am Ende dieser Läuterung nicht zu befürchten, daß die Bejahung inhaltslos bliebe? Wäre man also nur um diesen Preis kein Götzendiener? Denn «nicht als ein Begriff» fordert uns Gott letztlich auf, «ihn zu setzen, ja nicht einmal als ein Seiendes, dessen Inhalt der eines Begriffs wäre. Im Maß, als das Objekt sich formt, entflieht das Sein ... Jenseits aller sinnfälligen Bilder und begrifflichen Bestimmungen setzt sich Gott als der absolute Seinsakt in seiner reinen Aktualität».[46] Jedes erfaßbare Element, was es auch sei und durch welchen Filter es auch gelaufen sein mag, wird immer noch nicht fein genug sein, um dieses Sein auszudrücken, dessen Wesen das Sein ist, das reine Sein, reines «Da-Sein», Akt ohne Vielheit und Bestimmung, Subjekt, das nicht Prädikat sein kann, das man «absolut» setzen muß, von dem jede «Qualifikation» wie eine sakrilegische «Beschränkung» ferngehalten werden muß.[47] Wie läßt sich unter diesen Bedingungen noch etwas über Gott aussagen? Wie soll man noch etwas von ihm wissen? Wird so nicht jede Ähnlichkeit, die man zwischen Schöpfer und Geschöpf festzustellen glaubt, sogleich aufgehoben, ja auf Grund einer noch größeren Unähnlichkeit mehr als aufgehoben?[48] Und ist man nicht gezwungen, sich einzugestehen, daß, «was Gott ist», uns «völlig unbekannt» bleibt?[49] Wird man dann nicht in eben dem Augenblick, da dank dieser radikalen Läuterung jede Gefahr der Idolatrie gebannt ist, zum Agnostiker, ja hat gar das Gefühl, zum Atheisten zu werden?

Wir haben gesehen, daß dies nur ein Anschein ist. Es bleibt für den Verstand unmöglich, den Weg zurückzugehen; ohne sich selbst Lügen zu strafen, kann er auf ein notwendiges Ja nicht zurückkommen. Allein, durch ein Paradox, dessen sinnfälliger Widerhall sich auch nicht vermeiden läßt, wird gerade das, was einer solchen Schlußfolgerung entgegensteht, diesen Anschein auslösen. Was ist in der Tat, so kann man fragen, ein reines Ja? Was ist eine Bejahung, die scheinbar nichts mehr bejaht, da sie von keinem unterschiedenen Subjekt ausgesagt wird und sich auf kein Objekt mehr bezieht?[50] «Es-Ist»: wie sollte diese Fülle, wenn man sie bloß analytisch angeht, nicht zunächst als Leere erscheinen?

Doch nochmals, der Beweis wird deshalb nicht entkräftet. Ein rationaler Anspruch bleibt bestehen. Das Ja bleibt im Mittelpunkt des Denkens. Ein zähes Ja, doch so unscheinbar! Unscheinbar, doch so zäh![51] Es entspringt und entspringt immer neu ebenso notwendig, stets gebieterisch, unüberwindlich bereit, allen Einwänden und Bedenken zum Trotz, die es zu verdrängen suchen, immerfort denselben Objektivationsprozeß zu erzeugen. Zum Glück nicht imstande, irgendeine der einzelnen Formen, in denen es sich auszugestalten sucht, in ihren Grenzen festzulegen, reicht es anderseits aus, den Verstand daran zu hindern, sich jemals in den Verneinungen auszuruhen, die diesen Formen folgen – ja folgen müssen.[52] Erst recht versperrt es ihm jeden Rückstieg. Es duldet keine Verleugnung, keinen Zweifel, keine Infragestellung. Das Urteil der Vernunft ist unwiderruflich. Was erworben ist, bleibt für immer erworben.

Scheint es nicht, als müßte der Mensch zwischen diesen beiden Polen unaufhörlich hin- und herschwanken, ohne je einen sicheren Hafen zu finden, wo seine Unruhe heimfinden könnte? Die Vernunft mag mit ihrem unangefochtenen Beweis heiter bleiben; der Mensch hingegen mit seiner erwägenden Vernunft bleibt ratlos. Das theoretische Problem mag rechtmäßig gelöst, der gegenteilige Anschein theoretisch überwunden sein: es bleibt zum mindesten ein praktisches, aber grundsätzliches Problem: die Anwendung der Gottesidee im geistigen Leben.

...Dann, o Wunder! kommt die Gabe Gottes zum Zug. Die zweite Gabe, denn die erste, das primäre Zuvorkommen war keine andere als der Geist. Die Bejahung selber. Auf dieses *datum optimum* wird das *donum perfectum* aufgepfropft. Diese Gabe fügt dem Bejahungsvermögen nichts hinzu, noch dem Wert seiner rationalen Begründungen. Sie bringt dem Beweis keinen Zusatz noch einen Ersatz, was er im übrigen nicht braucht. Ihre Wirkung ist anderer Art; sie verschafft dem Geist, ohne ihm seinen Schwung zu nehmen, den ruhigen Besitz seines Gegenstands. Sie setzt seiner Unruhe ein Ende. Entwirrt mühelos eine Situation, die unentwirrbar schien, eben weil sie «einer ganz anderen, einer übernatürlichen Ordnung» entstammt. Sie führt wie eine neue Dimension in uns ein. Das Leben der Liebe, das uns am göttlichen Leben selber teilhaben läßt; sie liefert dadurch unserer Gottesidee gleichsam einen geistlichen Inhalt. Ohne das Werk der Läuterung zu behindern, ja im Gegenteil fähig, es anzuspornen, gestattet der geistliche Inhalt dieser Läuterung, sich in Frieden fortzusetzen, da er auf anderer Ebene die ruhige Kontinuität und die sozusagen unentbehrliche Dichte der Bejahung von vorneherein sichert.[53]

Diese Gabe ist keine andere als der Geist Gottes selbst – eigentlich «der Geist Jesu» –, durch den die Liebe in unseren Herzen ausgegossen ist. «Keiner, streng genommen, erkennt Gott, außer Gott allein. Der Geist läßt ihn uns irgendwie erkennen, weil er uns ihm ähnlich macht ... Der Geist allein ergründet die Tiefen Gottes. Der Geist allein kann uns eine Gotteserkenntnis schenken, die über eine radikal inadäquate oder rein negative Erkenntnis hinausgeht. Weil der Geist aus uns neue Menschen macht, Menschen, die an der göttlichen Natur teilhaben, wie der Zweite Petrusbrief zu sagen wagt, verleiht er uns die einzige der Würde Gottes entsprechende Erkenntnis, weil sie eine Erkenntnis *per connaturalitatem* ist.»[54]

Doch die den Verstand betreffenden Naturgesetze werden dadurch nicht verändert. Der auf diese Weise erlangte Zuwachs an Erkenntnis ist somit weder rationaler noch philosophischer Ordnung. Er ist mehr oder ist weniger; er ist anders. Er ist nicht das Vorrecht von Denkern und Gelehrten. Er bezieht sich auf eine Erfahrung.[55] Oder genauer, außerhalb dieser Erfahrung – die, selber ganz geistig, sich dem groben Zugriff der Psychologie entzieht – ist er nichts. Er besitzt einerseits den privilegierten Charakter persönlicher Intimität und konkreter Intuition, wie sie jeder religiösen Erkenntnis eignet, partizipiert aber anderseits an ihrem außerwissenschaftlichen Charakter. Es geht um eine schlichte und quasi unmittelbare, in Wirklichkeit gleichwohl immer analoge Erkenntnis, «in speculo».[56] Denn «wer liebt», sagt Johannes, «ist aus Gott geboren und er erkennt Gott».[57] Wer liebt, so kommentiert Augustinus, sieht die Liebe, und wer die Liebe sieht, sieht Gott: *inde videmus, unde similes sumus*; und diese Liebe, fügt Wilhelm von St.Thierry hinzu, ist das Auge, das Gott sehen läßt: *ipsa caritas est oculus quo videtur Deus.*[58] – Zugleich aber geht es hier um eine prekäre und immer dunkle Erkenntnis, da sie von einem selber prekären Leben voller «Wechselfälle» abhängig ist, das nie als ein natürliches Gut besessen wird, und es der Erkenntnis nicht gelingt – was sie auch gar nicht sucht –, das überaus reine Licht, dessen Träger dieses Leben ist, im Prisma der Begriffe einzufangen.

Putas quid est Deus? Putas qualis est Deus? Quidquid finxeris, non est; quidquid cogitatione comprehenderis, non est. *Sed ut aliquid gustu accipias, Deus caritas est, Caritas est qua diligimus.*[59]

Novimus haec (de Deo). Num ideo et arbitramur nos comprehendisse? Non ea disputatio comprehendit, sed sanctitas: si quo modo tamen comprehendi potest quod incomprehensibile est . . .[60]

Das sind, schematisch aufgezeigt, die hauptsächlichen Etappen der Dialektik der Gottesidee. Der *konkreten* Dialektik im *konkreten* Geistesleben. Immerfort von der ersten unterfangen, zeugen, vermischen, bekämpfen, harmonisieren sich die andern vier Etappen in der stets bewegten Komplexität dieser Idee, die stärker ist als alle Kritik – stärker als der Tod.[61]

★

Wir haben eine Kraft der Bejahung, die unser Begriffsvermögen, ja selbst unser Folgerungsvermögen übersteigt. Denn wenn die beiden letzteren an dem einen oder andern Punkt wieder in Frage gestellt werden, bleibt die erste intakt. Sie füllt jene wieder mit Leben. Sie läßt sie zum Ziel gelangen.

Von daher ergibt sich eine ganze Bewegung hin und her, eine ganze Reihe scheinbar nicht zu lösender Konflikte, für die sich eine wenigstens vorläufige Lösung immer findet. Im Bereich unseres Begreifens und Folgerns erscheint das, was wir am wenigsten zu bejahen uns versagen können, immerdar gefährdet. Im Widerspruch zu dem, was am sichersten bewiesen schien, erweist sich die kritische Vernunft als unbegrenzt erfinderisch. Von denen, die sich ihrer bedienen, kritisieren die einen vor allem unsere Gottesidee, die anderen unsere Beweise. Vom Standpunkt der bloßen Logik her ist es nicht immer leicht, ihnen Unrecht zu geben, da der Gläubige in der rationalen Rechtfertigung seines Glaubens oft ungeschickt ist; seine Philosophie kann kurzschlüssig, seine Analyse unzulänglich sein; übrigens muß er zuweilen, gerade kraft seines Glaubens, im Sinn der Kritiker Stellung nehmen. Nichts jedoch vermag sich je gegen unser Ja durchzusetzen, und dieses wertet sowohl unsere Idee wie unsere Beweise immer wieder auf. Gegen erfinderische Kritik wird dieses Ja seinerseits erfinderisch.

Denn wahrhaft in jeder Weise ist Gott der *Ganz Andere*. Ein Prozeß, der uns zu anderen Seienden oder zu anderen Wahrheiten führt, vermöchte uns nicht aus sich selbst und als solcher bis zu Ihm zu führen, sowenig wie Vorstellungen, die geeignet sind, andere Seiende oder andere Wahrheiten auszudrücken, aus sich selbst fähig sind, Ihn auszusagen. Selbst wenn die Logik uns genötigt hat, zu seiner Existenz Ja zu sagen, bleibt sein Geheimnis unberührt. Unsere Vernunft durchdringt Ihn nicht.[62] Weder die Dialektik noch die Vorstellung werden die Schwelle überschreiten können. Aber noch diesseits aller Dialektik und Vorstellung bejaht unser Geist bereits Den, der mittels Dialektik und Vorstellung erreicht wird, aber jenseits aller Vorstellung und Dialektik steht. Und diese Bejahung, die so von der Nacht zum Licht, dann vom Licht in eine weitere Nacht übergeht, bleibt stets unbesieglich.

Als geschaffene Geister schwingen wir uns dem Absoluten entgegen. Viele Dinge verbergen uns vor uns selbst und bemühen sich, diesen Schwung von seinem Ziel abzulenken. Aber tief in uns besteht er weiter, wartet darauf, freigesetzt zu werden. Und wenn wir uns bemühen, unser Verhalten und die Ergebnisse unseres Denkens der Kritik zu unterziehen und sie richtigzustellen, so gehorchen wir unserer Natur, bleiben dem Aufschwung, der wir selber sind, treu. Unsere Kritik hemmt ihn nicht, noch lenkt er ihn ab: er selbst gibt sie uns ein, lenkt sie und verleiht ihr einen positiven Sinn. Und in diesem Aufschwung selbst gibt das Absolute sich uns zu erkennen.

★

Der Philosoph und der geistliche Mensch, der Primitive und der Zivilisierte, der eigenständigste Denker und der demütigste Gläubige, der «Prophet» und der «Mystiker», sie alle treffen sich nicht bloß im Wort, wenn jeder von ihnen «Gott» sagt. Wenn die eingeschlagene Richtung eines jeden stimmt, so partiell, ja zuweilen eng ihre Sicht auch sein mag, sie werden sich wirklich begegnen oder streben wenigstens auf eine wirkliche Begegnung hin – und in diesem Streben begegnen sie sich auch –, obwohl der Gegenstand, an den jeder denkt, anscheinend je anders aussieht.[63]

Eine einzige Idee Gottes – wie der Seele – trotz der empirisch vielfachen und so verschiedenen Ursprünge! Trotz so unterschiedlich gebildeter Begriffe, trotz der so seltsam abgerückten Bilder!

Wie ein einziger Raum, eine einzige äußere Welt, obwohl die Welt der Töne, die Welt der Gerüche, des Tastens und des Sehens unterschieden werden können.

Wahrlich, Gott ist ein Einziger! Und diese erstaunliche Konvergenz so vieler, scheinbar voneinander unabhängiger Zielsetzungen sind nochmals eine Bezeugung seiner Einzigkeit.

★

Gott des Verstandes und Gott des Bewußtseins – Gott der übernatürlichen Offenbarung und Gott der Vernunft – Gott der Natur und Gott der Geschichte – Gott des Seins und Gott des Wertes – Gott der Reflexion und Gott des Gebets – Gott des Philosophen und Gott des Mystikers – Gott der Seele und Gott des Alls – Gott sozialer Überlieferung und Gott einsamer Meditation – wieviel Gegensätze und welche Einheit!

Du unendlicher und vollkommener Gott – vollkommen in seiner Unendlichkeit und unendlich in seiner Vollkommenheit! Absoluter Gott und personaler Gott!

Du einziger Gott vielfacher Aspekte, einziges Ziel mit vielfachen Annäherungen! Gott meines ganzen Selbst! Gott aller! Kein Zugang zu Dir ist versperrt, keinen habe ich das Recht, auszuschließen.

Voces diversae, semitae multae: sed unum per eas significatur, unus quaeritur.[64]

★

«Ich glaube, wir können uns von Gott dem Vater eine andere Vorstellung machen als die eines bärtigen Greises. Hier liegt die heilige Grenze unseres Geistes, wo der Mensch, seine Sinne hinter sich lassend – wie Mose, der vor dem brennenden Dornbusch seine Schuhe löst, und wie Jesus, der die drei Apostel zurückläßt und «einen Steinwurf weiter weg» betet –, nurmehr versehen ist mit seinem Herzen und seinem Verstand. Hier beginnt das metaphysische Entsetzen, die «ekstatische Aphasie», von der Plotin spricht. Wieviel schärfer und durchdringender ist die Idee, die wir von Gott haben, als jene von einem gewöhnlichen Gegenstand, obwohl wir sie nicht auszudrücken vermögen!»[65]

★

Idee des Guten, Erster Beweger, unentbehrliches Sein, Einer über dem Sein, universales Prinzip, namenlose, gestaltlose Gottheit – Gott der Patriarchen, Gott des Mose und Jesaia, höchster Herr, furchtbarer Richter, König der Geschichte, Vater Jesu ... Vom einen zum andern klafft ein Abgrund – und doch: es ist – oder kann es zum mindesten sein – derselbe Gott.

★

«Viele sind draußen, die drinnen zu sein scheinen, viele sind drinnen, die draußen zu sein scheinen.»

Das Wort des Origenes und Augustins[66] bleibt für alle Zeiten aktuell. Der Mißbrauch, der damit getrieben werden kann, soll uns seine Wahrheit nicht verschleiern. Und was für die Zugehörigkeit zur Kirche zutrifft, wird gewiß nicht weniger für den Gottesglauben zutreffen. Man kann Atheist sein und sich zum Glauben an Gott bekennen,[67] man kann gläubig sein und sich als Atheist[68] bezeichnen. *Novit Deus qui sunt ejus.*

★

«Wer die Majestät erforschen will, wird von der Herrlichkeit überwältigt.»[69]

Der Philosoph mißtraue jeder titanischen Metaphysik. Er bilde sich nicht ein, sich selbst zu einer wirklichen «Gotteswissenschaft» erheben zu können. Er mache von seinen kritischen Fähigkeiten Gebrauch, um den Hochmut seiner Neugier zu zügeln. Findet er am Ende seiner Bemühungen etwas von dem wieder, was ihn zur ersten Bewegung seines Wesens veranlaßt hat, so bejaht er die Existenz Gottes; er tut damit nichts anderes, als daß er allem Seienden ein Prinzip der Einheit, seinem Denken einen Sitz im Leben, seinem eigenen Dasein eine Berechtigung und dem All einen umfassenden Sinn verleiht. Er beschränkt sich somit darauf, «die einzige von der betreffenden Welt geforderte Antwort zu schildern: Gott selber hat sich noch nicht enthüllt».[70] Auch wenn er jenseits des Beweises seine Reflexion fortsetzt: nie wird ihn diese in das Innere der göttlichen Natur eindringen lassen. Was er davon erahnt, ist vielleicht eben das, was ihn von dort wegweist. Die ganze ihm erreichbare Weisheit wird ihm nicht gestatten, Gott selbst zu schauen, «sondern nur die Heilsordnung Seiner Weisheit».[71]

★

«Ich versuche nicht, Herr, deine Hoheit zu durchdringen, denn keineswegs stelle ich meinen Verstand ihr gleich. Doch verlange ich danach, einen Blick auf die Wahrheit zu erhaschen, die mein Herz glaubt und liebt.»[72]

FÜNFTES KAPITEL

VON DER UNAUSSPRECHLICHKEIT GOTTES

Ein Unendliches an Intelligibilität, so ist Gott.[1] Das Unbegreifliche ist das Gegenteil des Intelligiblen. Je tiefer man in das Unendliche eindringt, desto besser versteht man, daß es uns restlos übersteigt und nie mit Händen zu greifen ist. *Quidquid scientia comprehenditur, scientis comprehensione finitur.*[2] Das Unendliche ist keine Summe endlicher Elemente; was man versteht, ist somit nicht ein Stück, das sich von dem, was noch zu verstehen bliebe, abziehen ließe. Weder zerstört der Verstand das Mysterium, noch vergreift er sich daran; er vermindert es in keiner Weise, bekommt es nicht zu fassen: er vertieft es. Er tritt darin ein. Er entdeckt es immer besser als ein solches.

Wie auf dem Höhepunkt menschlicher Bemühung das Nichts des Menschen angesichts des Seins Gottes am deutlichsten in Erscheinung tritt, so offenbart ihm das Mysterium Gottes in dem Maß, als es sich von der Vernunft durchdringen läßt – oder vielmehr das Mysterium die Vernunft durchdringt –, auch die Unendlichkeit seiner Tiefe, und das Licht, das es ihm schenkt, verdichtet nur noch die Finsternisse, in die hinein es sich entzieht. Nicht als ob man sozusagen von Gott zum Menschen, wie Kierkegaard meinte, «das Unendliche der Distanz» immer besser entdeckte – als entfernte sich Gott durch seine Größe von uns in dem Maß wie die Idee des Unendlichen sich in uns entfaltet und wir besser einsehen, daß das Göttliche kein «bloßer Superlativ des Menschlichen»[3] ist. Es geht weder um Entfernung noch um Distanz; jedenfalls drücken diese Worte nur einen Aspekt der Wirklichkeit aus. Gott flieht unseren Horizont nicht, Gott entzieht sich uns nicht, oder besser, er läßt nicht zu, daß wir uns Ihm entziehen: doch eben darin offenbart er sich uns als Gott, das heißt als der Unermeßliche und gleichsam «Unfaßliche», als der «Uneinnehmbare». Man kann also ohne Angst die Vernunft auffordern, zu «verstehen»: je mehr ihr dies gelingt, indem sie im göttlichen Objekt neue Wunder entdeckt, um so tiefer wird ihr Streben nach Erkenntnis und ihr Verlangen zu fassen gedemütigt.[4]

«Die Übung der Spekulation», sagt der Karmelit Dominikus von St. Albert,[5] «ist der tiefste Tod, den der liebende Geist erleiden kann.» Und unser *Cherubinischer Wandersmann*, Angelus Silesius:

> Je mehr du Gott erkennst, je mehr wirst du bekennen,
> Daß du je weniger Ihn, was Er ist, kannst nennen.[6]

Amictus lumine sicut vestimento.

★

Der Geist, der sich anstrengt, Gott zu «verstehen», ist nicht mit dem *Geizhals* zu vergleichen, der einen Haufen Gold – eine immer beträchtlichere Summe von Wahrheiten – sammelt. Er gleicht auch nicht dem *Künstler,* der fortwährend einen Entwurf neu vornimmt und ihn jedesmal etwas weniger unvollkommen gestaltet, um sich schließlich im ästhetischen Genuß seines Werkes auszuruhen. Er gleicht vielmehr dem *Schwimmer,* der sich, um sich über Wasser zu halten, im Meer voranbewegt und mit jedem Zug einer neuen Welle zu begegnen hat.[7] Unaufhörlich stößt er die sich immer neu bildenden Vorstellungen zur Seite, wobei er wohl weiß, daß sie ihn tragen, daß aber bei ihnen zu verweilen, sein Untergang wäre.[8]

Quantumcumque in altum cogitatio proficiat, ultra est.[9]

Si comprehendisti, non est Deus. Si comprehendere potuisti, aliud pro Deo comprehendisti. Si quasi comprehendere potuisti, cogitatione tua te decepisti.[10]

... *Quidquid scientia comprehenditur, scientis comprehensione finitur. ... Si finisti, non est Deus.*[11]

★

Wenn wir sagen, Gott sei unaussprechlich, so bedeutet das nicht, daß man nichts Wahres über ihn sagen kann![12] Daß nichts über ihn auszusagen wäre und wir von vornherein zu schweigen hätten, daß alle ihm von Menschen verliehenen Namen Synonyme wären oder beliebig und unterschiedslos alles von ihm ausgesagt oder geleugnet werden könnte.[13] Oder daß alles, was man von ihm sagt, immer nur pragmatischen oder vorläufigen Wert hätte. Die göttliche Unaussprechlichkeit wird *am Ende* einer Dialektik erkannt, aus der sie eine ganz präzise, eminent positive Bedeutung zieht. Wer sich zu ihr bekennt, fällt nicht ins Boden- und Unterschiedslose: er vollendet vielmehr und krönt eine Anstrengung konsequenten Denkens. Er hebt die Ergebnisse dieser Anstrengung nicht auf: in ihrer Negation selbst pflückt er ihre Frucht.

Ebenso und mehr noch als bei jedem anderen Gegenstand müssen unsere sich auf Gott beziehenden Ideen in einer *Ordnung* durchdacht werden. Nichts Schlimmeres als eine verfrühte «negative Theologie». Das Spiel von Bejahung und Verneinung ist kein regelloses. Die verschiedenen Eigenschaften, die von Gott ausgesagt werden – und die es übrigens alle weder unter dem gleichen Titel noch auf die gleiche Weise sind –, identifizieren sich zu Recht nur, indem sie sich transzendieren und verneinen usw. Gott ist also nicht in dem Sinn unaussprechlich, daß er nicht intelligibel wäre: Er ist unaussprechlich, weil er stets über allem steht, was über ihn ausgesagt werden kann. Er steht immer über allem, was man tatsächlich zunächst von ihm sagen *muß* und was nie einfach verleugnet werden kann. – Denn *verneinen* heißt nicht *verleugnen,* da es ja stets dieselbe Anziehung des *immer größeren* Gottes ist, der in einer selben Bewegung, im selben Voranschreiten, zuerst bejahen, dann verneinen macht.

Die Unaussprechlichkeit ist nur eine andere Bezeichnung für die absolute Transzendenz. Das Schweigen steht nicht am Anfang: es steht am Ende.

... *Diximusne aliquid et sonuimus aliquid dignum Deo? Imo vero nihil me aliud quam dicere voluisse sentio: si autem dixi, non est quod dicere volui. Et fit nescio quae pugna verborum, quoniam si illud est ineffabile, quod dici non potest, non est ineffabile quod vel ineffabile dici potest. Quae pugna verborum silentio cavenda potius quam voce pacanda est...*[14]

★

... Schließlich folgt in der Dialektik der drei Wege, die zur menschlichen Erkenntnis Gottes führen (affirmatio, seu positio; negatio, seu remotio; eminentia, seu transcendentia) die *via eminentiae* weniger auf die *via negationis,* als daß sie diese bereits fordert, inspiriert und lenkt. Sie kommt als letzte, weil sie heimlich bereits die erste war, noch vor der *via affirmationis* und dieser überlegen. Ohne je vor dem Verstand endgültige Gestalt annehmen zu können, bleibt sie immerfort Licht und Norm. Leuchtende Wolke, die uns in der Wüste unserer irdischen Pilgerschaft unablässig den wahren Weg zeigt. Geheime Kraft, welche den Prozeß der objektiven Erkenntnis auslöst und alsdann zur Richtigstellung nötigt... Deshalb kann man nach den notwendigerweise hinter sich zu lassenden ersten Aussagen furchtlos die *via negationis* einschlagen, um sie nicht mehr zu verlassen. So verstanden und angelegt, ist diese immer nur scheinbar negativ oder dem Anschein nach verneinend. Anders und vielleicht genauer gesagt, erweist sich die *via negationis,* so *negativ* sie auch wirklich und unwiderruflich ist, genau als das Gegenteil eines *verneinenden* Weges.

Negativität ist nicht Verneinung. Eine Theologie, die die *Verneinungen* häuft, ist dennoch keine «negative Theologie», keine Theologie der *Verneinung*. Die Bewegung der Negativität, die sie kennzeichnet, ist keine *Infragestellung,* sowenig wie die Bewegung der Transzendenz noch, die der sie einbeziehenden Eminenz eine *Zurückwendung* besagt.

Immer hält sich folglich, stets siegreich, die Bejahung durch, und zwar in ihrer höchsten Gestalt. Siegreich durch die Negation, die sie als einziges Mittel verwendet, das fähig ist, ihrem eigenen Ungenügen abzuhelfen. Sie triumphiert mitten in der Negation, die sie nicht aufhebt, sie vielmehr sich selbst zu übersteigen zwingt, und nur der objektiv faßbare Aspekt der Transzendenzbewegung ist.[15] Sie bleibt jedesmal siegreich, weil sie zuerst da war und alles Folgende sich notwendig unter ihrem Vorzeichen abspielt. Sie ist ihres Endsieges gewiß, weil sie trotz mancher Anzeichen, die irreführen könnten, das innerste Wesen des Geistes selbst ist.

Der Geist ist nicht das, wie behauptet wurde, «was verneint»; er ist das, was bejaht. Der Geist ist nicht Revolte noch Opposition noch Ablehnung: er ist Zustimmung. All seine Verneinungen und Revolten, seine Einwände und Ablehnungen lassen sich, soweit sie begründet sind, aus den Forderungen dieser Bejahung und Zustimmung erklären. Und würden diese Forderungen verkannt bleiben, der Geist verfiele, seinem Gesetz ungetreu, wiederum der Sklaverei der Naturkräfte, von denen er sich befreit hatte, ja von denen er sich durch seine Verneinungen, seinen Widerspruch, seine Revolten und Ablehnungen unablässig frei machen muß.

★

«Eine Analogie, die nur von unten ausginge, könnte zu nichts führen. So negativ man sich diese Analogie auch wünschen möchte, man wird doch in irgendeiner Weise, zumindest in seiner Wunsch- oder Hohlform, das schon besitzen, was man indirekt zu erlangen versucht. Wenn ich von meiner Erfahrung oder meinen Vorstellungen von Gerechtigkeit oder Liebe ausgehe und Gott auf dem Wege der Analogie und der Verneinung aller Grenzen als absolute Gerechtigkeit oder absolute Liebe zu qualifizieren suche, so ergibt sich eine Alternative. Entweder ist die Substanz meines Vorgehens eine Art Extrapolation, und was in den unzugänglichen Bereich hinausprojiziert wird, bleibt grundsätzlich seinem Ausgangspunkt homogen; dann haben wir nur einen Gott, der nach unserem Bild gemacht ist, und das Vorgehen ist der eigentliche Typus eines anthropomorphen Vorgangs. Oder aber wir besitzen in uns (und das wird im Grund vorausgesetzt) eine Möglichkeit, ein Gesetz des Überstiegs, das uns ein Absolutes an Gerechtigkeit und Liebe außerhalb unseres Zugriffs setzen läßt. Dieses Darüberhinaus ist nur denkbar, wenn dieses Absolute bereits am Ausgangspunkt irgendwie in uns wirkt. Die Analogie muß umgedreht werden; was wir in unserer Erfahrung Gerechtigkeit und Liebe nennen, ist dies nur, weil es etwas von diesem Streben oder von dieser Gegenwart bestätigt oder ausdrückt.»[16]

★

«... Hinc advertere est, quam longe agimus a summo Bono, qui carere culpam, justitiam, carere miseriam, beatitudinem indicamus!»[17]

★

Von Gott verneinen wir letzten Endes alles, was wir, ausgehend vom Geschöpf, zuerst bejahend ausgesagt haben. Nichts entgeht diesem Gesetz. Eine Ausnahme ist undenkbar. – Doch verneinen wir nicht alles im gleichen Moment der Dialektik, auch nicht aus denselben Gründen noch auf dieselbe Weise. Wenn es tatsächlich wahr ist, daß es auch zwischen dem einmaligen Sein des Schöpfers und der Gesamtheit der Geschöpfe einen unüberschreitbaren Abgrund gibt, so ist es nicht minder wahr, daß es verschiedene Stufen der Teilhabe der Geschöpfe am Sein des Schöpfers gibt. Man kann für den analogischen Gebrauch unmöglich auf dieselbe Ebene stellen, was vom Sinnfälligen und was vom Geist stammt, oder was durch Abstraktion oder durch innere Erfahrung erlangt wird. Der Anthropomorphismus des Leibes und derjenige der Seele sind unmöglich miteinander zu vereinbaren usw. So unterscheiden wir nicht nur, wie bereits Justin, zwei Arten von göttlichen Eigenschaften: solche, die Gott an sich betreffen, und andere, die sich auf sein Wirken *ad extra* beziehen, um einzig die ersteren als wahrhaft «göttliche Namen»[18] zu bezeugen. Mit Pseudo-Dionysius unterscheiden wir, was von Gott ohne reale Wahrheit und was gemäß der Wahrheit von ihm ausgesagt wird, obwohl dies danach noch wahrheitsgemäßer zu verneinen ist. Nach augustinischer Überlieferung unterscheiden wir Gottes Bild von dem, was bloß noch mehr oder weniger ferne, verblaßte Spur ist. Mit Johannes Scotus Eriugena unterscheiden wir bei den Ausdrücken, die wir auf Gott anwenden, solche, die «quasi propria», und andere, die «aliena, hoc est translata» sind. Mit Anselm unterscheiden wir zudem Eigenschaften «non meliores quam non ipsae» und Eigenschaften «meliores quam non ipsae», wobei wir uns erinnern, daß falls es unzulässig ist, vorauszusetzen, daß das vollkommene Sein «aliquid quo melius sit aliquo modo non ipsum», wir unbedingt zugeben müssen, daß es wirklich «quidquid omnino melius est quam non ipsum».[19] Mit der gesamten Schule unterscheiden wir schließlich die «gemischten Vollkommenheiten», die keinesfalls in Gott selbst vorkommen können, und die «einfachen» oder «reinen Vollkommenheiten», die sich in ihm anders vorfinden müssen als in uns.

Doch wird das Resultat dieser Unterscheidungen nie völlig aufgehoben, als wären sie nur illusorisch gewesen. *Tanto altius creatrix essentia cognoscitur, quanto per propinquiorem sibi creaturam indagatur:*[20] ein solches Prinzip hört nie auf, wahr zu sein. Unsere Verneinungen beziehen sich letztlich auf alles, sind aber immer auch relativ und zueinander in Beziehung gestellt, sind also untereinander nicht gleichwertig. Falls man uns dieses allzu unzulängliche Bild erlaubt: sie lassen sich an der Basis nicht auf einen Nenner bringen, obwohl sie sich am höchsten Punkt vereinen. So vollzieht sich zwischen ihnen eine Art «Nivellierung nach oben». Ihre einzelnen Bedeutungen bleiben unterschiedlich, sehr unterschiedlich, obwohl sie alle zusammen zu jener unabdingbaren Feststellung führen, Gott steht immer *darüber*.

Die Stufen der Teilhabe sind real und unterschiedlich – doch ist «ihr unmitteilbarer Urheber über allem, was Anteil nimmt, und über die Anteilnahme an sich hinausgerückt».[21] Das Geistgeschöpf ist Gott ähnlich – doch «der über alles erhabene Gott» ist «keinem Wesen ähnlich».[22] «Es gibt keinen Namen und keinen Begriff von ihr [der Gottheit], sie ist in das Unzugängliche erhoben.»[23]

Wie könnten wir jedoch den Prozeß der Verneinung zu Ende führen, wie mit solcher Kühnheit verkünden, daß Gott immer nochmals *darüber* steht, wenn nicht kraft einer Forderung, die selbst jedem Versuch eines Begriffs vorausgeht, das heißt kraft einer Art erster und uneinholbarer Bejahung? Sie ist es, die uns im gegebenen Augenblick alles zu verneinen zwingt, also selber nicht verneint werden kann. Sie sammelt in sich alles, was in den Aussagen, die sie uns verwerfen läßt, an Wahrheit – an begrifflich nicht isolierbarer Wahrheit – vorhanden war, da wir die Bedeutung dieses *modus altior* oder *eminentior* in Gott, von dem Thomas spricht, dieses *modus quidam singularis,* den Anselm erwähnt, eigentlich nicht zu erfassen vermögen. Die Bejahung ist die stets gegenwärtige Seele unserer Verneinungen, und würden wir sie verleugnen, müßte der Vorgang der Verneinung stillstehen: worauf durch eine geistige Erstarrung, die einer Verneinung der *Überlegenheit* Gottes gleichkäme, wir zwar nicht dem Atheismus, sondern der Götzendienerei verfielen, «die dem Bild zuweist, was nur der Wahrheit zukommt»,[24] weil wir der Wahrheit zuschreiben, was nur dem Bild zukommt.

Diese in uns liegende Kraft der Negation ist also keine negative Macht: indem sie uns Gott immer bejahen läßt, uns aber untersagt, bei irgendeinem seiner unwürdigen Begriffe stehenzubleiben, erweist sie sich für die Reflexion als ein doppelt positives Vermögen. Auf Grund des sie auslösenden Prinzips macht sie in der Negativität ihrer Formen aus unserer Gottesidee eine nicht nur irgendwie, sondern eine eminent positive Idee.

★

Wir wissen nicht, *was* Gott *ist*... Dies aber kann zweierlei Bedeutung haben. Einmal die landläufige irgendeiner Ignoranz: eine solche ist abzuweisen. Dann eine zweite besondere Bedeutung, die sich nur auf Gott bezieht: wir wissen nicht, was Gott ist, wissen aber, was er nicht ist. Oder besser, wir sagen, daß wir nicht wissen, was er ist, weil wir wissen, was er nicht ist. Diese beiden letzten Aussagen bedingen sich. Sie sind in der Tat identisch. Nicht wissen, was Gott ist, heißt wissen, was er nicht ist. Und dies ist ein sehr erhabenes Wissen. Indem wir von Gott jede Bedeutung, die gleicherweise vom Geschöpf gelten könnte, zurückweisen, bejahen wir, daß Gott außerhalb jeden Geschöpfs steht: Kurzum, wir erklären ihn als Gott.

Deus, qui melius nesciendo scitur.[25]

★

Innerhalb des Problemkreises der Gotteserkenntnis, wie es sich der Vernunft von der Erkenntnis der Welt her stellt, müssen die beiden Fragen *an est* und *quid est* mehr noch als überall sonst äußerst sorgfältig unterschieden werden.[26] Gewiß kann man die Existenz eines Seienden, was immer es sei, nicht bejahen, ohne wenigstens irgendeine Art Definition davon zu geben.[27] Aber etwas anderes ist die eigentliche Definition einer Wesenheit, etwas anderes die Bestimmung einer Rolle. Im Falle Gottes, wie das Argument ihn setzt, ist, wenigstens in positiver Form, allein das letztere möglich, und damit Gott die Rolle spielen kann, die ihm das ihn setzende Argument zuweist, braucht man von ihm positiv nicht mehr zu wissen: ja es ist sogar notwendig, nicht mehr von ihm zu wissen.

Mit anderen Worten, damit der Gottes*beweis* von der Welt her schlüssig und damit zum wirklichen *Gottes*beweis *wird*, ist es strenggenommen nicht unerläßlich, etwas vom Wesen Gottes erkennen zu können: unerläßlich hingegen scheint, daß von ihm nichts erkannt werden kann. Denn nur auf diese Weise erkennt man ihn als den von allem übrigen Unterschiedenen. Und wenn man etwas von ihm in dem Sinn erkennen könnte, wie man etwas von der Welt oder von den Dingen der Welt erkennt, so nur, weil diese Wesenheit selbst wie die anderen Wesenheiten sich mehr oder weniger in die Denkkategorien einfügte. Sie fiele also «unter die Gattung». Damit würde auch sie Teil der Welt und könnte uns zu ihrer Erklärung keinerlei Hilfe mehr bieten. Alles wäre neu zu beginnen, wir bewegten uns im Kreise.[28]

... Doch einerseits, was für einen Reichtum an Reflexion findet der Verstand gerade in diesem Kontrast zwischen einer Welt, die sich erkennen und erklären läßt, und Demjenigen, ohne den diese Welt nichts ist! Welch totalen Unterschied nimmt er nicht wahr zwischen den allgemeinen Unwissenheiten und dieser qualifizierten Unwissenheit! Welch paradoxe Wissenschaft im Verwerfen jeglicher Wissenschaft! Welche Fülle in jener Leere, die sich vor ihm auftut, welch ein Licht in dieser Finsternis! Wie sollte er nicht empfinden, daß seine Ohnmacht vor Dem, den er nicht definieren kann, nicht das offenkundige Zeichen eines Mangels, sondern eines unvergleichlichen Zuwachses ist? *Hoc est quod Deum aestimari facit, dum aestimari non capit.*[29] Und anderseits, gelangt er nicht, indem er die Welt und ihre Erklärung auf sich beruhen läßt, noch unmittelbarer zur Evidenz? Denn je drängender und konsequenter seine Verneinungen werden, um so eindeutiger sind diese durch eine vorausgehende, bedingungslose Bejahung bestimmt, deren jeder andern überlegene Kraft sich nicht anders ausdrücken kann.

★

Unsere Begriffe haben die Macht, Gott in Wahrheit zu *bedeuten* – und dennoch vermögen wir im eigentlichen Sinn Gott in keinem der Begriffe zu *fassen,* oder eher, eben darin bedeuten sie Ihn wirklich. Gott wäre nicht der, der er ist, Er wäre nicht Gott, wenn Er zwar nicht der Unerkennbare, doch der Unfaßliche wäre.[30] So bleibt Er immer über allem erhaben, was wir von Ihm sagen oder denken: *super omnia quae praeter ipsum sunt et concipi possunt ineffabiliter excelsus.*[31]

«*Der Unnennbare* ist der schönste all seiner Namen, denn er setzt ihn von vornherein über alles, was man versuchen könnte über Ihn auszusagen.»[32]

Entsprechend ist es uns nicht möglich, die geistige Tätigkeit, die uns tatsächlich mit Hilfe von Argumenten und Formeln bis zu Gott hin trägt, restlos in eine Formel oder irgendein Argument zusammenzufassen, da ja dieses Argument selbst formuliert, somit partikularisiert und zugleich auf ein allgemeines Schema reduziert wird. Doch sowenig wie vorhin die Schlußfolgerung gezogen wurde, unsere Begriffe vermöchten Gott nicht wahrhaft zu bedeuten, wird man jetzt folgern dürfen, daß unsere Argumente keine Beweiskraft hätten oder gar nutzlos wären. Ohne sie könnte das grundlegende Tun des Geistes sich weder objektivieren noch «Gestalt annehmen». Wir könnten uns darüber keine Rechenschaft geben. Allerdings – das haben nicht wenige Philosophen erkannt – können diese verschiedenen Argumente in ihrer objektiven und besondern Formulierung genommen, die Wesensbewegung des Geistes immer nur rational, je nach seiner Eigenart ausdrücken.[33] Die verborgene Gegenwart, die ihn erweckt und erhält, ist nicht von der Art, daß man es unterlassen dürfte, das Argument in den Beweis umzuwandeln; darin liegt das eigentliche Dienstamt der Vernunft. Doch diese faßt auf ihren «Wegen», wie durch ebensoviele Kanäle, immer bloß einen Teil der überströmenden und stets erneuerten Kraft, die das geistige Leben ausmacht und ihm unablässig ihre Wesensbewegung einprägt.

Wie das Sein über jede Vorstellung erhaben ist,[34] so steht auch der Geist mit seinem geheimen Herzschlag über jedem analysierbaren logischen Vorgang. Oder, wenn man lieber will, unterhalb diesem als die «gemeinsame Wurzel» und der «verborgene Antrieb» all dieser Vorgänge.[35]

Doch auch diese Redeweise in ihrer eigentlichen Wahrheit bleibt noch inadäquat. Der, den wir das Sein nennen und den andere sich nicht scheuten, paradoxerweise als «Nichts»,[36] als «reines, nacktes Nichts», als «ewiges Nichts»[37] zu bezeichnen – wobei sie sich übrigens sogleich korrigierten –, wird durch den Seinsbegriff im strikten Wortsinn sowenig vorgestellt wie durch jeden anderen Begriff.[38] Gewiß kann man, ja wird man sogar zuweilen sagen müssen, um mangelhaft unterrichtete Menschen nicht in Irrtum zu führen, daß die Namen, die wir Gott geben – an erster Stelle diesen Namen des Seins –, Ihn uns auf irgendeine, gewiß sehr unvollkommene Weise darstellen. Wenn man aber ganz genau sein will, darf man nicht unterlassen, beizufügen, daß die göttliche Wesenheit keine Vorstellung im strikten Sinne des Wortes in uns hat, daß es keinen Namen gibt, der, auf Gott angewandt, Ihn «quidditativ» bedeuten kann.[39] *Nullum est nomen Dei, quod ipsum quidditative significet, seu repraesentet, et hac ratione merito ineffabilis dicitur.*[40] «Der Ausschluß jedes Gott definierenden Elements» reicht bis dahin, «bis zur Qualifikation Gottes als Sein».[41] *Deo quasi ignoto conjungimur.*[42] Wenn definieren stets mehr oder weniger bestimmen heißt, wie könnte man überhaupt je Den definieren, dessen Sein jegliche Bestimmung ausschließt?[43] Fürchten wir uns nicht, dies gegen alle ontologistischen Versuchungen zuzugeben: gegen die pragmatistischen Instinkte oder das kleinliche Verlangen nach einem uns scheinbar näheren Gott. Dies ist eine der Formen, die unsere Liebe zur Wahrheit annehmen muß, eine der Stützen unserer Anbetung: *Deus semper major.* Es kann nicht anders sein, als daß die festgestellte Unvollkommenheit unserer Vorstellung in einem zweiten Takt ihre Verneinung nach sich zieht. *Deus, de quo negationes magis verae sunt.*[44] Doch nochmals, wir müssen begreifen, daß die Verneinung der ihr vorausgehenden bejahenden Aussage dieser nichts nimmt als ihre Grenzen;[45] nochmals enthüllt sich folglich der im Grunde *ganz positive* Sinn dieser notwendigen Verneinung.

Was die «Geistestätigkeit» betrifft, aus der sich das Ja zu Gott ergibt, so ist sie im eigentlichen Wortsinn, nämlich nach allgemeinem Verständnis, ja auch nicht ein Tun. Wenigstens ist sie es zunächst nicht. Sie ist in ihrem ersten logischen Moment vielmehr ein Empfangen, ein wesenhaftes Sich-Auftun, eine Entgegennahme; folglich vorerst Passivität. Aktivität ist sie nur in einer abgeleiteten Weise. Auch hier bedarf der spontane Sprachgebrauch einer Korrektur oder wenigstens einer sorgfältigen Kontrolle. «Wir empfangen fortwährend und jeden Augenblick eine uns überlegene Vernunft.» Wir haben teil an einem Licht, das von höher herkommt. Unser Verstand faßt das Absolute – in einem übrigens immer abstrakten Erfassen – nicht, ohne von Ihm erfaßt worden zu sein.[46] Dies kann mit den von Paulus her überlieferten Worten so ausgedrückt werden: Wenn es eine Gotteserkenntnis gibt, sogar eine natürliche, so letztlich durch Gottes «Offenbarung».[47]

«Man muß angeblickt werden, um erleuchtet zu werden.»[48]

Signatum est super nos lumen vultus tui, Domine! [49]

★

Hat man den Namen, so meint man, das Ding in Händen zu halten. Meint, das Sein zu fassen. Vielleicht ist es besser, sich nicht zu schnell für fähig zu halten, Gott zu nennen.[50]

Non ignorabatur Dei nomen, – sed plane Deus ignorabatur.

«Wie die Gottheit namenlos ist und jeder Nennung fern ...»[51]

★

«... Quid ergo est Deus? – Quod ad universum spectat, finis; quod ad electionem, salus; quod ad se, Ipse novit.»[52]

★

Man soll nicht sagen: Gott ist nicht gut. Er ist unverständlich; man soll eher sagen: Gott ist die Güte selbst, doch diese Güte vermag ich nicht zu verstehen. Man soll nicht sagen: Gott ist nicht Vater, Er ist Abgrund; man soll vielmehr sagen: «Gott ist väterlicher Abgrund.»[53]

★

Vorausgesetzt, es wäre dem Verstand nicht unmöglich, die Welt restlos in sich zusammenzufassen und auf die eine oder andere Weise ihr intelligibles Wesen auszuschöpfen, wie sollte man glauben, daß dies etwas Wünschenswertes sein könnte? Wäre es nicht vielmehr etwas Furchtbares? Wie denn! Nie mehr etwas entdecken, kein Staunen mehr! Nie mehr vor mir eine neue auszulotende Tiefe! «O Begierde nach Begehren! O Heißhunger in der Sättigung!» ruft Zarathustra.[54] Und bereits der *Cherubinische Wandersmann*, ohne prometheische Romantik:

Die Welt ist mir zu eng, der Himmel ist zu klein;
Wo wird doch noch ein Raum für meine Seele sein?

Was Cherubin erkennt, das mag mir nicht genügen,
Ich will noch über ihn, wo nichts erkannt wird, fliegen.[55]

Man erinnere sich des Mannes, der nach Abschluß eines Paktes mit dem Teufel das allumfassende Wissen erlangt hatte. Fortan Gefangener in diesem Kerker des Wissens, «verbrachte er den Tag damit, seine Schwingen auszubreiten, im Verlangen, die Lichtsphären zu durcheilen, die er klar und verzweifelnd erahnte ... Er lechzte nach dem UNBEKANNTEN, da er alles kannte.»[56] Gott allein ist des Verstandes würdig, und Gott allein vermag ihn zu erfüllen, weil Er nicht auszuschöpfen ist. «Haben wir denn kein Recht, Gott nicht zu sehen? ... Daran, daß ich ihn nicht kenne, kenne ich Ihn.»[57]

★

«Man soll in diesem Leben wenig reden. Man kann sich über die Welt, die Materie, die Seele, gute oder böse Vernunftgeschöpfe, über das Gericht, Belohnungen und Strafen, über das Leiden Jesu Christi unterhalten; über Gott aber soll man äußerst zurückhaltend reden, sofern man nicht das, was er gesagt oder getan hat, erwägen will, sondern was Er ist.»[58]

«Meine Freunde, die ihr (in die Geheimnisse) eingeweiht seid und wie ich nach Wahrheit Verlangen tragt, sagt mir, was mir widerfahren ist. Ich bin gelaufen, als ob ich imstande wäre, Gott zu erreichen, und so kam ich auf den Berg, ich bin in die Wolke eingedrungen, indem ich mich von der Materie und den stofflichen Dingen absonderte und mich auf mich selbst hin sammelte, soweit das möglich ist. Und als ich Ausschau hielt, da habe ich kaum den Rücken Gottes erblickt, und dabei war ich noch abgeschirmt von dem Felsen, das heißt von dem um unseretwillen fleischgewordenen Wort. Als ich mich etwas vorneigte, um zu schauen, habe ich nicht die erste, unvermischte Natur gesehen, die nur von sich selbst erkannt wird, ich meine die Dreifaltigkeit, noch das, was hinter dem ersten Vorhang bleibt und von den Flügeln der Cherubim bedeckt ist, sondern ich habe nur das gesehen, was sich zuäußerst findet und zu unserer Kenntnis gelangt. Das ist, soviel ich verstehe, die Größe Gottes, ... die Herrlichkeit Gottes. ... Auf diese Weise mußt du Fragen über Gott erörtern, selbst wenn du ein Moses wärest und der ‹Gott Pharaos›, selbst wenn du mit Paulus in den dritten Himmel entrückt wärest und unsagbare Worte hörtest, ja selbst wenn du noch über jene erhoben und würdig wärest, die Stellung und Würde eines Engels oder Erzengels zu bekleiden. Denn schließlich würde jedes himmlische oder gar überhimmlische

Wesen, möge es noch so erhaben über unsere Natur und Gott noch so nahe sein, doch noch in einem viel größeren Abstand zu Gott stehen und noch weiter vom völligen Begreifen Gottes abgerückt sein, als es erhaben ist über unsere zusammengesetzte, niedere und der Erde zugewandte Natur.

Wir müssen noch einmal neu ansetzen, und zwar so: Es ist schwer, Gott zu begreifen, und es ist unmöglich, ihn in Worte zu fassen, wie es ein griechischer Theologe gut ausgedrückt hat. Diese Behauptung scheint mir nicht ungeschickt zu sein, denn er gab sich damit den Anschein, als habe er etwas erfaßt, was schwer auszudrücken ist, und er entging dem Vorwurf, sich weiter nicht ausgelassen zu haben, weil es eben unaussprechlich ist. Meiner Meinung nach ist es zwar unmöglich, auszusprechen, was Gott ist, aber es ist noch unmöglicher, ihn zu begreifen.»[59]

«Niemand soll erstaunt sein, wenn in dieser Rede irgend etwas wiederholt wird, von dem ich schon gesprochen habe. Denn ich werde über die gleichen Dinge und über dasselbe Thema reden, mit dem Beben der Stimme, des Geistes und des Denkens, das ich jedesmal empfinde, wenn ich von Gott rede, und euch dabei diese gleiche lobenswerte und beseligende Ergriffenheit wünschen.»[60]

★

Wort Jahwes an Mose. Soll es heißen: «Ich bin der, der ich bin» oder «Ich bin, der ich bin»? Äußert sich hier das Absolute oder der verborgene Gott, der sich ausschweigt? Stehen wir vor einer Definition oder vor einer Weigerung zu definieren?

Überlassen wir die Auseinandersetzung den Exegeten – vielleicht werden einige von ihnen eine andere Erklärung, andere Nuancierungen finden[61] –, doch warum sollten wir nicht beide Bedeutungen zugleich festhalten? Kann sein, daß sich die erste grammatikalisch oder historisch schwerlich rechtfertigen läßt; kann sein, daß die zweite zunächst, angesichts der Feierlichkeit des Berichts, etwas dürftig erscheint. Doch stehen sie sich in ihrem scheinbaren Gegensatz nicht im Grunde sehr nah?[62]

Die erste Formel ist großartig. Soweit möglich, bezeichnet sie Gott mit dem Namen, der ihm als der ihm eigene zusteht, mit dem Namen, «der mehr noch sein Eigenname ist als selbst der Name Gott.»[63] Er ist! Er ist da! Er ist das Dasein selbst! Als Ausdruck einer «metaphysischen» Wahrheit gibt sie in paradoxer und packender Kürze eine abstrakte Definition des «höchsten Wesens», die es jenseits jedes anderen stellt, sich aber zugleich versagt, ihm eine Grenze zu setzen. Mit einem Wort, sie löst das Absolute vom Sein und von der Ewigkeit.[64] *Non est ibi nisi, Est . . . Quiquid ibi est, nonnisi est . . . Ego, inquit, sum qui sum. Magnum ecce Est, magnum Est!*[65]

Die zweite Formel ist nicht weniger kostbar. Sie führt eine konkrete Persönlichkeit ein, die sich entzieht. «Ich bin der zu sein mir gefällt.» Sie ist voll heiliger Zurückhaltung. Ohne es an sich auszusagen, hebt sie das Seinsmysterium aufs einfachste und nachdrücklichste hervor. Sie erinnert an «den unaufhebbaren Abstand zwischen jedem Wort über Gott und der geheimnisvollen Wirklichkeit, die damit ausgedrückt werden soll».[66] Sie fordert damit die souveräne Unabhängigkeit des Lebendigen Gottes. Sie bildet das erste Manifest gegen jeden geistigen Götzendienst.[67]

Einerseits also das fortdauernde Rätsel Dessen, der sich in seiner Souveränität entzieht: «Warum fragst du mich nach meinem Namen?»[68] Anderseits ein reines, allenthalben ausgegossenes Licht, das sich neidlos darbietet, doch zu rein ist für unseren Blick.

. . . Und die beiden Auffassungen treffen sich schließlich vollends in der Idee, daß «Der, der ist» gerade so in seiner bleibenden Dringlichkeit, aber zugleich in seinem unverletzlichen Geheimnis über jede Bezeichnung, jeden Zugriff erhaben bleibt. *Nomen quod est super omne nomen.*[69]

★

«Das weiselose Sein ist auch namenlos.»[70] Das sagen viele Mystiker, aber es gibt zwei entgegengesetzte Weisen, es zu verstehen.

Das «weiselose und namenlose» Sein ist nicht die undifferenzierte Gottheit, nicht das unpersönliche Prinzip, die leere Einheit, die «universale Möglichkeit» ... Nicht das Sein, das für sich selbst (wenn man noch so reden könnte) formlos wäre, und an dem jeder Versuch des Begreifens von vornherein Verrat wäre: es ist ganz im Gegenteil «omnem conceptum excedens ineffabilis Forma».[71] «Unbestimmtes» Sein nicht aus Dürftigkeit, sondern aus Überfülle. Nicht Sein, das an sich nichts Greifbares böte, da es so aufgelichtet wäre wie der Raum: vielmehr geheimnisvolles Sein, höchste Verdichtung, unverletzlicher Kern der Person. Unendliches Sein, doch von intensiver Unendlichkeit, die es zugleich zum vollkommenen Sein macht. Derjenige, der in der Tat so unnennbar ist wie unbegreiflich – da *über* jeden Namen *erhaben*. Wenn es wahr ist, daß das letzte Geheimnis in jedem von uns sein Personsein ist, so ist Gott das verborgene Sein schlechthin, weil er schlechthin das personale Sein ist. Er ist der, «aus dem jedes Personsein hervorgeht und» von dem es «einen Namen empfängt».

«Höchster Jemand».[72]

★

«Von Gott selbst mit rechten Worten reden, dies Wagnis ist nicht gering.»[73]

★

«Einfachheit, Mutter des Seins,
In Gott ist nichts als Transparenz.
Nichts wird sichtbar, was nicht durchdrungen wird
Von diesem Ganzen in der Gestalt des Nichts ...»[74]

★

«...Du bist in deiner Vollkommenheit so groß und rein, daß alles, was ich von mir in die Idee, die ich von dir habe, hineinmische, sogleich zur Folge hat, daß nicht mehr du es bist. Ich verbringe mein Leben damit, dein Unendliches zu schauen; ich sehe es und kann daran nicht zweifeln; doch sobald ich es fassen will, entzieht es sich mir; ist nicht mehr es, ich falle ins Endliche zurück. Ich sehe genug davon, um mir zu widersprechen und mich jedesmal wieder aufzufangen, wenn ich etwas faßte, das weniger ist als du selbst; doch kaum habe ich mich wieder erhoben, falle ich wiederum – durch mein eigenes Gewicht.»[75]

★

... Succumbat ergo humana infirmitas Gloriae Dei, et in explicandis operibus misericordiae ejus, imparem se semper inveniat. Laboremus sensu, haereamus ingenio, deficiamus eloquio: bonum est ut nobis parum sit, quod etiam recte de Domini Majestate sentimus.[76]

SECHSTES KAPITEL

VON DER SUCHE NACH GOTT

Was ist ein Philosoph? Was ist ein Mystiker? Nach ihrer «ersten Intention», von der Wurzel ihrer natürlichen Entfaltung her verstanden, worin liegt ihr wesentlicher Unterschied?

Wäre Philosoph nur einer, der sich der Dialektik bedient, während Mystiker nur einer wäre, der Erfahrungen machte? Versuchte dieser, das Innerste des Seins auszuloten, während jener sich wahrzunehmen bemühte, wie das Denken das Sein hervorbringt oder ausdrückt? Wäre der eine, der Mystiker, ein Mensch des Unmittelbaren, so der andere, der Philosoph, ein Mensch des Mittelbaren?

Doch beim einen wie beim andern findet man eine Dialektik. Der einzige Unterschied besteht vielleicht darin, daß die eine vor allem affektiv und vital, die andere rational und begrifflich ist. In beiden Fällen findet sich ebenso eine Erfahrung: nur ist die Erfahrung des Philosophen aktiv, während die des Mystikers «passiv» ist. Gewiß gibt es schließlich keine ausgeprägtere Dialektik als jene, die sich bemüht, die Erfahrung des Mystikers – oder sein Bestreben – in Gedanken zu übertragen. Nirgends beobachtet man öfter diese sich plötzlich ereignende Umwendung vom Für zum Gegen ...[1] Und hat man nicht die Ansicht vertreten, daß von allen platonischen Dialogen der *Parmenides* der am offensichtlichsten dialektische wie insgeheim auch der am tiefsten mystische ist?

Verhielte es sich demnach so, daß vom Mystiker das Sein als personales wahrgenommen wird, während der Philosoph stets dahin tendiert, es als unpersönliches zu fassen?

Nach vielen Tatsachen zu urteilen, könnte auch das Umgekehrte behauptet werden; streben nicht beide – sowohl die Philosophie in ihrer höchsten Sicht wie die Mystik auf ihren Höhepunkten – ebenso danach, einen solchen Gegensatz auf die eine oder andere Weise zu überwinden?

Vielleicht käme man dem wesentlichen Unterschied näher, wenn man sagte, die Philosophie sei vor allem Suche nach dem *einigenden* Einen, die Mystik dagegen Suche – oder Anziehung – des *einen Einen*.[2]

Der Philosoph geht von einem Bedürfnis nach Erklärung aus, das zumindest virtuell ein Bedürfnis nach totaler Erklärung ist. Er will sowohl das Vielfältige einigen wie zugleich das Eine diversifizieren: er braucht ein Bezugssystem, das alle Dinge umfaßt und jedes Ding intelligibel macht. Sein Ehrgeiz ist es, das Universum zu verstehen. Wenn er also im Lauf seines Suchens Gott begegnet – wie es ja nicht anders geschehen kann –, so in der Eigenschaft Dessen, der die Welt trägt und das Prinzip ihrer Erklärung ist. Also in der Eigenschaft des einigenden Einen. *Res divinae non tractantur a philosophis, nisi prout sunt rerum omnium principia.*[3] Was der Philosoph setzt, ist niemals das absolut Absolute, sondern «das Absolute in Beziehung zu ihm selber».[4]

Die Philosophie ist ein Wirken der Vernunft, eine «Wissenschaft». Doch ist Gott *an sich* für den natürlichen Menschen kein Gegenstand der Wissenschaft.[5] Man kann ihn nicht nur nicht verstehen, man kann ihn nicht einmal nennen. Man weiß nicht, sagt nochmals Thomas, «was Er ist»: man weiß nur, «in welcher Beziehung alles andere zu Ihm steht».[6] «Gott vom Werden her», oder von irgendeinem anderen Aspekt der Welt her, «zu erschließen, heißt nicht, sich mittels des Werdens zu irgendeiner unmittelbaren Gotteserkenntnis erheben, es heißt vielmehr die intelligible Struktur des Werdens selber besser durchdringen; oder, wenn man will, Gott nur in dem Maß erkennen, als er durch die wesentlich ‹transzendentale› Relativität des metaphysischen Werdens»[7] bedeutet wird. Übrigens genügt dies, ihn irgendwie zu definieren. Jedenfalls genügt es dem Philosophen in dem ganz formalen Sinn, den wir herausgestellt haben. Er verlangt als solcher nicht mehr.

Felix qui potuit rerum cognoscere causas![8]

Dem Menschen aber, dem Geistwesen genügt dies nicht. Weit tiefer, radikaler und umfassender, ganz anders als der rationale Anspruch gibt es eine mystische Sehnsucht. Jenseits der Erstursache oder des einigenden Einen, wonach der Philosoph fragt und was sozusagen noch Funktion bleibt, sucht der Mystiker den Einen selbst, den Einen in seinem Sein und in seiner Einheit. Die geringste Kenntnis dieses Einen an sich gewinnt in seinen Augen mehr Wert als die tiefste und umfassendste Kenntnis alles übrigen,[9] und um diesen Einen zu finden, um sich mit diesem Einen zu vereinen, ist er bereit, das ganze Universum zu verlieren.[10]

Als Thomas von Aquin als Kind ausrief: «Ich möchte Gott verstehen», da war es weniger der werdende Philosoph, der aus ihm sprach, als das religiöse Genie, der Kontemplative, der Mystiker in Potenz, der Heilige als denkender Geist. Und in dem Maß wie seine Spekulation sich bemühen wird, diesem Wunsch zu genügen, ist sie weniger jene rationale Wissenschaft, für die er im Abendland ein so weites Feld eröffnet hat, als vielmehr nochmals ein Aspekt jenes Glaubensverständnisses, dessen Ideal und Methode ihm die christlichen Jahrhunderte überliefert haben.

Wenn er hingegen in der Folge mit soviel Kraft und Nachdruck sagt: «Wir erkennen Gott nicht, sondern nur den Bezug, in dem jedes Ding zu ihm steht», so spricht in ihm der reine Philosoph. Mit diesem näher bestimmenden Gesichtspunkt soll in diesen Satz kein Hintergedanke des Bedauerns, nichts Nostalgisches hineingelegt werden. Wie einer der besten Deuter des *Doctor Angelicus* erklärt, geht es «in der natürlichen Theodizee nicht eigentlich um Gott als Gegenstand des Wissens; es geht um das universale Seiende, das Geschöpf. Denn Gott wird darin nur als Erstursache in den Blick genommen und erreicht, nicht aber an sich. Mit andern Worten, es gibt keine natürliche Theologie außerhalb der allgemeinen Metaphysik.»[11] Der Gott der Philosophen «vollendet die Formel der Welt»[12] und tut ihrer Vernunft damit volles Genüge.

Sagt aber Thomas nicht auch und mit demselben Nachdruck, der Verstand verlange naturgemäß, Gott in sich selbst zu erkennen? Was ist eigentlich dieses Verlangen? Drückt es nochmals das rationale Bedürfnis aus, auf das die philosophische Tätigkeit antwortet, oder definiert es auf seine Weise den mystischen Aufschwung in seiner naturhaften Wurzel? Oder muß man darin nicht vielleicht die grundlegende Einheit des einen wie des andern sehen?

Sagen wir zunächst – ohne noch entscheiden zu wollen, ob es sich hier um einen Irrtum der Forschung oder um tiefen Scharfsinn handelt –, daß Thomas, wenn er so spricht, die beiden Gesichtspunkte, die wir eben unterschieden haben, miteinander verbindet. Die «Sehnsucht nach der Schau Gottes», deren Vorhandensein in unserer Natur er bejaht, ist im Grunde eine Sehnsucht mystischer Ordnung. Man kann sie nicht auf das Verlangen nach einem Weltverständnis reduzieren. Thomas bemüht sich allerdings, ihre Wirklichkeit auf ganz rationalem Weg festzumachen, nämlich von den Wirkungen ausgehend, die der Verstand in ihrer Ursache zu erkennen verlangt, um sie vollends zu kennen. In seinem *Contra gentiles* entwickelt er dazu ein ganzes, ihm von seinem Glauben inspiriertes Beweisverfahren, das in seiner apodiktischen Geltung von einem reinen Philosophen zweifellos in Frage gestellt werden könnte[13] – und dies ist genau der Grund, weshalb eine gewisse Anzahl seiner Interpreten sich zur Behauptung für befugt gehalten haben: das von ihm erwähnte natürliche Verlangen als Sehnsucht, Gott *als Ursache* zu schauen, sei im strikten Wortsinn nicht Sehnsucht nach der Gottesschau.

Kurz, dieses Beweisverfahren besteht darin, aufzuzeigen, daß diese selbe menschliche Vernunft, die das philosophische Werk aufbaut, sich keineswegs mit der Erkenntnis einer Wirkung zufrieden gibt, solange sie nicht deren Ursache erkennt. Dadurch entsteht eine unaufhörliche Bewegung, eine fortwährende *Unruhe*, bis sie von Wirkung zu Wirkung und von Ursache zu Ursache zur höchsten Ursache gelangt, von der alles ausgeht und die gerade dadurch das Ganze, es einigend, erklärt.[14]

Eine solche Überlegung trägt. – Beweist sie aber *alles*, was sie zu beweisen hatte? Ist ihr Ende *ausdrücklich* das angestrebte? Der Verstand, der das Universum verstehen will, kann nicht zu suchen aufhören, solange er der Erstursache nicht begegnet ist, und so kann man mit gutem Recht sagen, daß es in ihm eine angeborene Sehnsucht gibt, diese Ursache zu kennen.[15] Doch von da aus sagen, wie es Thomas tatsächlich tut, der Verstand verlange danach, diese nicht mehr bloß als die Ursache der Wirkungen, die er verstehen möchte – als das universale *propter quid* – zu verstehen, sondern in ihrem Wesen,[16] in Sich selbst, für Sich selbst, ohne Rücksicht auf ihre Wirkungen, unabhängig von den Beziehungen alles übrigen zu Ihr, klafft hier nicht ein Abgrund?

Gewiß, diesen Abgrund überwindet der mystische Aufschwung in einem Sprung. Im Einenden erkennt er den Einen, und indem er dem Einenden begegnet, hängt er dem Einen an. Kann man aber sagen, daß seine Kraft ihm von dem Urgrund her zukommt, der den Verstand auf die Suche nach der «Ursache der Ursachen» in Bewegung gesetzt hatte? Kann man gar sagen, dieser mystische Aufschwung setze bloß die Bewegung der Vernunft fort, führe nur in der gleichen Linie weiter? Ziemte es sich nicht eher zuzugeben, daß sich hinter den Überlegungen des Philosophen eine anagogische Dialektik verbirgt, die ein anderes Motiv hat als den allgemeinen Wissensdurst?

So scheint der Versuch des Thomas, zwischen Philosophie und Mystik, das heißt zwischen der Dynamik des Verstandes und der Sehnsucht des Geistes, eine Kontinuität herzustellen, gescheitert. Die Lehre von der «natürlichen Sehnsucht nach der Gottesschau» ist in seinem Denken zentral: es ist ihm aber nicht gelungen, sie vollends zu einigen.

Noch würde es einem anderen gelingen.[17] Denn im strikten Wortsinn genommen, ist der Versuch zweifellos unmöglich. Der mystische Aufschwung setzt das metaphysische

Fragen nicht eigentlich fort, verdoppelt es nicht, noch löst er es ab, wenn er es auch beleben und darin einen Ansporn finden kann. Seine Wurzel ist anders, sein Ziel ist anders, und nicht minder ist es sein elementarer Vollzug. Philosophisches Fragen steigt kraft einer rationalen Notwendigkeit analytisch von der Wirkung zur Ursache zurück. Der mystische Aufschwung erhebt sich von der als Zeichen wahrgenommenen Wirkung zu dieser selben Ursache in einer Bewegung, die sich rein vernunftgemäß nicht rechtfertigen ließe – denn ginge es um eine Schlußfolgerung, dann enthielte der «Schluß» mehr, als was in den «Prämissen» enthalten war –, die aber einer nicht minder gebieterischen Forderung des Geistes entstammt als die logische Forderung oder, genauer, einer Anziehung des Seins durch seine Indizien hindurch. Der Philosoph wird nach seinem Forschen in der Schau der von nun an voll verstandenen Wirkung ruhen; der Mystiker weist schließlich alle Zeichen von sich – wird aber damit niemals ganz ans Ende gelangen –, um in der Schau des alleinigen Gottes zu ruhen.[18]

Doch, geben wir es zu, in diese zunächst getroffene Unterscheidung fließt etwas Künstliches mit ein. So begründet sie ist, sie setzt den «Philosophen» und den «Mystiker» als zwei Vernunftwesen, trennt zwei geistige Funktionen. Wenn es auch stimmt, daß die Funktionen des Geistes verschiedene sind, so ist nicht zu vergessen, daß der Geist selbst einer ist. Der Verstand findet sich darin eingetaucht, und der seines Namens würdige Philosoph wird sich nie damit abfinden, auf sein Fachgebiet beschränkt zu bleiben, und wäre es das der Erkenntnis und der umfassenden Erklärung. Die Philosophie schiebt alle Grenzen weiter hinaus. Der Philosoph übersteigt den Philosophen, und man wird ihn auf keine bestimmte Definition festlegen können. Für ihn ist die Erkenntnis der Welt untrennbar – oder sie wird es zumindest – auch unvermeidliche Erkenntnis seiner Defizienz. Der Aufbau des intelligibeln Gegenstands vollzieht sich nicht ohne «Heimweh nach dem Sein».[19] – Es macht die Größe des Aquinaten aus, dies empfunden zu haben. Durch ein Vorgehen, das die reine Vernunft nicht zu rechtfertigen vermag, das der Geist aber ratifiziert, ja mehr noch fordert, hat er die natürliche Bewegung des Verstandes so weit zu vertiefen verstanden, bis er darin das geistliche Streben entdeckt hat. In seiner eigenen Philosophie entfaltet sich das philosophische Bemühen in einen mystischen Aufschwung. Der Menschengeist wird sich seiner Gesamtnatur und seiner höheren Berufung bewußt. Er erforscht alle ihre Dimensionen und sucht jenseits des Technischen und Fachlichen, das ihn sozusagen sich selbst aufzuteilen genötigt hat, wieder zur Einfachheit seines Wesensaktes zurückzufinden.[20] Die formalen Unterscheidungen und Gegensätze tendieren dahin, sich wiederum in die Einheit aufzugeben, obwohl es ihnen niemals völlig gelingt.

Das ganze Forschen des heiligen Thomas ist eine Suche nach Gott.

★

Es ist die Wirkung einer noch blinden Hellsicht, Gott infolge menschlicher Fehlhaltungen abzulehnen oder die Religion infolge ihres Mißbrauchs durch die Menschen zu verwerfen. – Wie sollten die höchsten und heiligsten Dinge nicht der privilegierte Ort für die schlimmsten Mißbräuche sein? – Wie die Religion aus sich selbst begonnen hat, wird sie sich selber auch unaufhörlich läutern müssen. Im übrigen kehrt der Mensch in dieser oder jener Form immer wieder zur Anbetung zurück; sie ist zugleich Pflicht wie tiefstes Bedürfnis seines Wesens. Er vermag sie nicht auszurotten, kann sie bloß verderben. Gott ist der Pol, der den Menschen unablässig anzieht, und selbst solche, die ihn zu leugnen vermeinen, legen, ob sie es wollen oder nicht, noch von ihm Zeugnis ab.

★

Gott ist der Transzendente – aber er ist auch der ganz Andere. Er ist das Jenseits eines hierarchischen Universums – ist aber auch der Unbedingte, der Uneingeordnete, zu dem hin kein Absolvieren einer Reihe von Bedingungen näherführt, den kein Aufbau einer Vernetzung zu situieren vermag. Man erhebt sich bis zu Ihm – bis zur Schwelle seines Mysteriums – über die «Stufen des Seienden», denn er ist «das Sein alles Seienden» – und dennoch kommt kein Aufstieg ihm wirklich näher, denn wenn man von Ihm sagen kann, daß Er ist, wird man von keinem Geschöpf wirklich sagen können, daß es ist.[21] Alle sind gleicherweise nichts vor Ihm.

Ich schaute die Erde an: Sie war wüst und wirr.
Ich schaute zum Himmel: Er war ohne sein Licht.[22]

Die Welt ist ein «Kosmos», dessen schöne Ordnung ein Abglanz seines Urhebers ist, die Himmel singen die Herrlichkeit Gottes – und doch löscht diese Herrlichkeit alle Sterne aus und läßt alles in Staub zurückfallen:[23] allein das Schweigen vermag sie zu besingen.

Alles ist wüst in deiner Sonne Mittagsbrande![24]

Jedes Geschöpf ist Abbild oder Spur des Schöpfers, und doch ist nichts Gott ähnlich.[25] *Similis quidem, sed dispar.*[26] *Dissimiles similitudines.*[27] Das μὴὄν steht unweigerlich zum ὄντωςὄν in Widerspruch – und dieser radikale Widerspruch schließt dennoch dieses symbolische Verhältnis zwischen dem, was nicht ist, und dem, was ist, nicht aus; dieser Hiatus läßt Raum für eine Teilhabe. «Alle Huld und Anmut der Geschöpfe ist im Vergleich mit Gottes Gnade höchst widerlich und abstoßend.» – Und der gestrenge Lehrer, dem wir diesen wenig gefälligen Satz verdanken, ist zugleich der bewundernswerte Dichter, der die durch den Schöpfer über seine ganze Schöpfung ausgegossenen Gnaden besingt:

Gaben auf Gaben spendend,
durchstreifte er im Fluge diese Haine;

und sich zu ihnen wendend
mit seiner Augen Scheine,
barg er sie ganz in Schönheit, in die seine.[28]

Von Gott zur Welt ist der Übergang somit für immer durch eine doppelte Dialektik gesichert.[29] Die eine verneinend, die andere konstruktiv. Die eine unterdrückend, die andere vorantreibend.[30] Die eine ist Dialektik der Abwehr und des Abbruchs; die andere Dialektik des Umfangens und Aufstiegs.[31] Ihre beiden Bewegungen verschlingen sich, und nie kann die eine völlig auf die andere verzichten.[32] Nie hat die eine oder die andere, noch hat die eine und die andere ihre Aufgabe erfüllt. Keine mystische Leiter führt zum Ziel, sofern man nicht darauf verzichtet. Den ganzen Kreis der Schöpfung durchlaufend, von der Materie bis zum reinen Geist, von den Rhythmen des Weltalls bis zum Gang der Geschichte, schreitet die Seele auf ihrer Suche nach Gott die Stufen ihres aufsteigenden Weges immer nur über eine Reihe von Zurückweisungen voran und hört die Geschöpfe, bei denen sie anfragt, jedesmal antworten: «Wir sind nicht der Gott, den du suchst!»[33]

⋆

Nachschwätzerei, Heuchelei, Aberglauben, kindisches Wesen, Konvention,[34] Routine können zugegebenermaßen wohl zu dreiviertel und mehr bestimmen, was die Menschen in ihrem Kult wie in ihrem Gebet von Gott sagen oder denken. Mißtrauen wir aber abschätzigen Urteilen, sie verblenden am meisten. Dieser ungeheure Abfall darf uns den kleinen Funken nicht aus dem Blick geraten lassen, der im Grund der Seele leuchtet. Selbst wenn er uns den Funken verhüllt, gelingt es ihm nicht immer, ihn zu ersticken, und zuweilen sieht man ihn, in einer schönen, aufrechten und reinen Flamme sich erheben.

⋆

Optimi corruptio pessima. Es gibt keinen Kern, um den sich dichtere Scheinheiligkeit bildete als um die Gottesidee.

★

Gott wird nicht wirklich gedacht, wirklich als Gott erkannt ohne ein *sursum*, das durch keinen Beweis geweckt zu werden vermag. So kommt es auch viel weniger darauf an, dem Ungläubigen Gott zu beweisen, als ihn Gott erahnen zu lassen. Die Apologetik verhält sich zum Zeugnis wie die Predigt zum Beispiel.

★

Durch die dickste Mauer des finstersten Kerkers genügt der enge Schlitz einer Schießscharte, um die Sonne zu bezeugen. So auch diese jetzt noch undurchsichtige und dumpfe Welt: die flüchtige Begegnung mit einem Heiligen genügt, Gott zu bezeugen.

★

Wenn ich mich nachts auf gewisse bevorzugte Augenblicke zurückbesinne, in denen mir die Wahrheit meiner Bejahung durch eine Erfahrung klargeworden ist, dann ist die in mir lebende Erinnerung nicht trügerisch, da sie nicht Erinnerung an ein empfundenes Wohlgefühl ist, sondern an einen wahrgenommenen Wert; ja sie ist nicht einmal Erinnerung an einen erfüllten Wert, dessen Norm in mir lag, sondern eigentlich an ein neuentdecktes Dasein, das alle menschlichen Werte an ihren Ort rückt, sie integriert und richtet.

Man sagte mir, dieses graue Gewölk sei nur ein dünner Wolkenvorhang; dahinter sei die Sonne. Man gab mir dafür scharfsinnige, ja überzeugende Beweise. Manches ließ sich so erklären. Die schöne Rechnung war richtig. Meine Vernunft hatte nichts dagegen einzuwenden. Ihre Bewegung aber hatte kein Ziel. Mein Geist blieb ratlos ... Eines Tages zerriß die Wolke. Dahinter sah ich die Sonne aufstrahlen. Sie selber konnte ich nicht betrachten, doch ihre Strahlen trafen mich. Sie haben mein Antlitz hellgemacht.[35] Fortan ist die Prüfung kein Ärgernis mehr für mich. Das Wiederverhängtsein durch die Wolke vermag keinen Zweifel mehr an der Sonne in mir zu wecken... Und wenn die Besserwisser mich mit ihren Netzen behindern, wird es vielleicht genügen, einem Menschen zu begegnen, vor dem die Wolke sich tatsächlich geteilt hat. Vielleicht wird es mir genügen, den zu sehen, der gesehen hat, und seinem Zeugnis zu vertrauen. Denn dies ist das Wunder, das sich von Geschlecht zu Geschlecht immerfort neu vollzieht und alle Vorurteile und gegenteiligen Vorsichtsmaßregeln überwindet und dabei alle Bastionen der Kritik und Negation sprengt. Bei diesem Zeugnis verhält es sich nicht wie bei solchen des gesellschaftlichen Lebens. Durch den hindurch, der gesehen hat, sehe ich wahrhaftig – oder erahne, erfühle ich wenigstens –, was er gesehen hat. Der Klang seiner Stimme läßt etwas in mir aufklingen. Meine Nacht, ohne aufzuhören, Nacht zu sein, wird festlich erleuchtet. Was der Psalmist, sich an Gott wendend, aussprach, kann ich zum «Gottmenschen» sagen: *in lumine tuo videbimus lumen*.

Die Heiligen sind die wirksamen Zeugen Gottes unter uns.[36]

★

Wenn wir einem Heiligen begegnen, stoßen wir nicht auf ein endlich verwirklichtes, gelebtes, bereits in uns vorgeformtes Ideal. Nicht auf die Vollkommenheit der menschlichen – oder übermenschlichen – Grundform, die sich schließlich in einem Menschen verkörpert hätte. Das Wunder ist anderer Ordnung. Es ist ein neues Leben, ein neues Dasein nicht bloß mit ungeahnten Tiefen, sondern mit seltsamen Widerklängen, das uns plötzlich offenbart wird. Es ist wie eine neue, uns bisher unbekannte «Heimat», die aber sogleich als älter und wahrer erkannt wird, die sich an unser Herz wendet.

Also ist es nicht Befriedigung, die sich in uns ausbreitet, gleichsam wie vor einem Spiegel, der uns unser edelstes Bild zurückwirft. Nicht unser schönster Traum geht damit in Erfüllung – zumindest geht es noch um etwas anderes, das uns nicht nur als schöner erscheint. Wir werden zugleich angezogen und zurückgestoßen, ja vielleicht um so mehr zurückgestoßen, je kräftiger wir angezogen werden. Wir haben zugleich die doppelte Empfindung von etwas sehr Fernem und sehr Nahem, von etwas Beunruhigendem, Verwirrendem und zugleich dunkel Ersehntem. Wir haben den gemischten Eindruck des Entfremdetseins und einer höchsten Erfüllung weit über unser Verlangen hinaus. Wir sind zugleich bestürzt und entzückt, und selbst dies Entzücken löst in uns Furcht aus. Der Geist dieser Welt in uns fühlt sich bedroht. Unser heimliches Einvernehmen mit dem Bösen reagiert gereizt. Wir rüsten uns zur Abwehr. Haben wir uns bisher in irgendeiner Sache für vollkommen gehalten, so sind wir doppelt versucht, das herausfordernde Spiel zurückzuweisen, das uns zwingen wird, uns als Bemitleidenswerte zu sehen; ja mehr noch das Elend eben jenes Zustands zu erkennen, den wir als Vollkomenheit bezeichneten.

Außerdem läßt uns all das nicht bei uns selbst wie ein bloßes Spiel. Es geht tatsächlich um eine Herausforderung. Eine Aufforderung an unser Herz, Stellung zu nehmen und dabei vielleicht sein Verborgenstes zu enthüllen ... Plötzlich erscheint uns selbst diese Welt als eine andere, als Ort eines ungeheuren Dramas, in dem wir uns auch selber engagieren müssen.

Gäbe es mehr Heilige auf der Welt, so spielte sich der geistliche Kampf dort intensiver ab. Das sich mächtiger offenbarende Gottesreich würde glühendere Anhängerschaft wecken – aber entsprechend auch heftigere Gegnerschaft.

Seine wachsende Dringlichkeit führte zu einer Spannung, und diese zu aufsehenerregenden Konflikten.

Und wenn wir inmitten der Menschen in relativem Frieden leben, so zweifellos, weil wir lau sind.

★

«Liebe, und tue, was du willst», hat Augustinus gesagt – wenn du genug liebst, um in allem gemäß deiner Liebe zu handeln.

«Liebe, und glaube, was du willst», könnte man auch sagen – wenn du es verstehst, aus deiner Liebe, deren Quell nicht in dir entspringt, all das darin verborgene Licht zu ziehen.

... Glaube aber nicht allzu schnell, über das, was lieben heißt, Bescheid zu wissen.

★

Wenn die Vernunft die Erscheinung des Sinnfälligen durchdringen muß, so der Glaube alle Erscheinungen. Er muß alle Nächte durchwandern. Das macht ihn bisweilen so beschwerlich: er ist das Gegenteil einer «faulen Lösung».

Immer ist Glaube ein Sieg.

★

Während der einsame Mystiker sich eins glaubt mit dem Seinsgrund und seine Einsamkeit ins Unendliche steigert, stößt sich der Gläubige am Anderen, der ihn zu Boden wirft und sich, nach dem Kampf, in Liebe mit ihm vereint.

★

Wenn das Zeugnis der Heiligen meine Zustimmung weckt, so verwechsle ich die Kraft dieses Zeugnisses nicht mit der Beweiskraft eines rationalen Arguments. Ich weiß, daß ich dabei nicht wissenschaftlich vorgehe, sehe vollkommen, daß es sich hier um zwei unaufhebbar verschiedene *Gattungen* handelt. Ist aber dieses Zeugnis kein oder nicht mehr als ein apodiktischer Beweis, so ist es doch kein schlechter oder gar minderwertiger Beweis. Ich werde mir also keineswegs sagen, es sei «vernünftig und klug», dem zu trauen, was mir empfehlenswerte Menschen sagen, die in ihren Aussagen übereinstimmen und an deren Aufrichtigkeit nicht zu zweifeln ist, obwohl mir die Evidenz, die sie vertreten, «rein äußerlich» bleibt und mir keinen wahrhaft sicheren Schluß erlaubt. Man braucht mich nicht darauf hinzuweisen, daß einem solchen Beweis «jede wissenschaftliche Bedeutung abgeht», da ich vorausgesetzt habe, daß es sich nicht um eine Beweisführung handelt. Was ich aber bestreite, ist: daß das Zeugnis, dem ich zustimme, ein «rein äußerliches» Zeugnis sei. Was im Gegenteil seine Bedeutung für mich ausmacht – die, wir wiederholen es, nichts «Wissenschaftliches» an sich hat –, ist der Widerhall, den es in mir weckt. Es erlaubt mir, etwas Wesentliches in mir zu klären. Damit kommt gewiß kein Beweis zustande, nicht einmal ansatzweise, und doch sind die beiden Bezeichnungen «vernünftig» und «klug» durchaus zutreffend, um die Zustimmung zu kennzeichnen, die sich mir fortan aufdrängt.[37]

Das Zeugnis der Heiligen wirkt nicht automatisch. Es läßt sich auch nicht im Sinn eines rationalen Beweises verallgemeinern. Doch wo es wirksam wird, ist es etwas ganz anderes und weit mehr als eine mindere Art von Beweis.[38]

★

Nietzsche behauptet, alles zu verachten, was sich erklären lasse. Also kann Gott allein uns auf ewig interessieren – und jedes Ding in Gott durch die Unendlichkeit, die es in ihm erlangt.

Im «Jetzt der Ewigkeit» werden uns «alle Dinge in Gott neu, frisch und gegenwärtig» sein.[39]

★

Für die einen ist Gott derjenige, der den Schlaf gewährt, das beruhigende Wort, das von allem Suchen entbindet. Für andere ist er derjenige, der aus diesem «falschen Frieden» aufscheucht, in dem, nach Pascal, die Welt vor Christus lebte.

★

Die Demut der Heiligen ist nicht jene, die wir ihnen beilegen. Ihre Liebe ist nicht jene, die wir uns vorstellen. Ja, um alles zu sagen – soll man so weit gehen? –, unser Gott ist nicht der ihrige.

Allein, jeder von uns hat in seinem Innersten etwas, das ihm erlaubt, diesen Gegensatz zu erahnen, diesen Abstand zu ermessen. Gerade dadurch ist ihm die Möglichkeit verliehen, diesen zu reduzieren. Jeder vernimmt, sofern er darauf achten will, gleichsam eine Ankündigung dieser entfremdenden Neuheiten, in denen der Heilige seine Heimat hat.

★

Die Hölle ist das Werk des Menschen, des Menschen, der sich verweigert und verschließt: dem die Liebe unerträglich wird.

Wie die christlichen Jahrhunderte es wunderbar verstanden hatten, es wunderbar dargestellt haben, ist es diese Gebärde Christi, dieses heitere und majestätische Vorweisen der fünf Wunden, das die einen rettet und die andern verdammt. Der Erlöser wandelt sich nicht am Ende zum Richter, als wäre er seiner ersten Aufgabe müde: es ist nochmals seine einzigartige und unveränderte Liebe, die das doppelte, sich in den Herzen brechende Urteil fällt.[40]

Es ist dasselbe Wort, ein einziges zweischneidiges Schwert, das den einen zum Wort des Lebens, den andern zum Wort des Todes wird. *Semel locutus est Deus, duo haec audivi.*

Es ist dieselbe «Schau», die, je nach der Verfassung des einzelnen, für ihn finster oder hell, köstlich oder grausam ist.[41]

In seiner unveränderten Wesenheit wird das göttliche Feuer diesem einen zur Marter, diesem andern zur Reinigungsglut und schließlich einem andern noch zur Seligkeit.[42]

★

Noverim me, noverim Te. Möchte ich mich erkennen und möchte ich dich erkennen, o Gott, du mein Gott! – Aber dieser doppelte Wunsch soll sich nicht in zwei Zeiten verwirklichen. Ich kann mich unmöglich kennen lernen, ohne zu versuchen, Gott zu erkennen – denn ich bin selbst in meinem Sein ganz auf Gott bezogen. All die subtilsten Forschungen und alle noch so gelehrten Überlegungen tragen nur dazu bei, mich zu verlieren, statt mich zu finden, sofern ich nämlich nur mich allein erkennen will. Der Mensch erkennt sich – will und liebt sich – nur in Gott – oder vor Gott. *Noverim Te, noverim me.*

Der betende Mensch findet in und über sich das Licht, das jenem vorenthalten bleibt, der «sich» sucht.

★

Der Mensch fürchtet sich, leider, vor allem vor Gott; er fürchtet, in der Berührung mit Ihm zu verbrennen, wie die alten Israeliten bei der Berührung der Bundeslade. Daher die vielen Spitzfindigkeiten, Ihn zu leugnen, die vielen Listen, Ihn zu vergessen oder die vielen frommen Erfindungen, um den Zusammenprall mit Ihm abzudämpfen ... Ungläubige, Gleichgültige, Fromme – wir überbieten uns gegenseitig an Erfindungsgeist, um uns gegen Gott abzusichern.[43]

★

«Wenn man Gott zu berühren scheint oder merkt, daß Er durch uns hindurchgegangen ist, durch unsere Träumereien und Armseligkeiten, bleibt man bestürzt zurück» (Maurice Blondel).

★

Der mystische Aufschwung ist kein Luxus. Ohne diesen droht das sittliche Leben zur bloßen Verdrängung zu werden, die Aszese zur Dürre, die Fügsamkeit zur Schläfrigkeit, die religiöse Praxis zur Routine, zur Schaustellung oder Furcht.

★

Der wahre Mystiker macht keine vertraulichen Mitteilungen. Dies keineswegs aus Klugheit oder Geringschätzung. Noch auch nur aus Demut oder Liebe zur Verschwiegenheit. Er hat keine solchen Mitteilungen zu machen. Die Lebendigkeit des Bewußtseins entzieht sich jeder Psychologie, und mehr als alles andere seine höchste Form, das mystische Leben.[44]

★

Wie der Mystiker sich danach sehnt, Gott in sich selbst zu erkennen, nämlich so wie Gott sich erkennt, so sehnt er sich – wenn er irgendeine Offenbarung dieser Liebe empfangen hat –, Gott um seiner selbst willen zu lieben, nämlich mit der Liebe, mit der Gott sich selbst liebt. So öffnet er sich allseits für den göttlichen Einbruch.

★

Cum absens putatur, videtur; – cum praesens est, non videtur.[45]

★

Ist die Mystik «Anschauung Gottes?» – Ja, doch immer in der Nacht. Denn man findet Ihn nur, indem man Ihn unablässig sucht. Gott bleibt immer «der Gesuchte», ὁ ζητούμενος.[46]

O Luce qui mortalibus
Lates inaccessa, Deus![47]

★

Es gibt einen Fortschritt in der Gotteserkenntnis, doch dieser Fortschritt verdiente seinen Namen nicht, wenn er uns dem Ziel nicht näherbrächte, uns anderseits aber immer in derselben Entfernung davon hielte. In dem Maß wie es sich erreichen läßt, erweist und offenbart sich das Unendliche als noch unerreichbarer. So wird «wer emporsteigt, nie aufhören emporzusteigen»; wer seinen Lauf begonnen hat, schreitet fort «von Anfängen zu Anfängen, durch Anfänge ohne Ende».

«Sobald die Seele, die sich den Höhen entgegenschwingt, soweit sie dazu fähig ist, an den göttlichen Gütern teilzuhaben begonnen hat, zieht sie das göttliche Wort von neuem an sich, als hätte sie ihren Aufstieg erst begonnen... Wiederum sagt es: ‹Erhebe dich› zu der, die sich schon erhoben hat, und: ‹Komm› zu der, die schon gekommen ist. Ja, wer sich erhebt, muß sich immer wieder erheben, und wer zum Herrn hin eilt, dem wird für seinen göttlichen Lauf nie der weite Raum fehlen. Wenn das göttliche Wort spricht: ‹Steh auf und komm›, nötigt es, sich immer neu zu erheben und nie davon abzulassen, näherzueilen, indem es jedesmal die Gnade eines besseren Aufstiegs schenkt.»[48]

Ein solcher Gedanke ist keineswegs entmutigend, vielmehr macht er uns staunen. Was er uns zu verstehen gibt, hat weder mit dem Gewand der Penelope noch mit dem Felsbrocken des Sisyphus etwas zu tun. Nichts ist nach erfülltem Marsch verloren, niemals gibt es einen Rückzug – vielmehr ist alles immer größer und alles ist schöner, als man es ahnte. Denn Gott muß alles überragen, «nicht nur in dieser Welt, sondern selbst in der künftigen».[49] Alles wird also stets die Frische der Neubeginne und den Schwung eines ersten Aufbruchs haben. «So wird unser Glück niemals in einem vollen Genuß bestehen, bei dem es nichts mehr zu wünschen gäbe und der unseren Geist abstumpfen würde, sondern in einem dauernden Fortschritt zu neuen Vergnügungen und neuen Vollkommenheiten.»[50] Die Ernten des Herbstes werden in ihrer Fülle den Geschmack der Frühlingsverheißungen in sich haben. Wir selber werden an dieser ewigen Jugend teilhaben. Immer tiefer werden wir jenes Unerhörte verstehen, indem wir es erfahren und so immer besser einsehen, daß wir noch immer nicht verstehen und nie verstehen werden, was dieses Unerhörte, das uns immer unerhört erscheinen wird, für uns bedeutet: die Entdeckung Gottes.

Cum consummaverit homo, tunc incipit.
Sanctorum sicut aquilae juventus renovabitur.[51]

★

«Die Trennung zwischen Seele und Gottheit – das Fernbleiben der Gottheit –, das ist der Fund der Seele.»[52]

★

«Gott ist kein Schauspiel. Seine Beschauung ist verborgener, verhüllter, bestürzender. Er enthüllt sich bis zu einem gewissen Grad nur innerhalb der Treue unserer Hinbewegung zu ihm, in einem Überstieg, der durch alle Zerrissenheit hindurch den Frieden in uns stiftet und durch die Entblößung Reichtum schenkt.»[53]

★

«... Man soll nicht meinen, die Seele verbleibe stets in der Geistspitze oder solle darin verharren und dort Gott anhangen, da er ein überaus reiner Geist ist, in dessen Gegenwart alle Dinge gleichsam nichts sind ..., und sie könne nur fortschreiten durch tieferes Eindringen, Untertauchen, Ausfließen und Verbergen in diesen göttlichen Geist. Man soll den geistlichen Nutzen vielmehr folgendermaßen sehen: Ist die Seele einmal im Hinblick auf die Bedeutung und den Grad einer bestimmten Stufe zum höchsten Punkt gelangt und soll sie von Gott zu einer wesentlich vollkommeneren Stufe emporgehoben werden, so hat sie zunächst auf die unteren Stufen zurückzukehren und von dort aus durch eine subtilere Läuterung, eine neue Ausweitung und Verfügbarkeit, auf einem wahrhaftigeren und tieferen Fundament echter Selbsterkenntnis als zuvor, von neuem zu beginnen. Dieser Neubeginn enthält jedoch in seiner Niedrigkeit virtuell alle vorher gewonnenen Höhen.

Denn dies ist wohl zu beachten: alles, was sich die Seele in der Spitze ihres Geistes an Erhabenem als Wonne und letztem Ziel errungen hat, das besitzt sie jetzt insgeheim in Form des Grundsätzlichen, des Seins, grundlegend und wesenhaft, verborgen und unbekannt, wie etwas, das sich ihrem eigenen substantiellen Wesen hinzufügt und in diesem Wiederbeginn von den untern Dingen her mit diesem Wesen identifiziert: dies aber durch eine seltsame und fürsorgliche List Gottes, damit die Seele ihren inneren Zustand nicht zu hoch einschätzte und preise und, von dieser Gefahr befreit, in Gott immer weiter wachsen kann...

Daher kommt es, daß wahres geistliches Leben nicht darin besteht, sich allzeit an Gott zu erfreuen, noch darin, stets und dauernd in der Spitze des Geistes verharren zu können; sondern Gott zu folgen in allen Veränderungen, Wechselfällen, geistlichen Wonnen, auf all den verschiedenen Stufen, die er in der Seele bewirkt. Mit einem Wort, ihm überallhin folgen zu können, wohin er führen will...»[54]

★

Das wahre Problem besteht nicht darin, «Gott zu suchen» – denn es gibt Weisen, Ihn zu suchen, die Herausforderungen sind[55] –, und ist nicht jede Suche, bei der sich der Mensch die erste Rolle zuschreibt, eine Herausforderung? Das wahre Problem besteht darin, sich in eine solche Haltung zu versetzen, daß man hoffen darf, Ihn zu finden, ohne Ihn sozusagen suchen zu müssen. Das heißt zur Einsicht gelangen, daß selbst diese Haltung nur von Ihm her kommen kann. Denn Er ist es, der uns sucht und sich zu seiner Stunde uns offenbaren wird.

Wer sich zum Anfang kehrt, und wart't auf seinen Gott,
In dem kommt bald herfür das gnädge Morgenrot.[56]

★

Wir meinen zuweilen, Gott zu suchen. Doch stets ist es Gott, der uns sucht, und oft läßt Er sich von einem finden, der Ihn nicht suchte.

★

Kein kritischer Scharfblick wird die Hellsicht eines reinen Herzens übertreffen.

Zweimal selig die reinen Herzen; denn sie werden Gott schauen, und durch sie wird Gott sich schauen lassen.

★

«Was der Mensch, ausgehend von sich selbst, ‹Gott› nennt, ist ein Aufschwung, ein letzter Höhepunkt der Welt, von dem aus der Anruf ins Jenseitige geht, eine Schwelle für den Sprung des Glaubens. Bleibt man aber dabei stehen und verleiht dem endgültige Bedeutung, dann ergibt sich daraus der ‹religiöse› Betrug, da die Natur oder sonst irgendein Ideal zum Gott gemacht wird. Eine solche Gottheit, angefangen bei den *Numina* der Naturreligionen bis zum absoluten Wesen der Religionsphilosophie, existiert nicht. Der Gott, den ‹es gibt›, der wirkliche und lebendige, ist jener, der sich in der Offenbarung zeigt. Der Mensch hat für Zeit und Ewigkeit mit Ihm zu tun.»[57]

★

«Licht ist des Herren Kleid: gebricht dir gleich das Licht,
So wisse, daß dir doch Gott noch nicht selbst gebricht.»[58]

★

Jenseits aller Konventionen – in Ablehnung jeglicher Lüge – im Verlust aller Sicherheit – durch alle Verneinungen hindurch – im Zusammenbruch aller Gewißheiten – verlassen von jedem Wesen: – Gott entdecken.

★

Was den einen als etwas krankhaft Überspitztes oder zumindest als zwecklose Tüftelei erscheint, ist für andere Notwendigkeit, die «Flucht nach vorn» als unumgängliche Ausflucht, der Engpaß, der für sie zum einzigen Heilsweg wird.

Mehr als alle Gescheiten und Ruhelosen, mehr noch als alle Abenteurer des Geistes mit unlauteren Absichten, ja mehr als die vermummten Gegner der gesunden Lehre, werden sie die Selbstzufriedenen immer gegen sich einnehmen. Doch was können sie selber dafür?

Entweder Skeptizismus oder Läuterung durch den Glauben. Entweder Verzweiflung oder Läuterung durch die Hoffnung. Entweder Menschenhaß und Empörung oder Läuterung durch die Liebe.

Und der Friede, der über sie hereinbricht, lebt mit der Angst zusammen.[59]

Und der Gott ihrer Not ist ihnen mehr *Gott* als jeder andere – und mehr als jeder andere ist er *ihr* Gott.

Und kein anderer Gott ist ansteckender als dieser, und keine Not wirksamer zur Befriedung, ohne einzuschläfern.

★

«Nein, nein, meine Liebe, du bist nicht Feuer, du bist nicht Wasser, du bist nicht das, was wir sagen. Du bist das, was du in deiner herrlichen Ewigkeit bist. Du bist: dies ist dein Wesen und dein Name. Du bist Leben, göttliches Leben, lebendiges Leben, einendes Leben. Du bist ganz Seligkeit. Du bist überaus anbetungswürdige, unaussprechliche und unbegreifliche Einheit. Mit einem Wort, du bist Liebe, meine Liebe. Was soll ich von dir sagen? Du hast mich für dich geschaffen; für dich, sage ich, der du Liebe bist. Warum sollte ich also nicht von der Liebe sprechen? Doch, was soll ich sagen? Ich kann hier auf Erden nicht davon sprechen. Die Heiligen, die dich im Himmel schauen, beten dich schweigend an, und dieses Schweigen ist ein heiliges Reden, wobei sie die Liebe verkosten. Du flößest uns deine Liebe ein wie auch ihnen, o mein großer Gott! Und du erfüllst uns mit dir wie auch sie. Warum sollten wir nicht dasselbe tun wie sie? Warum sollten wir nicht wie sie die Liebe verkosten? Denn wenn du ihre Liebe bist, bist du auch unsere Liebe. Bloß sehen sie dich, wie du bist, du mein teures Leben, und dies ist, was sie über uns hinaus haben, die wir noch in der Niedrigkeit und im Elend des Fleisches sind. Doch wenn wir aus diesem Gefängnis befreit sein werden, werden wir dich sehen wie sie, dich loben wie sie, dich umfassen wie sie, dich besitzen wie sie, wir werden in dich getaucht sein wie sie und werden nicht mehr in niederen Gleichnissen reden, um deine Liebe auszudrücken, denn wir werden nur mehr Liebe sein, da wir doch ganz in der Liebe sein werden, nämlich in dir, der du meine einzige Liebe bist, meine Barmherzigkeit und mein Alles!»[60]

★

«Laß dich nicht ängstigen,
nicht dich erschrecken.
Alles geht vorüber – Gott allein bleibt derselbe.
Alles erreicht der Geduldige,
und wer Gott hat,
der hat alles – Gott allein ist genug.»[61]

★

«Und wenn ich nicht zum Ziel gelange? Wenn ich bei meinem Lauf ermatte? So werde ich doch die Freude kosten, gelaufen zu sein, mich im Schweiß meines Angesichts gemüht zu haben, so gut ich es vermochte, auf der Suche nach dem Antlitz meines Herrn.»[62]

★

«Herr, mein Gott, meine einzige Hoffnung, erhöre mich, damit ich nicht, müde geworden, Dich nicht mehr suchen will, sondern mit Inbrunst dein Antlitz suche immerdar. Gib Du die Kraft zu suchen, der Du mich Dich hast finden lassen und mir die Hoffnung gegeben hast, Dich immer besser zu finden. Vor Dir steht meine Kraft und meine Schwäche: die eine bewahre, die andere heile! Vor Dir steht mein Wissen und mein Nichtwissen: Wo Du mir geöffnet hast, nimm mich auf, wenn ich eintrete; wo Du mir den Zugang verschlossen hast, öffne, wenn ich anklopfe. Deiner möge ich mich erinnern, Dich erkennen, Dich lieben. Laß dies in mir wachsen, bis Du mich zur Vollendung umgestaltest... Befreie mich, o Herr, von dem vielem Gerede, an dem ich innen in meiner Seele leide; es ist erbarmungswürdig in deinen Augen und flieht hin zu deinem Erbarmen. Denn meine Gedanken schweigen ja nicht, selbst wenn ich mit dem Mund schweige... Zahlreich sind meine Gedanken, die wie Menschengedanken eitel sind: Du kennst sie. Gewähre mir, daß ich ihnen nicht zustimme, daß ich nicht, gleichsam schlafend, in ihnen verweile ... ‹Vieles sagen wir und gelangen an kein Ende› (Sir 43,27). Wenn wir zu Dir gelangen, dann wird das Viele, das wir sagen und zu dem wir nicht gelangen, zu Ende sein, und Du allein wirst bleiben, der Du alles in allem bist. Ohne Ende werden wir dann das Eine sagen, in Dir eins geworden, Dich mit einer Stimme preisen ...»[63]

★

«... O ergo, quem nemo quaerit vere et non invenit, quippe cum ipsa veritas te quaerendi in conscientia quaerentis non suspectum jam habeat responsum aliquatenus inventae veritatis!»[64]

★

«Auf Gott warten heißt ihn besitzen.»[65]

SIEBTES KAPITEL

VON DER AKTUALITÄT GOTTES

Jedesmal, wenn die Menschheit ein Denksystem aufgibt, meint sie, Gott zu verlieren.

Der Gott der «klassischen Ontologie» ist tot? Mag sein. Das kümmert mich wenig. – Es liegt mir wenig daran, die frostigen Konstruktionen eines Wolff zu verteidigen. Wenn aber «die klassische Ontologie» verschwunden ist, so weil sie dem Sein nicht adäquat war. Ebensowenig war ihre Gottesidee Gott adäquat. Der denkende Geist aber bleibt lebendig, und so auch der auf ihn zukommende Gott.

«Gott ist tot!» So kommt es uns vor... Bald aber, bei der nächsten Straßenkehre, werden wir ihn lebendig wiederfinden. Von neuem steht er wieder über uns, jenseits von allem, was wir unterwegs zurückgelassen haben, was nur für eine Etappe unseres Weges Wegzehrung war, eine vorläufige Zuflucht vor einem Neuaufbruch bot... Und sind wir selber wirklich vorangekommen, werden wir auch Ihn als den noch Größeren wiederfinden. Doch wird es derselbe Gott sein. *Deus semper major.* Und von neuem schreiten wir in seinem Licht ...

Gott liegt niemals hinter uns, unter alldem, was zurückbleibt. Wohin immer unsere Schritte uns lenken, immer erhebt Er sich vor uns, ruft uns, kommt uns entgegen...

★

Oft ist es nur allzu wahr: «Ein Deist ist einer, der es noch nicht geschafft hat, Atheist zu werden.»[1]

Der Gott des Deismus, dieser Gott mehrerer moderner «Theodizeen», die ihn weit eher richten und begutachten, als daß sie ihn «verteidigen»; dieser Gott, von dem man nicht mehr weiß, ob er noch: «ich bin» sagen kann; dieser Gott, der eigentlich nur mehr «die universale Harmonie der Dinge» sein möchte und über ein Jenseits herrscht, wo «es überall so ist wie hier»;[2] dieser «in die Grenzen der Vernunft» verwiesene Gott, der in der Welt nicht mehr eingreift, der in Wirklichkeit nur mehr die Projektion des natürlichen Menschen ist, zugleich ferngerückt und geheimnislos; Gott nach unserem Maß gemacht und durch unser Ideal bestimmt; Gott, der mit «der sittlichen Ordnung der Welt», so wie sie dem Menschen faßbar ist, zusammenfällt; Gott, den man nicht anbetet, dem man nur durch den Kult der Sittlichkeit dient; Gott, der «nur dem reinen Wissen zugänglich ist», ja nichts anderes ist «als dieses Wissen»; Gott endlich, dessen Gedanken unsere Gedanken und dessen Wege unsere Wege sind: dieser Gott hat sich im Gebrauch als ein sehr untaugliches Rechtssubjekt erwiesen und ist zugleich zum Gegenstand eines berechtigten Ressentiments geworden.[3] Als der Mensch, um sich seinen Besitz seines Gutes zu sichern, schließlich darauf verfiel, Gott zu verjagen, war er «innerhalb der engen Schranken menschlichen Denkens» schon nur mehr ein Schemen.[4]

★

«Voltaire vom Atheismus überzeugen, ist wohl kein großer Sieg über das christliche Denken.»[5] Ebensowenig der Nachweis, daß sich der Gott Fichtes oder Hegels mühelos in den Menschen Feuerbachs verwandeln läßt. «Mögen sie daraus gegen den Deismus schließen, was sie wollen», sagte schon Pascal prophetisch.[6]

★

Wir haben in diesen letzten Jahrhunderten «die rationalistische Auflösung Gottes» erlebt.[7] Des Gottes der Rationalisten jedoch. Blast und verscheucht diesen Dunst! Er wird uns nicht verwirren. Wir werden freier atmen. Der wahrhaftige Gott, derjenige, den wir unaufhörlich anbeten, ist anderswo.

Er ist überall, wo ihr Ihn zu erreichen glaubt, Er ist überall, wo ihr Ihn nicht erreicht.

★

Wenn «die Sache Gottes» besiegt ist, genau dann ist Gott von neuem siegreich. Dann «ist er sein eigener Verteidiger».[8]

★

Man gibt zu, daß das Christentum «in unserer Geschichte den Streit wider die falschen Götter aufgebracht hat». Doch bietet man sich an, es in dieser Rolle abzulösen, als wäre es nicht fähig, sie zu Ende zu spielen. Man will ihm als Erbin «die Philosophie» zuführen. – Doch sagt man vom Philosophen, er sei «einer, der versteht», nicht aber «einer, der eine Wahl trifft».[9] Mit ihm werden die falschen Götter noch schöne Zeiten erleben!

★

Man muß, sagt dieser Schriftsteller, «die Götter, sämtliche Götter zurückweisen». Eben dies zu tun, haben uns von Anfang an die Jünger Jesu gelehrt. Wenn sie für Atheisten gehalten wurden, so nicht, weil sie, ganz banal, *einen andern Gott* brachten – der wäre ja nur ein Gott unter anderen gewesen – : sondern weil sie Den verkündigten, der *ganz anders ist als die Götter*, der uns von ihrer Tyrannei befreit. Sie verneinten alles, was die Menschen um sie her als Gottheit betrachteten – alles, was der Mensch aller Zeiten zu vergöttern geneigt ist –, um sich in seinen Göttern selbst anzubeten und zu knechten.

Das Evangelium allein ist die wahre «Götterdämmerung».

★

Man kann die Ansicht vertreten, Religion – und zuvor der Glaube an Gott – sei ein von der Natur erfundenes System, um den Menschen *zu beruhigen*, der sonst angesichts des feindseligen Mysteriums vor Verwirrung und Schrecken übermannt würde.

Aber es gibt noch eine andere Art von Besänftigung für den Menschen: diejenige des Rationalisten, des kurzsichtigen Optimisten, der nicht einmal bis zum Verspüren eines solchen Geheimnisses vordringt und hochmütig erklärt, davon brauche man nichts zu wissen.

Welche der beiden Ansichten ist die dem Wahren entsprechendste?

Der Glaube an Gott beruhigt uns.[10] Das ist unbestreitbar, und man braucht darüber nicht zu erröten, als wäre es gescheiter, keinerlei Angst verspürt zu haben, oder vornehmer: davon nicht befreit werden zu wollen. Der Glaube *beruhigt* uns – aber nicht auf unserer eigenen Ebene; nicht um uns eine lähmende Illusion oder eine fromme Befriedigung zu verschaffen, sondern um uns das Handeln zu ermöglichen. Er schenkt dem Menschen Vertrauen, damit er seiner selbst würdig sei und nicht, dem Animalischen entwachsend, der durch das erwachende Bewußtsein ausgelösten fürchterlichen Wachstumskrise erliege. Der Glaube schenkt ihm Sicherheit, indem er ihn in der Wahrheit ansiedelt und ihm so eine höhere Unruhe mitteilt.

★

Entsetzen vor einer Welt ohne Gott, ohne Beständigkeit noch Geheimnis, Welt, die sich selber verständlich vorkommt und so auf den Abgrund eines sinn- und ausweglosen Werdens zuläuft, *dum nil perenne cogitat.*

Gräßliche Verzweiflung einer Gesellschaft, die von den Götzen der Zeit verführt wurde, wo die *mens avida aeternitatis* den Erstickungstod stirbt.

★

Ich vergleiche Nietzsche mit Jesus. Jesus wurde von den Menschen umgebracht, weil er ihnen den Vater im Himmel verkündet hat. Nietzsche hat sich selbst umgebracht, sein Verstand ist in der Umnachtung versunken, da er «Gottes Tod» verkündigt, hingenommen, gewollt hat.

Vom Tage dieses Entschlusses an, obwohl er sich eigensinnig einredet, die «fröhliche Wissenschaft» zu besitzen, muß der Mensch sich mit Nietzsche eingestehen, daß dieses «Wissen» ihn «vor Schrecken erstarren» läßt – und er zur Beute «eines heiligen Entsetzens» wird.[11]

★

Göttliches Recht der Könige, göttliches Recht der Völker: menschliche Erfindungen, Instrumente der Unterdrückung. Göttliches Recht Gottes: alleinige Befreiung des Menschen.

★

Der Antitheist – und jeder militante Atheist ist einer – gibt vor, Gott zu kennen, wie sollte er Ihm sonst entgegentreten. Doch durch das Faktum selbst, und was immer damit gemeint ist, wendet er sich nicht gegen Gott. Denn Gott könnte so nicht erkannt sein.

★

Allein vom Standpunkt der soziologischen Forschung aus ist die Theorie von Karl Marx über die Religion wenig zutreffend – oder zumindest unzulänglich. Die Religion könnte tatsächlich, geben wir es zu, zum Opium des Volkes werden, sofern das Volk an diesem Opium Geschmack fände. Vielleicht findet es diesen unter gewissen glücklichen Umständen. Doch die Feststellung, daß das Volk gerade im Maß der fortschreitenden Proletarisierung diesen Geschmack verliert, gibt uns zu denken. Weit entfernt, durch mystische Kompensation einen religiösen Aufbruch auszulösen, ist die wachsende soziale Entwurzelung, das Kennzeichen proletarischer Zustände, eher im Begriff, das Interesse an der Religion zu erwürgen. Sie kehrt den von Gott ab, den sie entmenschlicht.

Ein gewisses Maß an sozialer Entwurzelung kann in der Tat eine Bewußtseinsverfremdung nach sich ziehen. Ein verfremdetes Bewußtsein aber steht völlig im Gegensatz zum religiösen Bewußtsein.

★

«Der Proletarier hat keine Heimat.» In einem analogen Sinn und aus ähnlichen Gründen hat er auch keine Religion. In einer Gesellschaft wie der unseren wird die Religion immer mehr zu einem Luxusartikel, den ein Großteil der Bevölkerung sich nicht mehr leisten kann. Die Abschaffung des Proletariats wird Gott dem Menschen nicht automatisch zurückgeben: aber sie ist gewissermaßen die Voraussetzung dafür, daß Gott ihm zurückgegeben werden kann.

★

...Diese berühmt-berüchtigte marxistische Dialektik: noch ein zwar authentischer, wenn auch recht abweichender und gleichsam beschämender Fall «christlicher Philosophie».

Hegel war Theologe, seine großen Kategorien haben ihm die rationalisierten christlichen Glaubensgeheimnisse geliefert. Marx war Hegelianer. Um zum gegenwärtigen Ergebnis zu gelangen, ist eine doppelte Abwendung, eine doppelte «Apostasie» nötig gewesen: eine Immanentisierung des Göttlichen, die Hegel vollzog, dann eine Materialisierung des Menschen, die Marx durchführte (was Marx: die Dialektik wieder auf ihre Füße stellen, nannte). Doch durch diese doppelte Metamorphose hindurch ist das Gefüge dasselbe geblieben. Nicht Erfahrung, nicht Wissenschaft, ja nicht einmal die reine Reflexion – hat reine Reflexion je etwas ergeben? – hat dies erbracht, sondern der Glaube. Das Mysterium Christi, des Mensch gewordenen, gestorbenen und auferstandenen Gottes. Ein geübtes Auge erkennt noch unter den scheinbar profansten Kategorien den «Raub der heiligen Dinge», auf die sie sich gründen. Noch heute, nach soviel Wandlungen, Verrat, Leugnungen, soviel Negation und Korruption zieht die marxistische Ideologie ein parasitäres Leben aus der christlichen Substanz.[12]

Selbst wenn einmal von «der absoluten Geschichte der göttlichen Idee» oder von ihrer «höchsten Entfremdung» nicht mehr geredet wird, wird der Glaube an den Gott, der in der Geschichte Fleisch angenommen hat und in ihr für uns «zunichte» geworden ist, weiterhin lebendig sein. Wenn weder vom «spekulativen Karfreitag» noch vom «Kalvaria der Geschichte» mehr die Rede sein wird, das Kreuz Jesu wird weiterhin blühen und die Frucht des Lebens tragen.

★

Wenn ich einem Heiligen begegnet bin, so weiß ich, was ich gesehen – oder wenigstens erahnt habe. Nun kommen solche, die fortan ohne Gott auszukommen und dabei besser zu fahren behaupten. Ich warte darauf, daß sie mir eine neue Art von Heiligen vorweisen.

★

Bedauernswerte Geister, die sich eines Tages in den Kopf gesetzt haben, «mit der metaphysischen Angst sei es nun vorbei»! «Wir sind», so verkünden sie, «geheilte Besessene». «Besessenheit von Gott, Besessenheit vom Sein und vom Nichts, das Brennen des Unbekannten mitten im Herzen des Bekannten, *der Andere*, der uns in uns selbst verfolgte, all dieser Irrsinn ist vorbei.» Wir haben uns, so sagen sie, «der Wahnvorstellung des Absoluten entledigt, wir haben die Last «ewiger Wahrheiten» abgeschüttelt...» Arme Verstümmelte, die sich befreit glauben! Sie feiern die traurigste Abdankung als «ungeheuren Sieg». Doch sollten sie sich beeilen mit ihrem Triumphgesang! Selbst in ihnen ist die Verstümmelung keine restlose, und sie wissen nicht, daß eine solche Abdankung dem Menschen nicht möglich ist. Ein jähes Erwachen stellt alles wieder in Frage. Unversehens läßt ein Funke die erloschen geglaubte Glut von neuem auflodern. Die Seele aufersteht in dem, der sie getötet hatte. Dann merkt er mit Schrecken, daß er sie in sich trägt:

«Nicht wie eine satte Kuh, die auf ihren vier Beinen wiederkäut,

Nein, wie eine jungfräuliche Stute, ihr Maul brennt vom Salz, das aus der Hand ihres Herrn sie leckte,

Wie sollt er es pressen und bändigen, dieses große, schreckliche Ding, das sich aufbäumt und schreit im engen Stall seines persönlichen Willens,

Wenn durch die Ritzen des Tors mit dem morgendlichen Wind der Geruch der Weide dringt?»[13]

★

Im Menschen brennt eine Wunde, ein oft geheimes, aber unvermißbares Zeichen seiner Größe. Steigt sie ins Bewußtsein empor, erscheint sie darin unter vielfachen Gestalten. Als eine immer neu aufbrechende Unruhe, ein wesenhaftes Unbefriedigtsein, das nicht nur daran hindert, sich an irgendeine beständige Form zu halten, sondern sich auch mit einem stets in gleicher Richtung drängenden Fortschritt zu begnügen. Als ein Aufbruch des Denkens, das alle Kreise nacheinander durchbrechen läßt, in die das Leben das menschliche Wesen einzusperren trachtet, und das wider alle kritischen Systeme, alle positivistischen Weisheiten, die ihm gegenüber im Recht zu sein meinten, recht behält. Dies kann eine gleichsam gegenstandslose Angst sein.

. . . *Aliis oppressa malis in pectore cura.*

Eine Angst, deren psychologische Abwandlungen oder Ersatzformen endlos zu beschreiben wären – die aber eine Allgemein- oder «Tiefen»-Psychologie nur in ihren Äußerungen erreicht. Sie ist zuweilen auch eine Vorahnung, ein Erahnen einer anderen Existenz, von der derjenige, der sie zuerst verspürt, einen Vorgeschmack oder wenigstens eine Vermutung um sich herum verbreitet. Und dies dank eines geheimen Einvernehmens, dessen ihn ein gleicher, überall anwesender, wenn auch bei den meisten unterdrückter Geist versichert, der selber auch den geheimnisvollen Gesetzen des Keimens unterliegt. Das, was ein Philosoph «den Anruf der Transzendenz» genannt hat.

Über dieses universale Phänomen kann man beruhigende Erklärungen abzugeben versuchen. Man kann auch manche naive Äußerungen dazu kritisieren, manche Verzerrungen verurteilen und Fälschungen anprangern – die oft um so schwerer wiegen, als sie auch eine normale Entfaltung des geistlichen Lebens verunmöglichen. Man kann sich dabei aufhalten, manche der verwickelten Vorstellungen zu entwirren, die sich ein rudimentärer Geist davon macht.[14] Kann zudem beobachten, daß viele, im allgemeinen mit sich selbst zufriedene Menschen, das Phänomen nicht im geringsten wahrnehmen, während es gewissen krankhaften Zuständen des physischen oder sozialen Organismus seltsam verschärft erscheint. Ein gar schlechter Beobachter aber wäre, wer darin nur eine Anomalie erblickte, ein überflüssiges Übel, eine Art Auswuchs, den man eines Tages ausmerzen könnte, ein Phantom, das man verscheuchen, eine fremde Stimme, die man zum Schweigen bringen könnte. Wenig realistisch wäre, wer sich einbildete, auf Grund einer weiterentwickelten Wissenschaft oder einer schließlich voll erlangten physischen und sozialen Gesundheit, damit fertig werden zu können. Ein solcher würde im Menschen gerade das verkennen, was das

Menschlichste an ihm ist und was zugleich bewirkt, daß «der Mensch den Menschen übersteigt».

Doch nehmen wir einmal an, dies würde gelingen. Wir scheuten uns nicht zu sagen: besser wäre dann weniger Gesundheit, wenn solche Gesundheit beitragen sollte, uns in einen selbstzufriedenen Humanismus zu versetzen; wenn ein solches Gleichgewicht sich breitmachen sollte, daß der Mensch damit gleichsam für immer satt und für sich selber keine Frage mehr wäre. Was für ein armseliges Ideal einer irdischen Existenz, künftighin kampf- und widerspruchslos, ohne Leid, aber auch ohne jeden Aufschwung zum Absoluten, ohne Suche nach ihm! Ideal einer so vollkommen geordneten Welt, daß kein rechter Platz mehr bliebe für Heilige und Helden! Ideal eines in seiner begrenzten Wirklichkeit so vollkommenen, seiner Umwelt so restlos angepaßten Zustands, der zwischen Objektivem und Subjektivem, zwischen der Idee, die sich der Mensch von sich selber macht, und seiner konkreten Existenz eine so strenge Gleichung herstellte,[15] daß nicht die geringste Spalte mehr offenstünde, durch die man mit dem Geheimnis des Seins noch in Verbindung treten könnte, keinerlei Spielraum mehr bliebe innerhalb dieser großen Maschine des wundersam eingerichteten menschlichen Universums, nichts mehr, was das Sich-Auseinandersetzen des Menschen mit sich selbst noch den Einsatz im Sinn einer personalen Entscheidung erlauben würde! Wohl könnte man noch von Humanismus sprechen, von Kultur und Geistesleben: aber in welch abgestandenem Sinn! Christlich betrachtet, was für ein Greuel! Aber schon menschlich gesehen, was für eine Armseligkeit! Soll die ungeheure Anstrengung, die uns heute voranträgt, in einem solchen Verlies enden?[16]

In Wirklichkeit aber werden wir keineswegs auf ein solches Dilemma zugetrieben. Viel eher ist zu sagen, daß es die allzu ungerechten, dürftigen sozialen Zustände sind, die – wohl auch gewisse grobe Verirrungen begünstigend – den Menschen dem geistigen Leben verschließen. So können wir beherzt und ohne Hintergedanken, ohne je fürchten zu müssen, die wünschbare Grenze zu überschreiten, an allen Fronten an der Gesundung unserer Art und an ihrem Fortschritt arbeiten: nie wird der Erfolg so sein, daß die ehrfurchtgebietende Wunde vernarbt. Und wenn je hienieden dieser «Sprung in das Reich der Freiheit», den Engels prophezeite, sich verwirklichen sollte, die Wunde bliebe offen. Das Sich-ihrer-Bewußtwerden würde dadurch nur um so lebendiger und reiner. Was die soziale Unordnung nicht verursacht hat, das kann die soziale Ordnung auch nicht heilen.

★

Zum erstenmal in unserer Epoche ist die kollektive Überzeugung, mächtig wie eine Meereswoge, aufgebrochen, daß endlich die Stunde des Menschen gekommen ist, die Stunde des endlichen Wesens, das in seiner Immanenz und Endlichkeit sich selbst genügt, in seiner Immanenz und Endlichkeit alle Vorrechte Gottes für sich in Anspruch nimmt. Tollheit eines Kirilow und eines Zarathustra wie Tollheit eines Feuerbach. Tollheit des «Humanisten» und des «Übermenschen» ... Gerade im Hinblick auf ihn hat man von einem «tragischen Mißverständnis» gesprochen. Der Mensch versteht es meisterhaft, die jetzigen Bedingungen seines physiologischen oder sozialen Elends in alle möglichen Träume zu verwandeln. Es steckt gewiß viel Wahres in den gegensätzlichen Psychoanalysen eines Marx oder eines Freud, um nur diese beiden großen parallelen Beispiele zu nennen. Es gibt auch viel Wahres in der Comteschen Idee eines ersten «theologischen» Zeitalters und in so manchen analogen Überlegungen unserer Philosophen und Historiker. Eines der Zeichen geistiger Reife ist tatsächlich der Verzicht auf eine falsche Transzendenz, auf all den Wildwuchs, der den Saft verbraucht, ohne ordentliche Frucht zu bringen. Vergessen wir aber auch die Weisheit des ersten der großen «Reduktoren» nicht. Als der alte Xenophanes von Kolophon seine scheinbar skeptischen Reden hielt: «Wenn Ochsen und Pferde Hände hätten und malen könnten ...», war es nicht seine Absicht, die Idee der Gottheit zu zerstören: er mühte sich einzig darum, sie zu läutern. Vergessen wir nicht, daß die Wirklichkeit der Natur und die des Menschen, einmal wiederentdeckt, sofern dies nötig wäre, auch weiterhin der Erklärung bedarf. Man muß weiter in sie eindringen, muß sie auch bewahren, retten. Geben wir acht, daß die vorgenommenen Reduktionen nicht zu Verstümmelungen werden, daß falsch ausgelegte Erfolge der Wissenschaft nicht zu Vernebelungen führen und der einen Illusion keine andere, gegensätzliche folgt. Denn gewiß gibt es eine Illusion des Absoluten, aber es gibt auch eine Illusion des Relativen; es gibt eine Illusion des Ewigen, aber auch eine des Geschichtlichen; es gibt eine Illusion der Transzendenz, aber auch eine der Immanenz; es gibt eine mystische, aber auch eine positivistische Illusion. Das heißt: daß man einerseits, sofern das Relative und Geschichtliche verkannt wird, wirklich nur ein Pseudo-Absolutes erlangen wird, ein Pseudo-Ewiges, eine Befreiung im Traum; daß anderseits aber, und das ist nicht minder gewiß, das Verkennen des Ewigen und Absoluten nur ein Pseudo-Geschichtliches, ein Pseudo-Zeitliches hinterläßt, einen Weg, der nicht zur Befreiung führt. Kurz, die «Mystifizierung» erstreckt sich nicht bloß in einer Richtung.

★

Es gibt eine mystische oder himmlische Illusion – und es gibt eine positive oder irdische Illusion. Nennen wir die eine spiritualistisch, die andere materialistisch. Doch sind dies nicht nur individuelle Illusionen oder Krankheiten. Sie, die eine wie die andere, können lange Perioden der menschlichen Geschichte kennzeichnen. Normalerweise kommt die himmlische Illusion vor der irdischen, und deshalb ist die zweite eine doppelte Illusion, denn sie hält sich für kritische Scharfsicht. Nichts aber nützt es, die eine zu vertreiben, wenn man dafür der andern verfällt.

Wer vom Evangelium geführt wird, ist vor der einen wie vor der andern gefeit. Die Idee der Transzendenz beinhaltet die Immanenz. Das Dogma von der Auferstehung und die biblische Aufforderung zur irdischen Arbeit weisen sichere Richtungen; ebenso das Gebot der Nächstenliebe. Die intellektuelle Reifung und der technische Fortschritt der letzten Jahrhunderte helfen uns, dessen tiefer bewußt zu werden. Wir glauben mit Paulus, daß «*die Gestalt* dieser Welt vergeht», und wollen keine der beiden Seiten dieser Wahrheit preisgeben, wir erkennen sie als solidarisch. Kein Geistesleben im Traum! Keine Ewigkeit für uns, die von der Zeit nicht vorbereitet! Aber auch keinen geschlossenen, keinen «unmenschlichen Humanismus»! Das «Nichts-als-die-Erde» ist die allergrausamste Illusion...

★

Den Himmel der mystischen Illusion gibt es nicht. Aber die Erde der «positiven» Illusion, der zeitlichen Illusion, diese Erde gibt es – und sie rächt sich.

★

«... Wir wehren uns nicht genug gegen die Verzerrungen der Gottesidee im christlichen Volk. Wir sind stets darauf bedacht, die Schwachen zu schonen, vermeiden es, Schwachköpfe zu brüskieren, Unreine auszustoßen, in der Hoffnung, daß jeder mit der Kirche aufrechterhaltene Kontakt die Möglichkeit gewährleiste, solche Leute zu erleuchten und zu bekehren; wir denken aber nicht an jene anderen Schwachen, die Ungläubigen, die Anstoß nehmen an unsern Kompromissen.

Die Wahrheit sich verdunkeln lassen, verursacht immer irgendwo Ärgernis, selbst wenn man sich dazu verleiten läßt, diesem oder jenem ein Ärgernis zu ersparen.»[17]

★

Nicht dank eines Beweises habe ich meinen Gott erhalten, und keine Kritik eines Beweises wird ihn mir nehmen. So klug diese auch sein mag, sie hängt stets selbst von einer andern Kritik ab.[18] Vielleicht hat sie aber zuerst ihre heilsame Rolle zu spielen. Ohne mich zu irgendeiner Konzession zu zwingen, fordert sie mich zu einem Fortschritt heraus. Ohne meinem Beweis seinen Wert zu nehmen, nötigt sie mich, seinem geheimen Antrieb auf die Spur zu kommen, meine Glaubensansichten zu vertiefen und zu läutern.

Auch ist der Atheist oft, unwissentlich und wider Willen, der beste Helfer des Gläubigen. Wie der biblische Kohelet markiert er durch seine Kritik den einen der Schritte der integralen Dialektik. So wirkt er, ohne es zu wollen, bei der «Läuterung des Glaubens» mit, die durch «eine immer größere Abscheidung von den menschlichen Vorstellungen und Gedanken» vollzogen werden muß. Er steuert das Salz bei, das verhindert, daß meine Gottesidee verkümmert und verdirbt.

⋆

Die Gottesidee ist unausrottbar, weil sie im Grunde für den Menschen die Gegenwart Gottes selber ist. Man kann sich dieser Gegenwart nicht entledigen. Auch der Atheist ist nicht einer, dem dies gelungen wäre. Nur der Götzenanbeter, der, wie Origenes sagt, «seinen unzerstörbaren Gottesbegriff eher auf irgend etwas Beliebiges bezieht als auf Gott».[19]

⋆

Sind industrielle Zivilisationen naturgemäß atheistisch,[20] so wären ländliche Zivilisationen ebenso naturgemäß heidnisch. Der Glaube an den wahren Gott ist stets ein Sieg.[21]

⋆

Indem unsere modernen Zivilisationen immer profaner werden, setzen sie uns der Gefahr aus, Gott zu verlieren. Vielleicht werden sie uns aber auch erlauben, ihn tiefer wiederzufinden, und diese Wiederentdeckung könnte neue Synthesen bereitstellen, ohne daß jemals die ursprünglichen Verschwommenheiten wiederaufgenommen werden müßten.[22]

★

Kein Mensch ohne Werte und keine Werte, die den Wert des Menschen absolut begründeten, ohne ein Absolutes, das diese selber begründete.

Der Mensch hat absoluten Wert, weil sein Antlitz durch einen Strahl des göttlichen Antlitzes erleuchtet wird; weil er, während er in der Geschichte voranschreitet und handelt, bereits in der Ewigkeit atmet. Anderswo kann alle Philosophie des Menschen bloß volkstümlich, zynisch oder eitler Traum sein.

★

Man hat der Ansicht sein können, alles auf die Immanenz zurückführen, heiße dem Menschen alles zurückgeben, vor allem sich selbst: es heißt aber im Gegenteil, ihm alles wegnehmen und ihn sich selber völlig entfremden. Denn damit reduzierte man alles auf die Dauer – auf eine Dauer ohne ewiges Fundament, wo sämtliche Augenblicke, so viele uns auch gegeben sind, zerstieben oder sich aneinanderfügen, ohne sich gegenseitig zu durchdringen. Man hat «die in den Himmeln verschwendeten Schätze» nicht übernommen, hat das Absolute eines erträumten Himmels nicht auf eine wirkliche Erde herabsteigen lassen, hat es nicht von Gott her in den Menschen überführt: man hat es in das Relative fallen lassen und den ganzen Menschen damit.

★

Als reales Werk eines guten Gottes besitzt die Welt einen realen Wert. Mehr noch als die Umgebung, in der ein Mensch handeln und sich einsetzen muß, mehr als das Werkzeug, das er zu verwenden hat, ist er sozusagen der Stoff der künftigen Welt, der Stoff unserer Ewigkeit. Der Mensch hat sich also weniger von der Zeit als durch die Zeit hindurch zu befreien. Er muß der Welt nicht entfliehen, sondern sie auf sich nehmen. Allein, um Zeit und Welt zu verstehen, muß man seinen Blick darüberhinaus richten: denn die Beziehung zur Ewigkeit verleiht der Welt ihren Bestand und macht aus der Zeit ein reales Werden. Und die Hoffnung auf eine radikale und letzte Umwandlung rettet unser irdisches Mühen vor der Vergeblichkeit.

★

Der Humanismus, so wurde gesagt, «ist eine reflektierte Anthropozentrik, die, von der Erkenntnis des Menschen ausgehend, den Wert des Menschen herauszustellen sucht, indem sie alles ausschließt, was ihn, sei es durch Bindung an übermenschliche Wahrheiten oder Mächte, sei es durch irgendeine ihn entstellende untermenschliche Ausnützung, sich selbst entfremdet».[23] Doch wenn das, was man als Weigerung bezeichnet, den Menschen «übermenschlichen Wahrheiten oder Mächten» zu unterwerfen, eine Ablehnung Gottes und der göttlichen Wahrheit sein sollte, so führte eine solche Weigerung sehr schnell zu einer Entstellung des Menschen «durch irgendwelche untermenschliche Ausnützung». Der Schutz des menschlichen Wertes liegt höher als er selbst. Die «Wertung des Menschen» auf Grund eines Humanismus, der den höchsten Wert im Menschen sehen wollte, gleicht dann letzten Endes der Nutzung eines Landguts oder einer Viehpacht.

★

Der Mensch hat den doppelten Charakter der Geschichtlichkeit und der Inwendigkeit, ohne daß man das eine vom anderen trennen könnte. Er besitzt das eine nur, weil er das andere hat: ohne wirkliche, zielstrebige, fruchtbare Geschichtlichkeit wäre seine Inwendigkeit nur Blendwerk oder eitler Psychologismus; ohne substantielle Inwendigkeit würde sich seine Geschichtlichkeit in einer selbst schon zu Staub gewordenen Zeit zersetzen ... Der Mensch wird in und durch die Geschichte – das darf man behaupten, ohne irgendeine «Fortschritts»-Theorie zu präjudizieren –, und deshalb wird sich jede Generation nur als Glied einer Menschheit unterwegs ganz verstehen. Doch der Gang dieser Menschheit hätte keinen Sinn, oder besser, die Menschheit käme nicht voran, ja selbst der Name, mit dem wir sie nennen, wäre nur ein *flatus vocis,* wenn nicht im Herzen unserer Welt ein Ziel, ein Ewiger anwesend wäre, der einem jeden von uns das Siegel seines Antlitzes aufprägte und einem jedem so seine unaufhebbare Inwendigkeit schenkte.

★

Wenn der Mensch sich selbst finden will, muß er höher und über sich hinaus streben. Es genügt nicht, daß der einzelne sich einer ihn übersteigenden Aufgabe widmet; vielmehr hat dies auch für jede Generation, jede natürliche Gemeinschaft, die ganze Menschheit zu gelten. Sonst bleiben alle Erfolge nur äußerlich und dürftig, immer neu von einer noch radikaleren Krise des Nihilismus bedroht, und alle werden sich gegen den Menschen kehren. Und keine Zukunft der Menschheit ist es wert, die Aufmerksamkeit der Menschen zu vereinnahmen. Die Menschheit kann Gleichgewicht und Frieden nur finden – einen aktiven Frieden, ein Gleichgewicht unterwegs –, wenn sie ihren Blick über ihren irdischen Horizont hinaus gerichtet hält. Wenn sie ihrem göttlichen Ruf folgt.

Der Mensch braucht ein Jenseits des Menschen, das nie vereinnahmt werden kann; er braucht ein Jenseits, das für immer jenseitig bleibt. Denn er kann sich nicht finden, ohne sich zu verlieren.

Auf allen Stufen liegt die letzte Lösung des menschlichen Problems einzig in der Anbetung. Sie vollzieht sich nur in der Ekstase.[24]

★

«Der Mensch übersteigt den Menschen.» Selbst unter jenen, die sich strikt und ausschließlich für «Humanisten» halten, anerkennen das viele. Kein Mensch ist für sie dieses Namens würdig ohne *sursum*. Jede Lehre, die ihn in eine verwirklichte Natur verschließt, erscheint ihnen gemein und verlogen. Innerhalb der Immanenz postulieren sie eine Bewegung der Transzendenz.

... Doch wie könnte eine solche Bewegung wirksam sein? Alle Träume kollektiver Zukunft sind eitel ohne ein eschatologisches Jenseits, das inmitten des Werdens bereits gegenwärtig und am Wirken ist. Und alle Träume eines inneren Überstiegs sind ebenso eitel ohne ein zugleich transzendentes und immanentes Jenseits.

Eine «Transzendenz zum Nichts»: das ist alles, was einer dem Menschen anbieten kann, der in ihm die Anziehung eines Transzendenten nicht anerkennt.

★

Bald bezichtigt man uns, daß wir die himmlische Welt nach dem Bild der – allzu wirklichen – hienieden erfaßten, bald, daß unser Wunschdenken, im Gegensatz dazu, einen mystischen Bereich mit umgekehrten Vorzeichen schaffe, um so die harte soziale Sklaverei hienieden in eine Traumfreiheit zu retten.

Wir aber wissen wohl, daß unser Gott anders ist! Wir wissen, daß er der Lebendige Gott ist! Unser Glaube an Ihn ist unabhängig von diesen Vorgängen, und die Hoffnung, die Er unseren Herzen eingießt, trügt nicht.

Gewiß, wir sehen die Vorgänge, auf die man uns hinweist, genauso gut wie andere. Der Geist braucht Analogien, um sich seinen Gott vorzustellen – und damit steht die Tür vielen Gefahren offen. Der Unterdrückte neigt dazu, sich vor den Härten der Existenz und der menschlichen Bosheit eine Zuflucht im Himmel zu suchen – und dies birgt manch gegenteilige Gefahr. Es ist nur allzu bequem, allzu «natürlich», das Göttliche in den Dienst eines sozialen Realismus zu stellen oder für einen utopischen Subjektivismus zu Hilfe zu rufen! Der eine mag Gott als das Prinzip seiner Revolte bezeichnen, ein anderer wiederum als das seiner Tyrannei. Aber der Gläubige hütet sich vor solchem Mißbrauch. Er läßt sich weder durch Analogien noch durch Gegensätze täuschen. Er vergöttlicht weder die Erde noch hypostatisiert er einen Himmel, der keine Beziehung zur Erde hat. Doch schließlich weiß er wohl, daß seine Hoffnung auf den Himmel die einzige ist, die dem irdischen Werk, das ihn auf den Himmel vorbereitet, Geschmack verleihen kann.

★

Der Mensch, ein durch seinen Gott Entfremdeter? – Leider ist heute eher zu sagen: ein seinem Gott Entfremdeter. Ein seines letzten, kostbarsten Reichtums Beraubter, eines Reichtums, in dem er das Prinzip nicht nur seines *Habens,* sondern auch seines *Seins* wiederzufinden vermöchte.

Was für einen Sinn kann heute wohl noch das überlieferte Wort haben: der in mir *mehr mich selbst* ist *als ich*! Eine vielleicht von vielen vertrauensvoll übernommene Formel, die ihre Wahrheit unbedacht lebten, deren Evidenz sich jedoch im Hohlraum einer schrecklichen Erfahrung von neuem aufdrängt.

Der Mensch ohne Gott ist kein Mensch mehr.

★

Es gibt Tyrannengötter. Es gibt einen befreienden Gott. Die Tyrannengötter tragen heute im allgemeinen keine Götternamen mehr. Sie ziehen Pseudonyme vor. Ihre Tyrannei ist darum nicht minder drückend.

Ihr lehnt den Glauben an Gott als eine unerträgliche «Theokratie» ab? Doch erweist sich täglich deutlicher, daß dies zugunsten einer beängstigenden «Mythokratie» geschieht. Der Himmel, den ihr ausgeräumt habt, wird von einem Heer von Mythen erstürmt: Mythen, zwingender als der Hunger, despotischer als sämtliche Despoten...

Non habebis deos alienos coram Me. Das ist für alle Zeiten «das Rezept der Freiheit».[25] Diese fremden, falschen, mythischen Götter sind alle entfremdende Götter – verzehrende Ungeheuer wie die menschlichen Leidenschaften, deren Hypostasen sie sind.

Ihr habt den wahren Gott zu ihresgleichen gemacht, und habt geglaubt, sie alle gleicherweise mit einer selben Gebärde wegzuweisen. Doch diese hochmütige Gebärde entsprang einem Widersinn. Ihr habt nicht gesehen, daß man sich im Gegenteil zwischen ihnen und Ihm entscheiden muß. Die dunklen Gottheiten, die von der aufsteigenden Sonne der Gerechtigkeit verjagt und in Schach gehalten wurden, kehren alsbald unter anderen Namen wieder.

Altehrwürdige oder neue Namen, Götternamen oder Pseudonyme, stets verbirgt sich darunter irgendein Zug des Menschen, der sich darin anbetet und sich so zu seinem eigenen Sklaven macht.

Wie tief wird man in diese Sklaverei hinuntersteigen müssen, bis die ganze Menschheit schließlich einstimmig aufschreit: «Ich strecke die Arme meinem Befreier entgegen!»

★

Man lehnt Gott ab als eine Beschränkung des Menschen – und sieht nicht, daß der Mensch gerade durch seine Beziehung zu Gott «etwas Unendliches» in sich hat. Man lehnt

Gott ab, als knechte er den Menschen – und sieht nicht, daß der Mensch gerade durch seine Beziehung zu Gott allen Knechtschaften entgeht, insbesondere derjenigen des Historischen und Sozialen. Man lehnt Gott ab, als zwinge er den Menschen, alles gutzuheißen – und sieht nicht, daß es immer wieder gerade diese Beziehung zu Gott ist, die dem Menschen seine «unbegrenzte Fähigkeit zum Nein» verleiht.[26] Man lehnt Gott ab, als entfremde er durch seine Transzendenz den Menschen sich selbst – und sieht nicht, daß der Mensch gerade «in der Bejahung der Transzendenz seine letzte Wahrheit findet».[27]

★

«Das rein humanistische Bewußtsein, das außerhalb des Menschen nichts zu erkennen verlangt, weiß eigentlich nie genau, ob der Antrieb, der es dem Leben entgegentreibt, der Hoffnung oder der Hoffnungslosigkeit entstammt. Zu sagen, der Mensch sei alles, heißt das nicht auch behaupten, daß er vor sich nur das Nichts findet? ... Kann man den Menschen retten, ohne auf das, was jenseits des Menschen liegt, zurückzugreifen?»[28]

★

Jede Revolte, die ihren Grund nicht in Gott hat und ihn nicht zum Verbündeten nimmt, endet in Knechtschaft.

Jedes *Nein* setzt ein tieferes *Ja* voraus, das es begründet, weckt und ausrichtet; jede Revolte eine begründetere und freiere Zustimmung.

★

Nie darf man, und wäre es auch nur für eine kurze Generation, weder die unmittelbar existentiellen Probleme noch das umfassende Problem der Endbestimmung «in Klammern» setzen.

Die Menschheit mit ihren elementaren Bedürfnissen und ihrer Leidenschaft des Absoluten ist stets aktuell.

★

Trauer des gläubigen Menschen beim Anblick der Menschheit, die im Schlamm versinkt – wer weiß für wie viele Jahrhunderte? –, gerade im Moment, da sie mehr denn je daraus aufzutauchen versucht. Er sieht sie ihren Gott beiseiteschieben, als wäre er ein «fremdes Wesen».[29] Er sieht sie, sich in eben dem Akt sich selber entfremden, durch den sie sich endlich zu befreien meint. Trauer, die Menschheit in einer Bewegung sich entwürdigen zu sehen, die ein Aufwachen der Würde sein zu müssen schien...

Werden diejenigen, in denen die Ursehnsucht überlebt, diese Tragödie rechtzeitig wahrnehmen? Und werden sie dann die Gläubigen, die sie zunächst für Gegner hielten, nicht als unentbehrliche Verbündete, als Boten des Heils erkennen?

★

Der *homo sapiens* wird in unseren Tagen wieder zum *homo faber* – diesmal aber zum Gestalter einer Welt und dadurch mehr denn je zum Gestalter seiner selbst. Nicht mehr bedürftiges Lebewesen, sondern Schöpfer. – Ja gewiß. Aber wird man nicht darüber hinaus noch eine neue Weisheit wiederfinden müssen? Und wie sollte sie sich wiederfinden lassen, wenn nicht durch eine höhere und umfassendere Kontemplation?

★

Um die Merkmale, die mich zum Menschen machen, nicht vom Schöpfer entgegenzunehmen, werde ich sie zugunsten einer künftigen oder eher mythischen Entität veräußern, die mir nichts gilt und der ich nichts gelte?[30] Auf der einen Seite wird mir durch die Entgegennahme einer Gabe die Garantie eines unveräußerlichen Adels zuteil, und wenn ich mich für meine Brüder hingebe, so gewinnt mein Opfer einen Sinn. Auf der andern wird mein Bewußtsein selbst dahingegeben,[31] und als Folge einer totalen und endgültigen Veräußerung bin ich bloß noch ein Rad in der ungeheuren Produktionsmaschine, die in einer mir entschwindenden Ferne, ich weiß nicht weshalb, weiterhin Menschheit genannt wird.[32]

★

Stets bedroht und gleichsam dem Tod geweiht, wird die Gottesidee in uns stets wieder neu geboren. Alles richtet sich scheinbar vernichtend gegen sie, denn alles wird uns zum Ärgernis, und siehe, gerade was sie zu vernichten schien, nährt sie von neuem. Jeder Tag bezeugt es irgendwie von neuem. Der Mensch wird nie ablassen, sich gegen Gott zur Wehr zu setzen. Der geheimnisvolle Kampf Jakobs mit dem Engel, ein kühner, aber notwendiger Kampf, ein notwendiger, aber ungleicher Kampf, hat die ganze Nacht durch gedauert – die ganze Nacht unserer düsteren Geschichte.

«Gott selbst ist für das menschliche Geschlecht von allem Anfang an am Untergehen und am Auferstehen.»[33]

★

Sub nocte Jacob caerula
Luctator audax angeli,
Eo usque dum lux surgeret,
Sudavit impar praelium.[34]

★

. . . Exaudi me, Domine, Deus meus,
Illumina oculos meos, ne unquam obdormiam in nocte.[35]

O Du, Jenseitiger von allem – ist dies hier nicht alles, was man von Dir singen kann?
Welcher Hymnus wird die Dir gemäße Sprache finden? Kein Wort drückt Dich aus.[1]
Woran soll der Geist sich festhalten? Du überragst allen Verstand.
Du allein bist unaussprechlich, denn alles, was aussagbar ist, ist aus Dir hervorgegangen.
Du allein bist unerforschlich, denn alles, was sich denken läßt, ist aus Dir hervorgegangen.
Alle Wesen, ob sie reden oder schweigen, bezeugen Dich.
Alle Wesen, ob sie denken oder nicht denken, erweisen Dir Ehre.
Das Sehnen des Alls, das Seufzen des Alls, es steigt auf zu Dir.
Alles, was ist, betet zu Dir, und zu Dir läßt jedes Wesen, das deine Welt denkt, einen Hymnus des Schweigens aufsteigen.
Alles, was bleibt, bleibt durch Dich; durch Dich dauert die Bewegung des Alls.
Du bist aller Wesen Ziel; Du bist jedes Wesen, und doch bist Du kein einziges davon.[2]
Du bist kein einzelnes Seiendes, Du bist nicht ihre Gesamtheit.
Dir gebühren alle Namen,[3] doch wie soll ich Dich nennen, Du, den man nicht nennen kann?
Welcher himmlische Geist vermag die Nebel zu durchdringen, die selbst den Himmel bedecken?
Hab Erbarmen
O Du, jenseits von allem – ist dies nicht alles, was man von Dir singen kann?[4]

«... Im Ablauf der folgenden Zeit, das heißt im zehnten Geschlecht nach der Sintflut, ist Abraham berufen, vom Segen des Stammvaters seinen Anteil und Gott nach Gebühr zu suchen. Angetrieben vom Zug seiner Seele, durchzog er ringsum die Länder und suchte, wo er Gott finde. In Schwachheit gelang es ihm selbst nicht, das Gesuchte zu erreichen. Aber Gott erbarmte sich dessen, der allein im Verborgenen ihn suchte, und offenbarte sich dem Abraham durch das Wort gleichwie mit lichtem Strahl und gab sich so ihm zu erkennen.»

Des heiligen Irenäus *Schrift zum Erweis der apostolischen Verkündigung,* Kp. 24 (dt. Übertragung von Simon Weber, *Bibliothek der Kirchenväter* [1912], S. 17).

«Da Gott uns seinen Sohn gab, hat er uns alles gegeben. Indem er uns sein einziges Wort gab, hat er uns alles geoffenbart. Nach Jesus Christus ist nichts mehr zu erwarten.»

Johannes vom Kreuz, *Empor den Karmelberg*

«Keiner hat Gott je gesehen. Aber der einziggeborene Sohn, der im Schoße des Vaters ist, hat Kunde von ihm gegeben.

Keiner hat Gott je gesehen. Wenn wir aber einander lieben, bleibt Gott in uns. Gott ist Liebe, und wer in der Liebe bleibt, bleibt in Gott, und Gott bleibt in ihm.»

Joh 1,18; 1 Joh 6,12.16.

«Gott ist größer als unser Herz.»

2 Joh 3,20.

«Das ist das ewige Leben, daß sie Dich erkennen, den einzig wahren Gott, und Den, den Du gesandt hast, Jesus Christus.»

Joh 17,3.

«Was von Anfang an war, was wir gehört, was wir mit unseren Augen gesehen haben, was wir geschaut und unsere Hände gegriffen haben vom Logos des Lebens, denn das Leben ist erschienen, und wir haben gesehen und bezeugen und verkünden euch das ewige Leben, das beim Vater war und uns erschienen ist – was wir also gesehen und gehört haben, das verkündigen wir auch euch, damit auch ihr Gemeinschaft habet mit uns. Unsere Gemeinschaft aber ist mit dem Vater und mit seinem Sohne Jesus Christus. Und dies schreiben wir, damit eure Freude erfüllt sei.

Und das ist die Botschaft, die wir von ihm gehört haben und euch verkündigen: Gott ist Licht, und keinerlei Finsternis ist in ihm.

Wenn wir sagen: ‹Wir haben Gemeinschaft mit ihm›, und in der Finsternis wandeln, so lügen wir und tun nicht die Wahrheit. Wenn wir aber im Lichte wandeln, wie er selbst im Lichte ist, dann haben wir Gemeinschaft miteinander, und das Blut Jesu, seines Sohnes, reinigt uns von jeglicher Sünde.»

1 Joh 1,1–7.

... Sed in hac quaestione Deum videndi, plus mihi videtur valere vivendi modus, quam loquendi.

WILHELM VON ST. THIERRY, *Aenigma fidei* (PL 160, 398C).

VERE DIGNUM ET IUSTUM EST, AEQUUM ET SALUTARE, NOS TIBI SEMPER DEUS: QUIA PER INCARNATI VERBI MYSTERIUM NOVA MENTIS NOSTRAE OCULIS LUX TUAE CLARITATIS INFULSIT: UT DUM VISIBILITER DEUM COGNOSCIMUS, PER HUNC IN INVISIBILIUM AMOREM RAPIAMUR...

NACHWORT

Wie jeder aufgeschlossene Leser schnell bemerken wird, findet sich in diesem kleinen Buch nichts, was nicht dem doppelten Schatz der *philosophia perennis* und der christlichen Erfahrung entnommen ist. Der Verfasser war der Meinung, dies sei auch für die beiden ersten Auflagen dieses Buches, die unter dem Titel *De la connaissance de Dieu* erschienen sind, der Fall. So war er zunächst erstaunt, als er erfuhr, daß mehrere dies in Zweifel zogen. Damit ein solcher Zweifel aufkommen konnte, mußte wohl irgendwie zumindest die Möglichkeit eines Mißverständnisses vorhanden gewesen sein. Von Fragen, die sich mit der Gotteserkenntnis befassen, kann man im allgemeinen sagen, was Augustinus von dieser selben Erkenntnis sagt: *«Nomen quippe non sonaret aenigmatis, si esset facilitas visioni»*[1] – oder was der heilige Leo vom Mysterium des Übernatürlichen schrieb: *«Inde oritur difficultas fandi, unde adest ratio non tacendi.»*[2] Von Gott sprechen ist somit ebenso gefährlich wie unerläßlich.

Das Gefährliche dürfte das Schweigen nicht entschuldigen. So groß ist in der Tat «die Erhabenheit und in gewissem Sinn die Zartheit der Wahrheit Gottes, daß die menschliche Sprache nicht daran rühren kann, ohne sie irgendwie zu verletzen... Nach allem aber, wolltet ihr warten, bis ihr die Gott geziemenden Worte gefunden habt, um von ihm zu reden, dann werdet ihr niemals von ihm reden». Diese weise Erwägung Bossuets[3] schien uns entscheidend. Immerhin könnte diese Notwendigkeit zu reden nicht unbedingt die Unbeholfenheit der Formulierung entschuldigen. Wie es auch mit den «Intentionen» eines Autors, mit jenem intellektuellen Etwas bestellt sein mag, das man als *intentio* seines Denkens oder Werkes bezeichnen kann, das heißt als dessen Gesamtbedeutung von dem angestrebten Ziel und der eingeschlagenen Richtung her,[4] so kann es vorkommen, daß eine allzu große Knappheit, ein allzu elliptischer Ausdruck oder ein mehrdeutiges Wort die Gefahr in sich bergen, diesen oder jenen Leser auf eine falsche Fährte zu locken; eine gewisse, hier zu schwache, dort zu starke Betonung kann für manche das immer empfindliche Gleichgewicht der Wahrheit gefährden. Fügen wir hinzu, daß eine aphoristische Redaktion, die für die Denkbemühung anregender ist, das volle Verständnis aller Formulierungen auch schwieriger macht. Deshalb haben wir, auf den von wohlwollender und befugter Seite her geäußerten Wunsch, unseren Text nochmals genau überprüft. Um der größeren Klarheit willen wurden manche Verdeutlichungen hinzugefügt. Es war aber nicht zu übersehen, daß jedesmal, wenn an wesentliche Dinge gerührt wird, durch jede zusätzliche Erläuterung neue Probleme geschaffen werden, daß also, je mehr man sich erklärt, um so mehr man sich erklären müßte. Eine der menschlichen Situation inhärente Schwäche wird man uns nicht zum Vorwurf machen. Im übrigen behandelt diese neuerarbeitete Ausgabe nicht ausführlicher als die vorausgegangenen all die Probleme, die den Gegenstand unserer klassischen Traktate über die «natürliche Theologie» bilden. Bei weitem nicht. Keineswegs kann noch will sie an ihre Stelle treten. Immerhin sind Ausführungen darin eingefügt worden, die gewisse Punkte, die wir an sich für wichtig hielten, ergänzen oder in helleres Licht rücken. Punkte, die uns zur Lösung mancher Schwierigkeiten besonders hilfreich erscheinen. Auf die Gefahr hin, das Buch zu überfrachten, sind ihm zudem im Sinn der erforderlichen Klärungen und Rechtfertigungen erläuternde Anmerkungen mitgegeben worden.

Dadurch wird der Charakter des ursprünglichen Büchleins etwas verändert. Unser einziges Anliegen war es, einigen Menschen auf der Suche nach ihrem Gott eine brüderliche Hand zu reichen (und zu unserer Freude ist sie mehr als einmal ergriffen worden). Solche Menschen wissen zwar meist mit den vielen «Autoritäten» wenig anzufangen. Deshalb beschränkten sich die Zitate bisher auf einige seltene

Texte, die uns durch ihre Kraft oder Schönheit besonders anregend erschienen. Hier wurden Texte in großer Zahl am Schluß dieses Bandes gesammelt und bilden eine Art Blumenlese, von der wir hoffen, daß sie einer ganz anderen Kategorie von Lesern nützlich sein werde.»

Möge es künftig allen ersichtlicher sein, daß wir dem «Vermögen der menschlichen Vernunft – noch ohne Beistand der übernatürlichen Offenbarung und der Gnade, ausgehend von den geschaffenen Dingen – die Existenz eines persönlichen Gottes zu beweisen», dieselbe Bedeutung beimessen wie die katholische Kirche selbst, wie wir dies früher schon dargelegt haben. Wir verwechseln dieses – in unserer ganzen Arbeit vorausgesetzte – Vermögen nicht mit diesen oder jenen konkreten Voraussetzungen seines Vollzugs. Und wenn beispielsweise, um zwei bereits verwendete Worte aufzugreifen, der Sinn für Gott eine Sache ist, so wissen wir, daß die Gottesbeweise eine andere sind. Es gibt keine einzige Seite in unseren Schriften, die nicht Zeugnis ablegen möchten für unsere Verbundenheit – die, wir wagen es zu behaupten, nicht weniger tief geht als die irgendeines anderen – mit «der gesunden Philosophie, die wir als ein Erbe früherer christlicher Jahrhunderte empfangen haben», aber auch wir räumen ein, daß diese Philosophie in einer Schrift, die kein Lehrbuch ist, «von gewissen weniger geeigneten schulmäßigen Darstellungen zu befreien ist». Dabei betrachten wir sie keineswegs als «ein gewiß gewaltiges, aber doch einer andern Zeit verpflichtetes Monument». Sie ist es, die uns genährt hat, in ihrem Klima lebt unser Denken weiter. Ja, wir möchten zeigen können, daß sie weit reicher und nährender ist, auch heute noch weit mehr fruchtbaren Lebenssaft in sich hat, als selbst einige ihrer Anhänger vermuten. Hier wie anderswo wird man feststellen, daß wir keinerlei Nachsicht mit jener Art «philosophischer Neurasthenie»[5] bekunden, die am Geist nicht weniger unserer Zeitgenossen zu zehren scheint, noch einen übertriebenen Hang zu «Aktualitäten» haben, die nur «an besonderen Ereignissen und dem stets fließenden Leben» interessiert sind oder die gleichzeitige Billigung «disparater Anschauungen» als das Erstrebenswerteste hinstellen. Die Sorge, die notwendigen Auseinandersetzungen in Gang zu bringen, überlassen wir gern den Fachleuten. Unser Bestreben war nie ein anderes und ist es auch heute nicht, als ein paar ewige Wahrheiten in einer nicht allzu überholten Sprache in Erinnerung zu rufen. Ja, wenn wir mit allen Gläubigen zusammen annehmen, daß «die Glaubenslehren von einem persönlichen Gott und seinen Geboten mit den Erfordernissen des Lebens übereinstimmen», so auch, daß dies keineswegs zum Nachteil ihres Wahrheitsgehaltes, sondern im Gegenteil auf Grund ihrer Wahrheit der Fall ist.[6]

Es sei uns nun gestattet, die Aufmerksamkeit auf bestimmte einzelne Punkte zu lenken.

Ein Rezensent hat uns die Absicht eines «Zurück zu den Vätern» unterschoben als eine Art Verzicht auf alle späteren Errungenschaften des christlichen Denkens. Hier hat er sich seinerseits geirrt: die vorliegende Schrift beweist es zur Genüge. Vielen dieser Errungenschaften sind wir überaus verpflichtet. Wie uns alle Neuerungsmanien widerstreben, so auch alle Formen von Archäologismus; wir wissen genau, wie fern sie dem katholischen Geist liegen. Wenn das, was man «Rückkehr zu den Quellen» nennt, heutzutage bisweilen zu unbedachten Aussagen geführt hat, so wird man uns die Gerechtigkeit widerfahren lassen, daß wir keinen Anlaß dazu geboten haben. Wäre es nicht vielmehr eine Neuerung, wenn man den patristischen Beitrag auf der Ebene des Denkens oder seiner Ausformulierung einfachhin als überholt ansehen wollte? Folglich angenommen werden müßte, die Patristik im engen Sinn sei wohl noch dem «geistlichen Leben» förderlich, könne aber auf der Ebene der intellektuellen Forschung keinerlei Hilfe mehr bieten? Wäre ihr fortan jede Fruchtbarkeit versagt? Sollte die spätere Spekulation alles, was die Patristik an solider Einsicht enthielt, so vollkommen assimiliert, systematisiert oder «überholt» haben, daß darauf zurückzukommen purer Zeitverlust wäre? Keiner der großen christlichen Denker, die einander seither gefolgt sind, wäre damit einverstanden. Ihr aller Beispiel beweist das Gegenteil. Das Denken bewegt sich nicht nach Art und Weise der Technik. Und wäre ein solcher Bruch, eine solche praktische Geringschätzung nicht voller Gefährdungen? Wenn nötig, genügten die so deutlichen Hinweise der Enzyklika *Humani generis*, um uns davor zu bewahren.[7]

In weit gemäßigterer Form hat ein anderer Kritiker vom Verfasser gesagt: «... wenn er auch den Eindruck erweckt, dem heiligen Thomas treu zu folgen, so entfaltet sich sein Denken außerhalb seiner Synthese und seines Geistes». Vielleicht ergab sich dieser Eindruck teilweise deshalb, weil man sich weniger auf Thomas selbst als auf irgendeine spätere Systematisierung berief. Wir möchten jedenfalls diese Bemerkung genauer fassen, indem wir erklären, daß in der Tat unsere ständige Sorge in diesem Punkt wie auch in anderen nicht die war, Thomas gleichsam willkürlich gegen die gesamte Überlieferung zu stellen, sondern vielmehr die Züge herauszuarbeiten, durch die diese in ihm einen eminenten Zeugen findet. Der «Doctor communis» ist für uns kein «exklusiver Lehrer», der uns von der Kenntnisnahme der übrigen dispensierte, und wir bedauern, daß voreingenommene allzu strikte Standpunkte oder künstliche Kontroversen zuweilen das Gespür für die tiefe Einheit unter den großen Lehrern abhanden kommen ließen, eine Einheit, auf die Étienne Gilson, selber ein subtiler Analytiker der Besonderheiten eines jeden, vor kurzem mit soviel Recht hingewiesen hat.[8]

Übrigens sähe man darin zu Unrecht einen Eklektizismus. In einem Werk, das nicht fachwissenschaftliche Philosophie sein will, sondern freie Erwägung eines höchst grundlegenden Themas, ist eine solche Haltung nicht nur berechtigt: wir halten sie für unumgänglich. Sie rettet die Einheit der *philosophia perennis*, erlaubt zudem, neben anderen Vorteilen, manche tiefe Gedanken im Rahmen des Möglichen aufzunehmen, deren Bedeutung oder Überzeugungskraft, die auf den unmittelbaren Zusammenhang begrenzte Verwendung sprengt. Andere mehr historisch oder wissenschaftlich ausgerichtete Werke gehen methodisch anders vor. Nur möge man daneben oder, wie gesagt, wenigstens am Rande, einige bescheidenere Schriften dulden, denen es vielleicht eher glückt, der Erwartung gewisser Menschen zu entsprechen. Man höre sich auch die ernsten Einwände an, die uns so oft entgegengehalten werden und nehme sie zur Kenntnis; nicht um ihnen nachzugeben, sondern um darauf antworten zu können; nicht um sich dadurch einschüchtern zu lassen, sondern um ihnen zu begegnen und wirklich darauf einzugehen. Wenn nötig, nehme man Rücksicht auf die Suchenden, habe Mitleid mit den Menschen, meine nicht allzu schnell, die Wahrheit könnte dabei Schaden leiden, sie kann ebensogut gewinnen. Schließlich bemühe man sich, nie zu vergessen: Gott ist nicht Eigentum einiger Fachleute.

Hierzu wäre noch beizufügen, daß die traditionelle Philosophie nicht genau das ist, was gewisse allzu simple Ausführungen glauben machen möchten. Selbst Thomas, «der allerintellektualistischste der christlichen Philosophen»,[9] leistet «dem drohenden Rationalismus beharrlichen Widerstand».[10] Er will, «daß man unsere auf die Dinge Gottes sich beziehende Erkenntnis einer strengen Kritik unterziehe».[11] Seine negative Theologie ist nicht die schüchterne und blasse Theodizee so vieler moderner «Spiritualisten». Seine oft so schlecht verstandene Analogielehre hat nicht bloß eine Seite. Sie ist nicht die verwässerte Theorie, die man uns da und dort vorsetzt, scheinbar zum alleinigen Zweck, uns alles Schwindelgefühl zu ersparen. Seine Kritik des Begriffs hinsichtlich unserer Gotteserkenntnis geht sehr weit. Seine besten Interpreten haben das treffend nachgewiesen, so nochmals Gilson in seinem schönen Buch über den Thomismus; so unter anderen auch Sertillanges, der die «ebenso ruhige wie befreiende Kühnheit»[12] des Thomas gefeiert hat und über einem Text der Summa in ekstatischer Betroffenheit ausrief: «Was ist dies für eine unzerstörbare Einheit, so reich, daß sich unsere Begriffe ihr von allen Seiten nähern und darin versinken?»[13] ... Man beruhigt sich gern, indem man sich auf die klassische Unterscheidung zwischen der Bedeutung des Begriffs und dem Modus seiner Bedeutung beruft, und nichts ist im Prinzip richtiger;[14] doch oft wird die Unterscheidung allzu materiell vollzogen, als könnte man es sich leisten, das eine auszuscheiden, um das andere zu bewahren. Als könnte man, zumindest in einem letzten Augenblick des Denkens, von unseren menschlichen Eigenschaften ausgehend, jenen *modus altior* in seiner Reinheit fassen, der sich nur in Gott allein findet! Das heißt, in der analogischen Erkenntnis die Univozität, die sie leugnet, auf einem Umweg teilweise wiederherzustellen. In Wirklichkeit vergißt man, daß die Analogie nicht im Begriff, sondern im Urteil liegt, sie also zugleich und unlöslich Ähnlichkeit und Unähnlichkeit aussagt, indem sie auf den «Bezug» (*ordo, proportio*) hinweist, der die erste unter Berücksichtigung der zweiten auszusagen erlaubt.[15] Oder in der Befürchtung, zu recht sagen zu müssen, daß unsere Begriffe nur approximativ sind, weigert man sich, oft sehr zu unrecht, die Inadäquatheit zuzugeben, die ihnen, ohne ihnen ihre Wahrheit zu nehmen, unvermeidlich anhaftet.[16] Vielleicht kommt diese übertriebene Ängstlichkeit daher, daß man sich nicht genügend auf die kompensierenden Elemente verläßt, die das Gleichgewicht der überlieferten Lehre sichern. Eigentlich stammt der Widerspruch, den solche Versuche offenbaren, mehr von pragmatischen als von intellektuellen Ängsten her, und es ist nicht sicher, daß der Geist des Glaubens dabei voll zum Einsatz kommt. Wäre somit alles verloren, falls es nicht gelingen sollte, Gott «einzukapseln»?

Eine festere Überzeugung ist berechtigt, sich weniger ängstlich zu zeigen. Sie ist nicht versucht, auf halbem Wege stehen zu bleiben und die Ehrfurcht vor dem Mysterium einem kleinlichen Bedürfnis nach Sicherheit zu opfern. Denn soweit sie auch in der «negativen Theologie» vorstößt, sie weiß wohl, daß sie damit die Gewißheit der ersten, sie tragenden Bejahungen nicht erschüttert. Sie ist nicht in Gefahr, dieses Voranschreiten mit dem Zurückweichen oder Zaudern des Agnostizismus zu verwechseln. Denn sie weiß, wie wir es gründlicher noch sehen werden, daß das *Nein*, das dem *Ja* folgt, in keiner Weise (um einmal in Sartres Jargon zu sprechen) «Nichtung» ist: das *Ja* lebt im *Nein* heimlich fort als sein es forderndes Korrelat, das es richtet, bestimmt und qualifiziert. Wenn plötzlich alles verschlungen scheint, weiß negative Theologie, daß nichts verloren ist. Sie versteht mit Thomas, daß die *remotio* Frucht des *excessus* ist. Mit Augustinus sagt sie endlich: «Non parvae notitiae pars est, cum de profundo isto in illam summitatem respiramus, si ante quam scire possimus quid sit Deus, possumus jam scire quid non sit.»[17]

Im übrigen bedeutet Kritik nicht Verwerfung. Gewiß dürfte man den Intellektualismus nicht auf «einen Logizismus reduzieren, der den Seinsgrund den Begriffen gleichstellen würde. Die Idee in ihrer reinen und leuchtenden Verwirklichung mit dem Begriff – dem blassen Funken, den der menschliche Verstand aus der dunkelsten Teilhabe an der Idee herauslöst – zu verwechseln, wäre ein seltsamer Mißgriff».[18] Dennoch ist es nicht weniger wahr, daß der Begriff stets unentbehrlich bleibt und die in ihm enthaltene Wahrheit nicht in Frage gestellt wird: sie will nur definiert werden. Die Kritik, die wir unsererseits eingeführt, vielmehr an einigen Stellen in Erinnerung gerufen haben, gilt ebensosehr zu seiner Rechtfertigung – «denn im Begriff selbst ist stets mehr als der Begriff» –, und niemals möchten wir dem Trugbild einer anderen Erkenntnisweise verfallen, die im normalen Geistesleben dazu in Konkurrenz treten würde. Wie treffend formuliert wurde: der Begriff und das diskursive Verfahren für sich allein würden zweifellos nur Irreales aufbauen; doch gibt es in unserem Erkennen eine ihm implizite «intuitive Anlage», die ihnen einen realen Wert verleiht, ihrer aber auch bedarf, um sich auszudrücken und zu vollenden.[19] Die «natürliche Erkenntnis» oder die «notwendige Bejahung», von der wir vielleicht unbeholfen, doch gewiß auf Grund einer langen und ununterbrochenen Tradition gesprochen haben,[20] läßt sich nicht anders als in Begriffen objektivieren – obwohl sie auf dem Grund des Geistes gleichsam eine stets lebendige Kraft bleibt, die ihn daran hindert, sich in der Begriffsordnung festzulegen.[21] Indem wir dies so interpretieren, das heißt, indem wir für den natürlichen Menschen in dieser Welt keine direkte «intellektuelle Anschauung» des Seins, keine selbstgenügsame Intuition annehmen und ebenso jeden eigentlichen «Innatismus», auch im starken Sinn der ersten Vernunftprinzipien oder der *prima intelligibilia* ablehnen, haben wir uns gegen alle Lehren mit «ontologistischer Tendenz» gestellt.[22] Mehr noch, wir glauben in diesem wesentlichen Punkt dem eigentlichen Schema des thomanischen Denkens gefolgt zu sein, das vor jeder anderen Philosophie von der Kirche gutgeheißen wird. Und sicherlich waren wir Thomas treuer als jene, die gemeint haben, uns in seinem Namen in diesem Punkt kritisieren zu können. Wie vor kurzem Josef Pieper erinnert hat: die Neuscholastik hat gewiß nicht unrecht gehabt, ihren Meister, den heiligen Thomas, vom «leisesten Verdacht des Agnostizismus reinwaschen zu wollen»; doch darf dies nicht dazu führen, «das negative Element» seiner Philosophie zu mißachten (sofern man nur zugleich ihren tief positiven Geist zu erkennen versteht), vor allem hinsichtlich des Problems der Gotteserkenntnis. Gott als den «Unbekannten» erkennen, bedeutet für Thomas die höchste Stufe unserer menschlichen Erkenntnis.[23]

«Besser als jeder andere schildert» Thomas «die Unvollkommenheit des Werkzeugs», dessen wir uns bei unserer Suche bedienen müssen. Diese Unvollkommenheit hindert jedoch «seinen furchtlosen Aufschwung nicht».[24] Denn er weiß, daß es im menschlichen Geist etwas Grundlegenderes gibt, und zwar nicht außerhalb, sondern im Herzen des Verstandes. Wollte man aus dem Bereich des Intellekts dieses Element verbannen, das weder Form noch Vorstellung ist, dieses dynamische Element, diese Denkbewegung, die nicht der Begriff ist, denn sie erklärt ja dessen Bildung, verleiht ihm seine Seele, hieße diesen intellektuellen Bereich selbst zerstören; hieße den Verstand in den Zirkel des Relativen einsperren. Über seine Natur kann man im Ungewissen sein oder eher, man kann, je nach den anstehenden Problemen, nacheinander diesem oder jenem seiner Aspekte die Aufmerksamkeit zuwenden; doch – sofern man nur das Rätsel, das die Erkenntnis für sich selber ist, und die Art von Fragen, die sie stellt, in den Blick bekommen hat – dürfte auf dieses Element nicht verzichtet werden. Jedem steht es frei, wie man mit einem heute modischen, aber oft trügerischen Wort sagt, sich einen eingängigeren «Intellektualismus» zu wünschen. Doch wird es ratsam sein, daran zu erinnern, daß darüber nicht der Geschmack zu entscheiden hat und das Eingängigere nicht immer das Authentischere ist. Der rechtmäßige Intellektualismus ist kein Narzißmus des Begriffs, ist nicht Eigenliebe des Intellekts noch Wohlgefallen am Erzeugnis seiner Akte. Er ist freier, zuversichtlicher Einsatz dieses Intellekts auf der Suche nach dem Wahren. Man achte darauf, hier nicht wieder durch irgendwelche subtile Formveränderung einen neuen Subjektivismus einzuführen. Auch soll man sich nicht zu schnell von anmaßenden Erklärungen beeindrucken lassen: es ist leicht, mit schlagenden Beweisen endgültige Unterscheidungen oder schattenlose Klarheiten anzukündigen; allein eine Philosophie – wie einer treffend gesagt hat – beurteilt sich nicht nach dem, was sie verspricht, sondern nach dem, was sie hält.

Ein analoges Anliegen stand am Ausgangspunkt eines anderen Mißverständnisses. Mehrere haben nicht begriffen, was den Hauptgegenstand des Kapitels bildete, das sich mit dem Ursprung der Gottesidee auseinandersetzte. Im engen Umfeld ihrer Schulstreitigkeiten befangen, waren sie guten Glaubens der Ansicht, diese Seiten seien ihretwegen – also gegen sie – geschrieben worden. Sogar vom Lärm der gegen unseren Gottesglauben gerichteten Angriffe wundersam abgeschirmt, scheinen sie den hauptsächlichen Gegner keinen Augenblick auch nur geahnt zu haben, gegen den diese Seiten sich in Wirklichkeit gerichtet haben. Dieser Gegner aber ist Legion. Seit einem Jahrhundert vervielfacht er sich. Bald trägt er das Gesicht des Ethnologen, bald das des Soziologen, des Psychologen oder des Religionswissenschaftlers. Seit dem Animismus Tylors bis zu den finstern Ergebnissen einer gewissen Psychoanalyse hat er Hunderte von Systemen erfunden, die alle, sich überbietend, die große Illusion, von der die Menschheit befreit werden soll, an den Pranger stellen. Er erklärt die Gottesidee im menschlichen Bewußtsein – ausgehend vom Traum, vom Geisterglauben, von der Mystifizierung der Sprache, von der kosmischen Angst, der sozialen Entfremdung usf. – auf Grund einer Reihe von Wandlungen und in der Überzeugung, auf diese Weise die «Genese» – wir könnten sagen die empirische Genealogie – dargelegt zu haben, zieht er den Schluß ihrer Nichtexistenz.[25] Diese angebliche «Genese» anfechten, heißt weder den Innatismus vertreten noch die Bedeutung des rationalen Prozesses in Frage stellen, der uns Gott bejahen läßt. Es heißt im Gegenteil, diesem Vorgehen freien Raum schaffen. – Anderseits heißt es die Bejahung Gottes den Schlingen der immanenten «Dialektik» entwinden, in die hinein sie viele Marxisten und andere Leute heute völlig einbinden und relativieren möchten; es heißt aber nicht, sie von ihren logischen Grundlagen lösen, sondern sie dem Spiel «der Alterität und der Negation» entziehen; es heißt, diese Grundlagen wieder herstellen und sie im Absoluten verankern. Sagte nicht Engels, die dialektische Philosophie löse jegliche Idee einer absoluten Wahrheit auf? Und muß man Philosophen daran erinnern, daß in der heutigen Sprache die beiden Ausdrücke Dialektik und Logik, weit entfernt gleichwertig zu sein, oft in Gegensatz stehen? Haben wir nicht vor kurzem noch einen guten Analytiker philosophischer Lehren den Thomismus als «Ablehnung der Dialektik» definieren hören?[26] Jedenfalls ist es ohne den Widerstand gegen die ungebührlichen Einbrüche der Dialektik unmöglich, die schneidende Reinheit des *Logos* zu wahren. – Ebenso, wenn wir in der Geschichte die im Lauf der religiösen Evolution sich erhärtenden «Analogien» aufzeigen, sind wir meilenweit vom Gedanken entfernt, die metaphysische Analogie in ein Urteil zu übertragen. Wir wiederholen nur eine Feststellung des Weisheitsbuches, weisen nur auf die Tatsache hin, daß bei manchen Menschen oder Völkern sinnfällige Dinge wie das Himmelsgewölbe, die Sonne oder der Blitz..., durch die hindurch die Gottheit wie in einem Symbol wahrgenommen werden konnte, eines Tages undurchlässig werden und, statt den religiösen Aufschwung zu stützen, ihn fortan an sich binden. Daher die verschiedenen Formen jenes «Naturismus», der nur allzuoft in der Geschichte zu beobachten ist und den einige uns als den Ursprung und die letzte Deutung aller Religion vorstellen.

Die Ausdrücke «Analogie», «Dialektik», «Genese» schienen uns an sich vom Zusammenhang her, in dem sie stehen, hinreichend verständlich, zumindest für jeden, der über die heute überall bekannte und allgemein zugängliche Problematik ein wenig auf dem laufenden ist. Gewiß, wer sich nicht verständlich genug ausdrückt, ist immer im Unrecht. Er wäre weiser gewesen, wenn er selber dem Mißverständnis mit größerem Nachdruck vorgebeugt hätte. Wenn dieses aber nur bei einer recht geringen Zahl vorliegt und dessen Herkunft überdies leicht festzustellen ist, wird man den Verfasser wohl nicht voll dafür verantwortlich machen. Vielleicht wären eher jene, die das verursacht haben, aufzufordern, ihr Gewissen zu erforschen und zu prüfen, ob ihr Verhalten nicht die Wahrnehmung einer leider nicht mehr aufzuschiebenden Aufgabe sowie einen wenigstens ansatzweisen Gehorsam den dringenden Empfehlungen des Heiligen Stuhls gegenüber unmöglich machen könnte.

In einer Besprechung dieser Arbeit hat der seither zu Gott heimgegangene P. Joseph Huby auf seine gewohnt sympathische Weise bedauert, daß die Erkenntnis Gottes durch Jesus Christus nur ganz am Schluß des Buches erwähnt wird, nirgends sonst aber eigens zur Sprache kommt. Eine nicht zu bestreitende Lücke, die, wir geben es zu, ihre Nachteile hat. Wenn man sich allzulange bei den Erwägungen der natürlichen Theologie aufhält, gerät man tatsächlich in Gefahr, die Abstraktion der ihr zugrundeliegenden Methode zu vergessen und sich von einer religiösen Philosophie vereinnahmen zu lassen, die den Raum belegt, der allein der Religion selbst zukommt. Man gerät in Gefahr, das Sein – dem man seinen Glauben schenken, ja dem man sich in seinem Glauben schenken soll – in einen Gegenstand der Spekulation, und wäre es einer kontemplativen, zu verwandeln. Diese Spekulation kann sich anderseits nur zu einer negativen Theologie entwickeln, denn es ist tatsächlich wahr, daß die natürliche Vernunft nicht in das Innere Gottes, den sie bejaht, einzudringen vermag und auch, daß die Erkenntnis Gottes *per negationem* hypothetisch durchaus die vollkommenste ist.[28] Doch in einem Klima des Unglaubens neigt die negative Theologie fast unvermeidlich dazu, in den Agnostizismus abzugleiten, wenn nicht gar in einen völlig negativen Mystizismus oder in einen puren und simplen, nur kurze Zeit verdeckten Atheismus. «Die Definition des Absoluten kann nur negativ sein», sagte Hegel, und man kennt die Folgen des Abenteuers in seiner ganzen lebenden Nachkommenschaft... Reicht die Kühnheit nicht ganz so weit, kann es zumindest als Pflicht der Reflexion erscheinen, alle persönliche Determinierung als eingebildet und anthropomorph vom Absoluten fernzuhalten, wobei ein Mysterium des Göttlichen an die Stelle des Mysteriums des je persönlicheren und daher um so verborgeneren lebendigen Gottes zu treten droht.[29] Je mehr das Gespür für die Werte verloren geht, die durch das Christentum in unserem Bewußtsein geweckt worden sind, um so weniger sind wir imstande zu verstehen, daß die Ehrfurcht vor diesem Mysterium Gottes eine je tiefere Anerkennung seiner Personalität ist.

Gewiß aber dürfen diese Gefahren die Legitimität und Notwendigkeit einer «natürlichen Theologie» nicht verkennen lassen. Die Ideengeschichte erinnert uns aber, daß diese ihr Gleichgewicht nur innerhalb einer Welt des Glaubens finden kann. Denn im Innern des Glaubens hat sie sich bei allen großen Denkern der katholischen Überlieferung gebildet und entfaltet, so weit sie ihre relative Autonomie und Rationalität auch immer vorangetrieben haben. Eine handfeste Realität, die von den neueren Historikern der christlichen Philosophie ein weiteres Mal ins Licht gestellt worden ist und über deren Hintergründe das Erste Vatikanische Konzil uns unterweist.[30] So sind auch wir vorgegangen. Die Lücke, auf die P. Huby hingewiesen hat, haben wir nicht unmittelbar zu füllen versucht. Dazu wäre ein ganz anderes Buch nötig gewesen und eine direkte Aufforderung zum Glauben. Doch die religionsgeschichtliche Perspektive, unter der unser erstes Kapitel steht, wie auch der sonst fast überall von uns vertretene konkrete Standpunkt werden hoffentlich dazu beitragen, den eben zugegebenen Nachteilen etwas abzuhelfen. Überdies hat ein erster Abglanz der Herrlichkeit, den die Jünger auf Christi Antlitz schauten, hier und dort unseren Weg geheimnisvoll erleuchtet. Wie könnte es auch anders gewesen sein? Nicht mehr als irgendein anderer vermochten wir völlig von dem zu abstrahieren, was die christliche Offenbarung für immer in uns hineingelegt hat. Als Jesus Nikodemus aufforderte, aufs neue geboren zu werden, lud er gewissermaßen auch die Philosophie dazu ein.[31] Der Bereich der Vernunft und der des Glaubens unterscheiden sich im Prinzip, und nicht wenige Aussagen lassen sich mühelos zwischen beiden verteilen. Die Glaubensmysterien sind der rationalen Erforschung verschlossen, das Vermögen und die Gesetze der Vernunft bleiben im gläubigen Verstand wesentlich unverändert.[32] Dennoch ist es eine Tatsache, daß wir beispielsweise angesichts der größten Werke, die in der christlichen Gedankenwelt herangereift sind, oft in Verlegenheit geraten, wenn ihre Gattung genau zu bestimmen ist: man fragt sich, ob sie auf seiten der Philosophie oder auf seiten der Theologie einzuordnen sind. Die Auseinandersetzung überschreitet sowohl die gewissenhafte Textanalyse wie die Überprüfung des breiten historischen Zusammenhangs; dies bezeugt die Literatur zum *Proslogion* Anselms wie zum *Contra Gentiles* des Aquinaten. Dies ist so, weil es keinen Christen gibt, dessen Philosophie restlos das sein könnte, was sie ohne seinen Glauben gewesen wäre. Was man dazu auch noch sagen mag, dies trifft im höchsten Grad auf Thomas von Aquin zu. Die «höchste Wahrheit», den Schlußstein zu seinem rationalen Gebäude, findet er in der Schrift, ohne daß man sagen könnte, die Schrift dränge sie ihm auf, noch seine Vernunft zwinge sie der Schrift auf. Sein rationalstes Denken hat einen Teil seiner Lebenskraft aus dem Boden der Offenbarung gesogen. Es entströmt dem religiösen Leben und entfaltet sich im religiösen Akt. «Dialektik und Kontemplation finden sich darin in einer sehr hohen Erfahrung liebend verbunden.»[33]

Wir haben gewiß in keiner Hinsicht versucht, die Art oder den Ton des großen Lehrers noch den irgendeines anderen nachzuahmen. Haben auch nicht jede Spur des «geistigen Kampfes»[34] gelöscht, der unvermeidbar den Geist erschüttert, der sich vom Mysterium Gottes ergreifen läßt. Noch haben wir so getan, als wollten wir jeden Anschein eines persönlichen Mitgehens aus unseren Erwägungen verbannen. Ist die substantielle Einheit der Lehre einmal gesichert, sind dieselben Lehren des Lehramts von allen angenommen, gibt es immer noch verschiedene Wohnungen in der großen katholischen Familie. Verschieden sind die Darstellungsweisen je nach der von Gott gewollten Verschiedenheit der Temperamente. Verschieden sind vor allem die geschichtlichen Situationen und Bedürfnisse, die sie mit sich bringen. Im Grunde immer dasselbe, wie auch der menschliche Geist immer derselbe ist, bietet das Problem der Existenz Gottes im Laufe der Zeiten gewisse neue Aspekte, auf die derjenige, der seinen Brüdern voranleuchten möchte, wenn nicht schon aus Notwendigkeit, so doch aus Verpflichtung, nach seinen Möglichkeiten zu achten hätte. Ob es, wie manche sich denken, um eine Vertiefung des Geistes oder wenigstens um seine Techniken geht, oder wie andere es möchten, um Krankheit oder bloß um eine Verschiebung der Perspektiven, es bleibt jedenfalls Tatsache, daß die Fragezeichen – des Gegensatzes oder der Negation – nicht alle am selben Ort noch mit entsprechend gleichem Nachdruck gesetzt werden. Diese aber bestimmen die Ausgangspunkte.[35] So wird sich auch die Treue des Gläubigen nicht in allem mit einer buchstäblichen Wiederholung zufriedengeben. – Zumindest können wir, ohne unseren weit bescheideneren, recht eng umrissenen Versuch mit den Bemühungen so vieler großer Vorgänger zu vergleichen, versichern, daß er spontan ihrer Spur folgt, im Dienst der gleichen Wahrheit.[36]

...Der Christ weiß, daß es für eine wirkliche Begegnung mit Gott nur einen einzigen Weg gibt: den lebendigen Weg, der den Namen Jesus Christus trägt.[37] Schon aus dieser Erwägung haben wir diesem Buche den Titel *Auf den Wegen Gottes* gegeben, ohne, selbst für die ersten Schritte der natürlichen Erkenntnis, zum voraus festlegen zu wollen, ob dies eher die Wege sind, auf denen wir zu Gott gehen, oder jene, auf denen Gott uns an sich zieht.

ANMERKUNGEN ZUM EINLEITUNGSKAPITEL

[1] Charles RENOUVIER hat die Tragweite der Kritik des Xenophanes sehr wohl erkannt; doch bedauert er sie, entsprechend seiner steten eigenen These, als die Leugnung des einzig wirklichen Gottes, des endlichen und anthropomorphen Gottes: *Histoire et solution des problèmes métaphysiques,* S.15; *Philosophie analytique de l'histoire* I (1896) S. 447.

[2] So CLEMENS VON ALEXANDRIEN, *Stromata,* 7. Buch, 4. Kp.

[3] «In den Aussagen des Xenophanes», schreibt Werner JAEGER, «tritt ein neues Motiv auf, das die eigentliche Quelle seiner Theologie wird. Es beruht nicht auf dem logischen Beweis, ja, es ist überhaupt nicht eigentlich philosophisch, sondern entspringt dem unmittelbaren frommen Gefühl der Ehrfurcht vor der Erhabenheit des Göttlichen. Dieses fromme Gefühl ist die Quelle der Negationen all der endlichen Begrenzungen und Mängel, die die herkömmliche Religion auf ihre Götter häuft. Kraft dieses Gefühls ist Xenophanes trotz seiner Abhängigkeit von den Ansichten der Naturphilosophen eine unvergleichliche theologische Gestalt, ja er ist überhaupt nur als Theologe zu begreifen. Dieses religiöse Motiv, die Forderung strenger Erhabenheit, drückt sich besonders deutlich aus ...» *Die Theologie der frühen griechischen Denker* (1953) S. 62; vgl. S. 55.

[4] Victor HUGO, *La Légende des siècles,* le Satyre.

[5] FÉNELON.

[6] FÉNELON, *Traité de l'existence de Dieu,* 1. Teil, Kp. 2, Nr. 52.

[7] Unter zwanzig anderen AUGUSTINUS, *De symbolo,* c. 1, n. 2: «Fecit et hominem ad imaginem et similitudinem suam in mente: ibi est enim imago Dei; ideo mens ipsa non potest comprehendi nec a seipsa, ubi est imago Dei» (PL 40, 628); *De anima et ejus origine,* 4, c. 6, n. 8 (PL 44, 529). Vgl. Kardinal TOLETUS, *In Primam Partem sancti Thomae,* q. 1, a. 1, q. 2 (Rom 1869) Bd. I, S. 20; oder BOSSUET, *Elévations sur les Mystères,* 2e semaine, 6e élévation, à propos de la Trinité: «... Gott hat in unsere Seelen, die ihn darstellen, etwas Unbegreifliches eingesenkt ... Ich bin mir selbst ein undurchdringliches Geheimnis ...» (*Oeuvres complètes,* Ed. F. Lachat, Bd. 7 [1862] S. 36 u. 38).

[8] EPHRÄM. Vgl. Edmund BECK OSB, *Die Theologie des hl. Ephraem in seinen Hymnen über den Glauben,* in: *Studia Anselmiana* 21, S. 98 u. 52. GREGOR VON NYSSA, *De opificio hominis* c. 11 (PG 44, 156B).

[9] ANGELUS SILESIUS, *Der Cherubinische Wandersmann,* 1. Buch, n. 68 (1948) S. 14. Vgl. *Predigten,* Bd. 2, Nr. 44, übersetzt und herausgegeben von Georg Hofmann (^{3}1987) S. 337.

[10] HILARIUS, *De Trinitate,* 5, c. 21 (PL 10, 143).

[11] IRENÄUS, *Adversus Haereses,* 4, c. 6, n. 4 (PG 7, 988) usw.

[12] Stanislas LYONNET SJ, *Quaestiones in Epistolam ad Romanos prima series* (Rom 1955) c. II, *De naturali Dei cognitione Rom.* I,18–23, S. 68–108. P. 78, zu Vers 19: «Deus enim manifestavit: non mera tautologia; emphasis enim ponitur in actione Dei: ita factum est quia ipse Deus manifestavit illud»; und zu Vers 20: «Explicatur quomodo Deus manifestaverit...: ex mundo creato et lumine intrinseco...» THOMAS VON AQUIN, *In Epist. Pauli ad Romanos,* c. 1, lectio 6: «... Deus autem dupliciter aliquid homini manifestat. Uno modo infundendo lumen interius, per quod homo cognoscit; Psalm. 62,3: ‹Emitte lucem tuam et veritatem tuam.› Alio modo proponendo suae sapientiae signa exteriora, scilicet sensibiles creaturas; Eccl. 1,10: ‹Effudit illam, scilicet sapientiam, super omnia opera sua›. Sic ergo Deus illis manifestavit, vel interius infundendo lumen, vel exterius proponendo visibiles creaturas, in quibus, sicut in quodam libro, Dei cognitio legeretur.» Ibid.: «Deinde cum dicit ‹Deus illis manifestavit›, ostendit a quo auctore hujusmodi cognitio eis fuerit manifestata...» (In diesem Kommentar, schreibt MARTINI, *Prefazione alla Epistola di S. Paolo ai Romani*, hat der heilige Thomas «die Blüten der Väterlehre» gesammelt.) Vgl. *De Magistro,* a. 1. IRENÄUS, *Adversus Haereses,* 4, c. 5, n. 1: «Quoniam impossibile erat sine Deo discere Deum, per Verbum suum docet homines scire Deum»; c. 6, n. 6: «Per ipsam conditionem revelat Verbum conditorem Deum» (PG 7, 984A u. 988–989). Nehmen wir diese Texte in ihrer allgemeinsten Bedeutung: auf welchem Weg unser Geist sich auch bis zu Gott erhebt und welchen Anteil unsere eigene und natürliche Tätigkeit an dieser Bewegung hat, so ist es heilsam, uns daran zu erinnern, daß die Initiative immer von Gott ausgeht; stets ist es Gott, der «sich offenbart». Vgl. Austin FARRER, *Naturel et surnaturel:* «Die allertrockenste theoretische Spekulation, der typische Fall der rationalen Theologie, muß der göttlichen Initiative, Gott, zugewiesen werden, der in der natürlichen Ordnung wirkt, der sich in den Sternen offenbaren und den Geist eines Philosophen auf dem Weg der Betrachtung der Gestirne erheben will.» (*Dieu Vivant* 21, S. 124–125). Siehe Anm. 15 und *unten* Kp. 4.

Vgl. A. FEUILLET PSS, *La connaissance naturelle de Dieu par les hommes d'après Rom.* I, in: *Lumière et Vie* 14 (1954) S. 74: «Statt nach der Art eines Philosophen die Menschen zu zeigen, wie sie selber die Initiative ergreifen und sich von der geschaffenen Welt bis zu Gott erheben, weist der Apostel Gott selbst die Initiative der Offenbarung seiner Attribute zu: «Gott», so sagt er, «hat enthüllt, was man von ihm erkennen kann.» Doch handelt es sich um ein durch das bloße Licht der menschlichen Vernunft erworbenes Wissen, das über die Werke der Schöpfung nachdenkt, und keineswegs, wie man zuweilen angenommen hat, um eine Offenbarung im eigentlichen Sinn, eine an die Juden ergangene Offenbarung oder eine Uroffenbarung, durch die Gott die Mitgift religiöser Erkenntnisse der Menschheit auf übernatürliche Weise hätte ergänzen wollen.» Kurz, Paulus spricht im Vokabular der Offenbarung über ein rein natürliches Wissen. Bloß sucht der Verfasser, der in der Ausdrucksweise des Apostels eine «Anomalie» sieht, dafür eine, wie uns scheint, etwas einschränkende Erklärung zu geben.

[13] *Eccl* 17,7.

[14] HALLÂJ, *Quasida I* (Dîwân, nach der französischen Übersetzung von Louis MASSIGNON [1955] S. 4).

[15] Freunde haben uns gefragt, weshalb wir die Ausdrücke «offenbaren, Offenbarung» dort verwenden, wo es sich noch immer um die natürliche Gotteserkenntnis handle, also noch nicht um die uns durch die positive und übernatürliche Offenbarung zuteil gewordene Erkenntnis. Dies tun wir aus folgenden drei Gründen:

1. Weil dieser Ausdruck eine wichtige überlieferte Vorstellung ausdrückt und selber überliefert ist; vgl. IRENÄUS, *Adversus Haereses,* 2, c. 4, n. 5: «Quando ratio (= verbum) mentibus infusa moveat eas et revelet eis quoniam est unus Deus omnium Dominus» (Ed. Harvey, Bd. I, S. 263f.). MAXIMUS CONFESSOR, *Ambigua:* die sichtbare Welt, «dieses einzigartige Meisterwerk, darin Gott sich durch eine lautlose Offenbarung erkennen läßt» (PG 91, 1328A), usw. Diese Aussage ist bis in manche unserer Handbücher gelangt und war durch Paulus mehr als gutgeheißen, *Röm 1,19,* das Wort ἐφανέρωσεν, dem in der Vulgata *manifestavit* entspricht, wird in den alten Übersetzungen oft mit *revelavit* wiedergegeben. So noch im Mittelalter bei WILHELM VON ST. THIERRY, *Der Goldene Brief* an die (Kartäuser-) Brüder von Mont-Dieu, 114: «... cum quod notum est Dei, Deo naturaliter revelante manifestum fit homini», bei PETRUS LOMBARDUS, *Sentenzen,* 1, dist. 3: «Apostolus, *Rom. 1, 19,* dicit, quia Deus revelavit illis ...» oder bei ALEXANDER VON HALES, *In Sent.*, d. 2, n. 6: «tripliciter fit revelatio Trinitatis: vel per

doctrinam, ... aut per creaturas ..., aut inspiratione fidei ...» Oder bei THOMAS, *In Epist. ad Romanos,* c. 1, lectio 6: «Primo ostendit quid de Deo cognoverunt; secundo ostendit a quo hujusmodi cognitionem acceperunt, ibi, Deus enim illis *revelavit*; tertio ostendit per quem modum, ibi, Invisibilia enim ipsius.» Oder *Compendium Theologiae,* 3, c. 8: «Quod notum est Dei, id est quod cognoscibile est de Deo, per naturalem rationem, manifestum est illis, sc. Gentibus hominibus; Deus enim *revelavit,* sc. per lumen rationis et per creaturas quas condidit ...» (Wir sehen wohl die Nuance einer einengenden Absicht im Vergleich zu einer Deutung im augustinischen Sinn. Doch läßt sie die im Wort Pauli – und seines Übersetzers – ausgedrückte Grundidee vollumfänglich bestehen. THOMAS ist Zeuge dafür wie sämtliche großen Lehrer der katholischen Überlieferung.) Vgl. J. A. MÖHLER, *Symbolik* (1843) S. 396: «Wir haben zweierlei Quellen, aus welchen wir unsere Erkenntnis von Gott und den göttlichen Dingen schöpfen: die natürliche und übernatürliche Offenbarung.»

2. Weil dieses Wort hier als das beste oder vielmehr das einzig entsprechende zum Wort «Bild» erscheint, das ebenso ein biblisches und überliefertes ist. Vgl., unter tausend anderen Zeugnissen, BONAVENTURA, *In 2 Sent.*, dist. 16, q. I, a. 2: «Esse imaginem Dei non est homini accidens, sed potius substantiale» oder THOMAS, *Prima Secundae,* prologus, usw.

3. Schließlich weil es uns richtig erscheint, besser verständlich zu machen, daß die Gotteserkenntnis, sogar die natürliche, besonders wenn sie, wo immer man sie antrifft, bereits unter irgendeiner Bezeichnung oder auf irgendeiner Stufe Erkenntnis eines persönlichen Gottes ist, in der konkreten Wirklichkeit die profane Ordnung übersteigt und uns in den Bereich des Sakralen eintreten läßt. (Ein Bereich, der im übrigen selbst, nicht ohne gefährliche Ambivalenzen, die religiöse Bejahung des persönlichen Gottes überbordet.) Vgl. St. LYONNET, aaO S. 105, *Conclusio generalis,* 3: «Agitur quasi certo de cognitione non mere abstracta sed *vitali,* qua homo finem suum sese ordinet ut decet ...» und S. 97–102. Fügen wir noch hinzu, daß es hier eine Zweideutigkeit nicht geben kann, da der Text an sich klar genug ist, ferner ein «das heißt» sogleich die Erklärung dazu gibt.

[16] THOMAS VON AQUIN, *Tertia,* q. 5, a. 4, ad 2m: «Intellectus autem seu mens hominis est quasi lux illuminata luce divina Verbi», *De Veritate,* q. 16, a. 3. BONAVENTURA, *In Hexaemeron,* Collatio 13, n, 8: Deus «est Lux illustrans» (Quaracchi 5, S. 385).

[17] Gabriel MARCEL, *Le Mystère de l'Etre* 2, Foi et réalité (1951) S. 178.

[18] AUGUSTINUS, *De civitate Dei,* 11, c. 26, a. 2: «Lucem illam incorpoream contingere nequeunt (bruta), qua mens nostra quodammodo *irradiatur,* ut de his omnibus judicare possimus» (PL 41, 341). *De peccatorum meritis et remissione,* 1, c. 25, n. 37: «... Illud quod in evangelio positum est: ‹erat lumen verum, quod illuminat omnem hominem venientem in hunc mundum›, ideo dictum est, quia nullus hominum illuminatur, nisi illo lumine veritatis, quod Deus est ...» (PL 44, 130). *De fide et symbolo,* 4, n. 6: «Nos autem non lumen naturaliter sumus, sed ab illo Lumine illuminamur ...» (PL 40, 185). *De Genesi ad litteram:* «unde animae tanquam lucernae accenduntur», usw. (PL 34, 251–254 u. 292).

[19] AUGUSTINUS, *Soliloquien,* 6, n. 12 (PL 32, 875). *In Joannem,* tract. 23, n. 5 (PL 35, 1584). *De vera religione,* c. 39, n. 72: «unde ipsum lumen rationis accenditur» (Ed. J. Pegon, S. 130). – Wie man in der Folge deutlicher sehen wird, machen wir uns nicht die gesamte augustinische Erklärung zu eigen, die hier auch in Zusammenfassung nicht dargestellt werden kann. Doch selbst wer sich diese zu eigen machte, könnte mit Recht auf die Bemerkung von Blaise ROMEYER verweisen in: *La philosophie chrétienne jusqu'à Descartes* 3 (1937) S. 61 : «Selbstverständlich sollte man sich nicht die Blöße geben, Augustin des Ontologismus zu zeihen.» In der Tat «alle christlichen Denker sind sich darin einig, daß die Evidenz» der Prinzipien der theoretischen wie der praktischen Vernunft «von göttlicher Erleuchtung abhängig ist» (Étienne GILSON, *L'esprit de la philosophie mediévale* [^{2}1944] S. 309 bis 310, Anm.). Die Divergenz kommt erst hernach. Manche, die allzu schnell ihre Aufmerksamkeit dieser Divergenz zuwenden, widmen dem grundlegenden und gemeinsamen Prinzip nicht die verdiente volle Aufmerksamkeit. – THOMAS, *In Epist. Pauli ad Romanos,* c. 1, lectio 6: «Veritatem Dei detinuerunt. Fuit enim in eis quantum ad aliquid vera Dei cognitio: quia quod notum est Dei, id est quod cognoscibile est de Deo ab homine per rationem, manifestum est eis ex eo quod in illis est, ex lumine intrinseco.» Vgl. *In Joannem,* c. 1, lectio 2, n. 2: «Lux, id est vita illa quae est lux hominum, in tenebris lucet, scilicet, in animabus et mentibus creatis, *irradiando* semper omnes» (wiederum das augustinische Wort). *Prima Secundae,* q. 109, a. 1, ad 2m: «Sol corporalis illustrat exterius, sed sol intelligibilis, qui est Deus, illustrat interius. Unde ipsum lumen naturale animae inditum est illustratio Dei, qua illustramur ab ipso ad cognoscendum ea, quae pertinent ad naturalem cognitionem.» *Contra*

Gentiles, 1, c. 2, ad 5m: «Sicut enim lux solis principium est omnis visibilis perceptionis, ita divina lux omnis intelligibilis cognitionis principium est, cum sit in quo primum maxime lumen intelligibile invenitur.» – Desgleichen für die praktische Vernunft als Prinzip des Naturgesetzes; *Prima Secundae,* q. 91, a. 2: «. . . Lex naturalis nihil aliud est quam participatio legis aeternae in rationali creatura.»

[20] Hymnus, *feria secunda, ad Laudes* (Ambrosius).

[21] Man sieht, daß es sich hier nicht, wie jemand uns auf Grund eines offensichtlichen Lesefehlers unterschoben hat, um eine Offenbarung handelt, «die sich an unsere geringe Vernunft wendet» (gleichsam um ihrer Unzulänglichkeit abzuhelfen), sondern in allererster Linie um jene geringe Vernunft selbst, die sich vielmehr auf diese Weise erhoben sieht.

[22] Siehe z. B. Thomas, *Prima,* q. 45, a. 7: «Imago repraesentat causam quantum ad similitudinem formae ejus, sicut ignis generatus ignem generatum.» Augustinus, *De Trinitate,* 15, c. 8, n. 14: «Hoc ergo facere conati sumus, ut per imaginem hanc, quod nos sumus, videremus utcumque a quo facti sumus, tanquam per speculum» (PL 42, 1067). Isidor von Sevilla, *De ordine creaturarum,* c. 15, n. 9: «. . . De qua imaginis Dei similitudine impressa Propheta commemorat, dicens: Signatum est super nos lumen vultus tui, Psalm. 4,7» (PL 83 952B). Bonaventura, *Itinerarium mentis in Deum,* 2, c. 12. Bernhard, *Sermo 45 de diversis,* n. 1 (PL 183, 667) usw. Dies veranlaßte den Verfasser der *Sententiae divinae Paginae,* c. 3 zu sagen: «Cognitio etiam totius Trinitatis naturaliter videtur insita humanae rationi» ([Münster 1919] S. 7), usw. Indes würde die Diskussion über diese letzte Sentenz zu Problemen führen, die außerhalb der Perspektiven der vorliegenden Arbeit liegen. (Zu den Beziehungen der Schöpfung zur Heiligsten Dreifaltigkeit bei Thomas vgl. das im *Bulletin de théologie ancienne et médiévale* 4, S. 295 besprochene Werk von F.-P. Sladek.)

[23] Augustinus, *De Genesi ad litteram,* 12, 7, n. 18: «Dicitur spiritus et ipsa mens rationalis, ubi est quidam tanquam oculus animae, ad quem pertinet imago et agnitio Dei» (PL 34, 460). Garnier de Rochefort, *Sermo* 3 (PL 205, 584A), usw. Vgl. Johannes Damascenus, *De fide orthodoxa,* 2. c. 12 (PG 94, 920), und Thomas, *Prima Secundae,* Prologus.

[24] Thomas, *In Boethium de Trinitate,* q. 1, a. 3; *De anima,* a. 3, ad 4m; *Prima,* q. 87, a. 1: «. . . Ex seipso habet (intellectus humanus) virtutem ut intelligat, non autem ut intelligatur, nisi secundum id quod fit actu.» *De Veritate,* q. 8, a. 6, usw.

[25] THOMAS, *De Veritate,* q.10, a. 8: «Ad hoc sufficit sola essentia animae, quae menti est praesens.» Blaise ROMEYER hat auf diesen Text aufmerksam gemacht: *Saint Thomas et notre connaissance de l'esprit humain*, in: *Archives de Philosophie* 2 (1928) S. 57. Ebd., ad 1m: «Mens antequam a phantasmatibus abstrahat sui notitiam habitualem habet, qua possit percipere se esse»; ad 6m: «Anima seipsam quodammodo cognoscit per essentiam suam» und ad 9m. Über die Erfahrung der «Selbstgegenwart des Geistes» vgl. Aimé FOREST, *La vocation de l'esprit* (1953) Kp. 5, *La présence spirituelle.* Für Augustinus: P. AGAËSSE, Bibliothèque augustinienne, *Oeuvres de saint Augustin, La Trinité* 2 (1955) S. 591–593 u. 603–607.

[26] Nach Thomas herrscht stets die gleiche Art von Gegenwart Gottes der Seele gegenüber; so *De Veritate*, q. 10, a. 2, ad 5m: «Mens ... est sibi praesens, et similiter Deus, antequam aliquae species a sensibus accipiantur»; a. 7, ad 2m: «Ipse enim Deus ... ita tantum a mente uniuscujusque intelligitur et amatur, quantum menti praesens est»; a. 11 ad 11m. Vgl. *Prima*, q. 93, a. 4, über das Bild Gottes im Menschen, usw. – Dieser Aspekt der thomistischen Auffassung ist von Charles J. O'NEIL in: *St. Thomas and the Nature of Man*, in: *Proceedings of the American Catholic Philosophical Association* (1951), besprochen worden. Siehe bereits A. GARDEIL, *La structure de l'âme et l'expérience mystique* (^{2}1927), vor allem Bd. II, S. 94–121.

[27] Vgl. GARDEIL, aaO 2, S. 95 u. 111, über die drei Momente der Selbsterkenntnis der Seele und ihre «dynamische Verkettung». ANSELM, *Monologion*, 67: «Aptissime igitur ipsa (mens) sibimet esse velut speculum dici potest, in quo speculetur, ut ita dicam, imaginem ejus (essentiae summae) quam facie ad faciem videre nequit» (PL 158, 213B). AUGUSTINUS, *Soliloquien,* 1, c. 1, n. 4: «Deus, qui fecisti hominem ad imaginem et similitudinem tuam, quod qui se ipse novit agnoscit» (PL 32, 871).

[28] MEISTER ECKHART, *Vom Gottesreich:* «Nun wohlan, edle Seele, bedenke dich selber, bedenke, welche Herrlichkeit du in dir trägst: bist du doch mit deiner Gottebenbildlichkeit gewürdigt über die Herrlichkeit aller Kreaturen! Verschmäh das Kleine, denn zu Großem bist du geschaffen!» *Meister Eckeharts Schriften und Predigten.* Übersetzt und herausgegeben von Hermann Büttner, 2. Bd. (1917) S. 200. In die heute maßgebliche Ausgabe von Josef Quint ist diese Predigt zu Mt 6,33 wie andere hier zitierte Eckhart-Texte nicht mehr aufgenommen worden.

[29] JOHANNES CHRYSOSTOMUS, (PG 60, 411–414); AUGUSTINUS, *De*

spiritu et littera, c. 12, n. 19 (PL 35, 2064); PROSPER VON AQUITANIEN, *De vocatione omnium gentium,* 4 (PL 51, 651); und die Kommentare von St. LYONNET, aaO S. 97–98 u. 101–102.

[30] AUGUSTINUS, *De Trinitate*, 15, c. 24 n. 44: «qui ergo vident suam mentem, quomodo videri potest,... nec tamen eam credunt vel intelligunt esse imaginem Dei, speculum quidem vident, sed usque adeo non vident per speculum qui est per speculum nunc videndus, ut nec ipsum speculum quod vident sciant esse speculum, id est, imaginem» (PL 42, 1091). Vgl. c. 8, n. 14 (col. 1067).

ANMERKUNGEN ZUM ERSTEN KAPITEL

[1] Nach anderen, doch umfassender und präziser, hat Mircea ELIADE in seinem Werk *Die Religionen und das Heilige. Elemente der Religionsgeschichte* ([2]1986) gezeigt, wie der primitive Verstand in Wirklichkeit das Heilige oder Göttliche, oder was man immer mit diesem Namen bezeichnen mag, in einem einzigen und selben, zunächst unteilbaren Akt erfaßt und nicht als Folge einer falschen Induktion, und dies durch das sinnenfällige Objekt hindurch, das ihm als spontanes Symbol dient (wie im übrigen auch der Denkprozeß verläuft, der zu dieser Art Wahrnehmung führt). Das Phänomen selbst analysiert er unter dem Namen «Hierophanie», das, richtig verstanden, genügt, «naturistische» Pseudo-Erklärungen zu erledigen.

[2] Auf Grund eines analogen Sophismus meint auch die Evolutionstheorie, den schrittweisen Übergang vom naturalistischen zum moralischen Charakter des Glaubens an die Gottheit erklären zu können. Auf diesen Sophismus hat Charles RENOUVIER, *Philosophie analytique de l'histoire* I (1896) S. 61 deutlich hingewiesen.

[3] So auch unter vielen anderen Émile DURKHEIM, von dem Maurice MERLEAU-PONTY (in: *Sens et Non-Sens* [1948] S. 177) sehr richtig sagt, daß er «das Religiöse nominell durch das Heilige erklärt, danach zeigt, wie die Erfahrung des Heiligen sich mit den Momenten stärksten Zusammenhalts in der totemistischen Gesellschaft deckt, und den Schluß zieht, das religiöse Leben sei, zumindest in seinen elementaren, aber wohl auch in seinen höheren Formen, nur die Weise, wie die Gesellschaft ihrer selbst bewußt wird». So auch Sigmund FREUD, der die Genese der monotheistischen Idee und die «historischen» und psychologischen Voraussetzungen zu ihrer Bildung erklärt: *Der Mann Moses und die monotheistische Religion:* Studienausgabe: *Fragen der Gesellschaft. Ursprünge der Religion* ([2]1934–1938) S.455–581; (vgl. französische Übersetzung von Anne Berman (1948) S. 92, 102, 111, 155. Oder auch A. H. KRAPPE, *Die Entstehung der Mythen* (1952) S. 39: «Der Animismus ist die einzige und notwendige Basis für den Theismus.»

[4] *Der Schamanismus und Archaische Ekstasetechnik* (1957) S. 253, Anm. 15.

[5] In seiner *Analyse de l'entendement humain* schrieb D. J. GARAT:

«Werden einmal zahlreiche der Gottheiten, vor denen das Menschengeschlecht Jahrhunderte lang zitternd, unterwürfig gelebt hat, als Ausgeburt der hieroglyphischen Schrift gesehen werden, wird das Erschrekken vor der Macht der Zeichen groß sein.» Im Stil und im Gefolge der Wissenschaft einer ganz bestimmten Zeit erkennt man hier einen Sophismus, der sich unaufhörlich fortzeugt. Garat erweist sich hier als der «glänzende Sophist», als den einer jener Männer ihn beschrieben hat, die ihn am besten gekannt haben (SAINTE-BEUVE, *Châteaubriand et son groupe littéraire* [^{2}1872] S. 62, Anm.; und SAINT-MARTIN in: *Causeries du Lundi,* 19. Juni 1854). Hätte er nur *von* Gottheiten sprechen wollen, so ließe sich seine Erklärung auf wissenschaftlicher Ebene diskutieren, ohne daß sie a priori verworfen werden müßte. Wenn er aber, wie es scheint, die *Genese* der Idee *der* Gottheit auf diese Weise hat erklären wollen, so bestand seinerseits *ignoratio elenchi.* Wie viele andere Beispiele trifft man nicht in der Folgezeit! Auch Wellhausen versuchte, den Monotheismus durch den Einfluß der Sprache auf das Denken zu erklären. Der gleiche, von derselben *ignoratio elenchi* herkommende Sophismus zeigt sich bei Julian HUXLEY, *Religion as an Objective Problem,* in: *The Uniqueness of Man* (1940) S. 277–290; der Verfasser erlaubt sich, folgenden Schluß zu ziehen: «The advance of natural science, logic, and psychology has brought us to a stage at which God ist no longer a useful hypothesis» (S. 281). Er legt großen Wert vor allem auf die Entdeckungen der Psychologie: «... the analytic exploration of his own mind by man must not be so advanced that he can no longer project and personify the unconscious forces of his Superego and his Id as beings external to himself»; aber schließlich kommt der Tag, da «the analysis of the human mind, with the discovery of its powers of projection and wish-fulfilment, its hidden subconsiousness and unrealized repressions» (ebd.), jede Idee eines sich vom Menschen unterscheidenden Gottes unnötig macht. Dieser Tag ist gekommen: «A faint trace of God, half metaphysical and half magic, still broods over our world, like the smile of a cosmic Cheshire Cat. But the growth of psychological knowledge will rub even that from the universe» (S. 283). Es fällt immer schwer, solchen Armseligkeiten aus der Feder eines so namhaften Gelehrten zu begegnen.

[6] M.-E. BOISMARD OP, *Le Prologue de saint Jean* (1953) S. 111: «Einen Überrest von so primitiven, mehr oder weniger dichterischen Vorstellungen findet man in Psalm 29 (28), der ein Hymnus auf den Herrn des Gewittersturms ist.»

[7] Vgl. Jules LACHELIER, *Vocabulaire philosophique*, unter *Origine*: «Ursprung» kann nur einen Anfang in der Zeit oder eine erste Tatsache bezeichnen... Ein metaphysischer Grund soll... mit diesem Wort nicht bezeichnet werden... Hier müßte man *Prinzip* sagen.»

[8] Étienne GILSON, *Le Thomisme* ([4]1942) S. 119.

[9] THOMAS, *In Polit.*, 1, 2 (1252).

[10] Die Wörter «Symbol» und «symbolisch» sind in relativ neuerer Zeit so oft in einem anti-intellektuellen bzw. anti-realen Sinn mißbraucht worden, daß man zuweilen tatsächlich Hemmungen hat, sie wieder in die Sprache des überlieferten Denkens einzuführen, wo sie aber ihren Platz haben. A.-D. SERTILLANGES schrieb unlängst in: *Les grandes thèses de la philosophie thomiste* (1928) S. 80: Bei unserer Darstellung der Gotteserkenntnis «fallen wir nicht wieder in einen Symbolismus zurück; denn was wir von Gott sagen, ist für uns weder nur bildhaft noch willkürlich noch subjektiv; es gründet in der Wahrheit; denn es entspricht einer wahren, einer unsererseits vollkommen definierten Beziehung, auch wenn es von der anderen Seite her nicht definiert ist; auf einer wesentlichen Beziehung, selbst wenn es sich in seinem menschlichen Bezugspunkt auf das bezieht, was keine Wesenheit hat... Solange unsere Attributionen gut begründet sind, selbst wenn sie sich auf den Namenlosen beziehen, liegt kein Symbolimus vor, vielmehr eine formale, wenn auch armselig unzulängliche Wahrheit...» Vgl. *ebd.*: «Der Symbolismus ist keine Lehre, er ist gefärbter Agnostizismus», und S. 11: «vermummter Agnostizismus». In einem solchen Sinn würden wir das Wort selbstverständlich ablehnen! Vgl. auch A. GARDEIL in: *Revue Thomiste* (1904) S. 70–73. Dagegen Ch. de MORÉ-PONTGIBAUD, *Sur l'analogie des noms divins*: «Wenn es sich um göttliche Dinge handelt, ... bietet sich das Symbol als ein Mittel der Erkenntnis an, gewiß nicht als ein ausschließliches, doch als normales, und so kann man sagen, daß der dem Symbolismus eigene und natürliche Bereich die Offenbarung ist» (*Recherches de science religieuse* [1954] S. 344, Anm. 17).

[11] Eben das nennt Jacques MARITAIN «die ana-noetische Einsicht»: *Les degrés du savoir* (1932) S. 445. – Man hat behauptet, diese Anspielung auf die Kirchenväter sei irreführend, weil sie «trotz oder eher wegen ihrer pastoralen und apostolischen Sorge, der Menschen Herz auf Gott hin zu richten», «sich gehütet haben, den transzendenten Wert unserer menschlichen Begriffe auch nur im mindesten zu diskreditieren». Wir wollen uns ebenso wie sie davor hüten, ja, wenn davon schon geredet

werden muß, mehr noch als einige von ihnen. Denn anzunehmen, es wären in ihrer Ungenauigkeit bei keinem von ihnen je übertriebene Ausdrucksweisen zu finden, hieße sie schlecht kennen. Deshalb haben wir es auch vermieden, den einen oder andern Text anzuführen, er hätte im Hinblick auf ihre wahre Ansicht irreführend sein können. Vgl. etwa HIERONYMUS, *In Ecclesiasten*, 5,1: «... Sciamus imbecillitatem nostram, quod, quantum distat caelum a terra, tantum nostra opinatio a natura illius separetur... Qui plura voluerit de divinitate disserere, incidit in stultitiam... Verba nostra pauca ideo esse debere, quod etiam ea quae nosse nos arbitramur, per speculum videmus et in aenigmate, et velut somnium comprehendimus, quod tenere nos aestimamus....» (PL 23, 1052). Oder HILARIUS, *De Trinitate*, 1 c. 19: «Comparatio terrenorum ad Deum nulla est; sed infirmitas nostrae intelligentiae cogit species quasdam ex inferioribus tanquam superiorum indices quaerere, ut, rerum familiarium consuetudine admovente, ex sensus nostri conscientia ad insoliti sensus opinionem educeremur. Omnis igitur comparatio homini potius utilis habeatur, quam Deo apta...» Im übrigen zeigt der Zusammenhang hinlänglich, wie sehr man Unrecht hätte, solche Erklärungen im agnostischen Sinn aufzufassen.

[12] BOSSUET, *Elévations sur les mystères*, 7. Woche (*Oeuvres*, Ed. F. Lachat [1862] Kp. 7, S. 135).

[13] Ist das praktisch nicht der Fall des Buddhismus? Sein Stifter leugnet gewiß nicht die Götter, aber er erklärt sie alle für unfähig, das Heil der Menschen sicherzustellen; sie selber bedürfen der Rettung, und die Buddhas stehen über den höchsten Göttern.

[14] EURIPIDES, *Die Troerinnen* (*Tragödien und Fragmente*, Teil I, Deutsch von Ludwig Wolde [1949] S. 340).

[15] Vgl. Erstes Vatikanisches Konzil, Constitutio *Dei Filius*, Kp. II, *De revelatione:* «Huic divinae revelationi tribuendum est ut ea, quae in rebus divinis humanae rationi per se impervia non sunt, in praesenti quoque generis humani conditione ab omnibus expedite, firma certitudine et nullo admixto errore cognosci possint.» *Acta Concilii Vaticani*, col. 250.

[16] *Hebr* 1,1. – Vgl. THOMAS, *Prima,* q. I, a. 1; *Secunda Secundae,* q. 2, a. 4; *Contra Gentiles*, 1, c. 4; *In 3 Sent.*, d. 24; *In Boethium de Trinitate,* 3, 1; *De Veritate*, q. 14, a. 10.

[17] Vgl. Charles JOURNET in: *Nova et Vetera* (1950) S. 192: «Es war normal, daß der Mensch von dem mythischen oder magischen Denken, wo die Einbildungskraft im Vordergrunde steht, in das rationale und

wissenschaftliche Denken überging, wo die Vernunft im Vordergrunde steht; mit anderen Worten, die nächtliche Herrschaft der Vernunft sollte der sonnenhaften Herrschaft der Vernunft vorausgehen.» Siehe auch Jacques MARITAIN, *Signe et Symbole*, in: *Quatre essais sur l'esprit dans sa condition charnelle* (1939). G. VAN DER LEEUW, vgl. den in der folgenden Anmerkung zitierten Text. Maurice PRADINES, *Esprit de la Religion* (1941) S. 119: «So seltsam dies scheinen mag, die Frage ist berechtigt, ob nicht die Magie eine Zeitlang die Fackel der Vernunft vor dem Menschengeschlecht hergetragen hat.» Unter diesem Aspekt würde die Magie von dem herstammen, was ein neuerer Historiker als «Paläopsychologie» bezeichnet hat. Was allerdings unseres Erachtens nur einer der beiden Aspekte der Wirklichkeit ist. Vgl. C. G. JUNG, *Einführung in das Wesen der Mythologie* (1941), über die «chronisch dämmerige» Verfassung des Bewußtseins des primitiven Menschen.

[18] Vgl. G. VAN DER LEEUW, *L'homme et la civilisation,* in: *Eranos-Jahrbuch,* Bd. 16 (1948) S. 149: «Die erste Form, in die das Bewußtsein sich kleidet, ist die Magie. Der magische Mensch stellt sich der übrigen Welt, die er beschwört, völlig allein gegenüber... (Das Entstehen der magischen Haltung) ist weit bedeutungsvoller als die Blütezeit griechischen Denkens, da sich der Mensch in der Magie zum ersten Male auf eine – um so mächtigere, weil unsichtbare – Innerlichkeit zurückzieht.» Man kann jedoch der Entstehung des magischen Denkens ihre richtige Tragweite zuerkennen, ohne deshalb das Aufkommen des rationalen Denkens noch seine «Blütezeit» im griechischen Denken zu unterschätzen.

[19] Über die Zweideutigkeit des Himmels in den alten Philosophien siehe A.-J. FESTUGIÈRE OP, *La révélation d'Hermès Trismégiste II: Le dieu cosmique* (1949) S. 120–250. – Nur auf Grund einer *ignoratio elenchi* hat man in dieser Sache schreiben können: «Man hätte vielleicht den noetischen Wert der an sich feststehenden und in ihrer eigenen intellektuellen Ordnung wirksamen Analogien gern klarer erkannt sehen wollen.» Eine solche Bemerkung zeigt in der Tat keinerlei Beziehung zum Gegenstand unseres Textes.

[20] *Wh* 13,2; *Röm* 1,23 (mit Hinweis auf die Geschichte des Goldenen Kalbes; vgl. *Ps* 105,19–20); *Jer* 2,11: «Doch mein Volk hat seine Ehre vertauscht gegen einen (Gott), der nichts vermag.» Vgl. *Römisches Brevier*, *Hymnus* der Laudes am Montag.

O höchstes Licht, des Lichtes Quell,
Du Tag, der unsern Tag erhellt.

[21] Vgl. Mircea ELIADE in: *Témoignages* 28 (1951) S. 22–26: «Wenn es in der religiösen Geschichte der antiken Menschheit eine Konstante gibt, so ist es... *diese Ferne vom höchsten Gott.*» «... Überall in diesen ‹primitiven› Religionen» scheint das höchste himmlische Wesen die religiöse Aktualität eingebüßt zu haben; im Kult ist es abwesend und im Mythos zieht es sich immer mehr von den Menschen zurück und wird zu einem *deus otiosus*... Die göttliche Ferne widerspiegelt in Wirklichkeit den immer tieferen Fall des Menschen in das ‹konkret Religiöse›, das ihm jede Transzendenz unmöglich macht...»; vgl. ders.: *Die Religionen und das Heilige, oben,* Anm. 1.

[22] Einige diesbezügliche Texte aus der Überlieferung findet man in unserem Werk *Catholicisme* ([4]1948) S. 181; deutsch: *Glauben aus der Liebe* ([3]1992) S. 191; CLEMENS VON ALEXANDRIEN, *Stromata*, Buch 5, Kp. 6, 35, n. 2: der Leuchter des Tempels als Symbol Christi, «der auf verschiedene Weisen und durch ein vielfältiges Feuer» die Menschen erleuchtet, die an ihn glauben und auf ihn hoffen. Siehe auch Jean DANIÉLOU, *Les saints «païens» de l'Ancien Testament* (1956).

[23] «Der Reitergott reicht von Thrakien und vom sarmatischen Südrußland im Westen bis ins indische Reich der Schaka im Osten; von dort ist er nach China gelangt.» Franz ALTHEIM, *Alexander und Asien* (1953) S. 218.

[24] Vgl. bereits Benjamin CONSTANT, *De la Religion* 2 (1825) S. 2: «Sobald eine Revolution in der Menschheit vor sich geht, erlebt die Religion einen analogen Wandel»; S. 6-7: «Die Isolierung, in der die Fetische lebten, wird auch für die Götter der in Gesellschaft versammelten Volksstämme undenkbar... Sie machen ihre Götter zum Gemeingut; und diese Versammlung der Götter findet notwendig statt, sobald sich die der Menschen vollzieht.» J. DUCHESNE-GUILLEMIN in: *L'âme de l'Iran* (1951) S. 25: «Die Untersuchungen von Georges Dumezil haben ergeben, daß sich die gesellschaftliche Organisation der Indoeuropäer – mit ihrer Hierarchie der Funktionen – in ihrem Pantheon, in der Hierarchie ihrer Götter widerspiegelte.»

[25] *Dt* 5,1–8.

[26] Schon im alten Ägypten, vgl. *Unterweisungen für Merikare:* durch dunkle Worte hindurch erfaßt man darin «die Theorie, daß die Götzenbilder... Ausdruck des einen und verborgenen Gottes sind, so wie die aufeinanderfolgenden, ans Ufer schlagenden Wellen, die Wellen eines einzigen und selben Stromes sind». E. DRIOTON, *La religion égyptienne*, in: *Histoire des religions* (Brillant-Aigrain) Bd. 3 (1955) S. 38–39.

[27] Vgl. Maximus von Tyrus: «Man findet jetzt in der ganzen Welt eine Lehre, nach der es einen Gott gibt, der König und Vater aller Dinge ist, sowie viele Götter, die Söhne dieses Gottes und Mitherrscher zusammen mit ihm sind. So sagen sowohl die Griechen wie die Barbaren.»

[28] Vgl. Dion Chrysostomus: «Einige behaupten, Apollo, Helios und Dionysos seien sich gleich, und vereinigen einfach alle Götter zu einer einzigen Kraft oder Macht.»

[29] Symmachus, *Relatio,* n. 10. Nach A. H. Krappe, aaO S. 343, hätte die Entdeckung der unwandelbaren Gesetze des Kosmos durch die griechischen Mathematiker zum Monotheismus geführt und so eine natürliche Entwicklung zu Ende geführt, die bei der animistischen Illusion ihren Ausgang genommen hätte. Doch illustriert er seine These nur durch «den Gott der Stoiker».

[30] *Die Bücher der Geheimnisse Henochs. Das sogenannte slavische Henochbuch* (herausgegeben von G. N. Bonwetsch [1922]; Längere Redaktion: Kp. 1,2 – 3,1) S.5.

[31] *Jes* 19,1. – Vgl. Robert Guelluy, *Dieu est Amour,* in: *Revue diocésaine de Tournai* (1950) S. 27: «Das Alte Testament spricht von Gott nicht in Worten der Metaphysik, sondern in solchen des Handelns. Es befaßt sich nicht wie die Philosophen mit dem Wesen der Gottheit, sondern beschreibt das Einzigartige in der Macht und in den Ansprüchen des Schöpfers Himmels und der Erde, des Gottes Abrahams, Isaaks und Jakobs ...»

[32] Vgl. die Analysen Augustins, des Faustus von Riez und Anselms (*Monologion,* c. 76–78; *Opera omnia* [1938] S. 83–85), Alberts des Großen und Thomas von Aquins über die Formel: «credere in Deum». Siehe unsere *Méditation sur l'Eglise* (^{3}1954) Kp. 1; deutsche Übertragung: *Die Kirche. Eine Betrachtung* (1968) ebd.

[33] Augustinus, *De consensu evangelistarum,* 1, c. 18, n. 26: «... Quis est Deus iste vel ita ignotus, ut in tam multis diis solus adhuc non inveniatur, aut ita notus, ut a tam multis hominibus jam solus colatur? Nihil ergo restat ut dicant cur hujus Dei sacra recipere noluerint, nisi quia solum se coli voluerit, illos autem deos Gentium, quos isti jam colebant, coli prohibuerit... Socratis enim sententia est, unumquemque deum si coli oportere, quomodo se ipse colendum esse praeceperit. Proinde istis summa necessitas facta est non colendi Deum Hebraeorum: quia si alio modo eum colere vellent, quam se colendum ipse dixisset, non utique illum colerent, sed quod ipsi finxissent; si autem illo

modo vellent quo ipse diceret, alios sibi colendos non esse cernebant, quos ille coli prohibebat» (PL 34, 1053–1054).

[34] Jean-Pierre de MENASCE OP, *Le monde moral iranien*, in: *Les morales non-chrétiennes*, Journées «Ethnologie et Chrétienté», (Paris 1954) S. 42.

[35] Vgl. Jacques DUCHESNE-GUILLEMIN, *Zoroastre, Étude critique avec une traduction commentée des Gatha* (1948). Erinnert sei auch an die Bemerkung von Mlle S. PETREMENT, gerade hinsichtlich der philosophischen Allüre der Religion des Zarathustra: «Alles ist älter, als man glaubt.» (zitiert ebd. S. 66).

[36] Über den hellenistischen Monotheismus, zu dem man gelangt, entweder durch die Tendenz, einem besonderen Gott die Vorherrschaft zu geben, der zum Herrscher über Götter und Menschen wird («Jupiter summus exsuperantissimus»), oder durch eine Verschmelzung aller Götter in ein einziges göttliches Prinzip, dessen verschiedene Offenbarungen sie lediglich wären, siehe Jacques DUPONT OSB, *Gnosis. La connaissance religieuse dans les Épîtres de saint Paul* (1949) S. 330–333; Franz CUMONT, *Die orientalischen Religionen im römischen Heidentum* ([4]1931).

[37] Edgar QUINET hatte dies in seinem Buch *Génie des Religions* (*Oeuvres complètes* [1857], S. 273–274) erklärt: «Wie man in der Natur in der Stufenleiter der Lebewesen oft auf einen Zwischenraum oder einen Hiatus stößt, den man nicht füllen kann, so gibt es zwischen Osiris und Jahwe nicht nur einen Fortschritt der Formen, einen aufsteigenden Weg, eine regelmäßige Abfolge: zwischen dem einen und dem anderen ereignet sich eine Revolution. Kann ich denn behaupten, Adonai oder Eloha sei nur die allmähliche Entwicklung des Baal Babylons, des Adonis Phöniziens, des Herkules von Tyrus? Auch das geht nicht. Auch wenn man in kontinuierlicher Progression das Genie dieser Götter aufsteigert, niemals und nach keiner Abfolge werden sie die Idee Jahwes erreichen. Man mag Baal oder Astarte verbessern, verschönern und vollenden, soviel man nur will, niemals wird es gelingen, aus den Göttern Kanaans den Gott des Mose zu machen. Weshalb? Weil jene, im Weltall inkarniert, eins sind mit ihm; weil die Erde ihre Füße bildet, der Himmel ihr Haupt, die Sterne ihren Blick; während für Jahwe die Natur nicht einmal ein Gewand ist; er kann sie neu schaffen, kann sie vernichten, wenn es ihm gefällt. Die Winde sind nicht sein Hauch; sie sind seine Boten. Die Sterne sind nicht seine Blicke, sie sind seine Sklaven. Die Welt ist nicht sein Bild; ist nicht sein Widerhall, nicht sein Schmuck, nicht sein Licht; nicht sein Wort. Was ist sie denn? Sie ist

nichts vor ihm.» – Doch in der Folge seiner Darstellung knüpft QUINET eine Art natürliches Band zwischen dem Monotheismus Israels und der Wüste, «der natürlichen Heimat des eifersüchtigen Gottes». Er sagt: «Immer zeigt sich die Wüste am Horizont, wenn ihr den Namen Jahwes aussprecht ... Die Menschheit sammelt sich; mitten im Schweigen des Weltalls vollendet sich das Wunder des Gott-Geistes in ihrem Herzen ...» (S. 276–278). In *De l'origine des dieux* (ebd. S. 422) greift er denselben Gedanken auf: «Allein ein in der Wüste isoliertes, mit allen anderen verfeindetes Volk vermochte Jahwe in seiner ewigen Einsamkeit zu offenbaren.» Dieser Gedanke hat dank RENAN, *Etudes d'histoire religieuse* ([2]1857) S. 66–67 eine Zeitlang Erfolg gehabt. Man hatte im allgemeinen vergessen, daß er schon bei QUINET vorkommt, dessen *Génie des Religions* immerhin für einige Zeit ein berühmtes Buch war.

[38] AUGUSTINUS, *Bekenntnisse*, 8. Buch, Kp. 10, Nr. 16.

[39] *Kor* 1,19. Vgl. Karl BARTH, *Dogmatik im Grundriß* (1948) S. 42: «Wo der wahre Gott einmal gesehen wird, da stürzen die Götter in den Staub, da bleibt er der einzige.» Zu Buddha siehe mein Buch *Aspects du Bouddhisme* (1951) S. 51–53.

[40] Es gibt sowenig eine psychologische Widerlegung Gottes wie es einen «psychologischen Gottesbeweis» gibt. Vgl. die Anmerkungen zu diesem Thema von Edmond ORTIGUES im Ergänzungsheft zu *La Vie Spirituelle* (1951) S. 461, im Zusammenhang mit dem Werk von Wilfried DAIM, *Umwertung der Psychoanalyse* (1951).

ANMERKUNGEN ZUM ZWEITEN KAPITEL

[1] *De Veritate*, q. 22, a. 2, ad 1. Joseph MARÉCHAL, *Le point de départ de la métaphysique,* Heft 5 (1926) S. 337: «Wir könnten also, streng genommen, behaupten, die Möglichkeit unseres subjektiven letzten Zieles setze logischerweise die Existenz unseres objektiven letzten Zieles, nämlich Gott, voraus, und damit werde in jedem Denkakt implizit die Existenz eines absoluten Seins bejaht... Es genügt jedoch nicht, nur die logischen Implikationen eines jeden zufälligen Erkenntnisaktes festzustellen; dieser entspricht hier einer radikalen Notwendigkeit, die von dem sie uns offenbarenden Akt unabhängig bleibt; denn auch unsere implizite Bejahung des absoluten Seins war a priori notwendig.» Vgl. Hans Urs von BALTHASAR, *Theologik* I, *Die Wahrheit der Welt* ([2]1985) S. 45.

Man hat geschrieben: «Es ist völlig klar, daß das Denken des hl. Thomas dem Denken von Descartes und Leibniz, dem man es gleichsetzen möchte, diametral entgegengesetzt ist.» Sagen wir maßvoller und wahrheitsgetreuer, daß sich das zwischen den beiden Philosophen unterschiedliche Denken auch klar vom Denken des hl. Thomas unterscheidet, das wir auch keineswegs mit ihrem Denken gleichsetzen möchten. Diese Unterschiede lassen aber eine sehr reale Analogie in dem behandelten Punkt nur um so bemerkenswerter erscheinen.

[2] Vgl. Maurice BLONDELS Antwort an Léon Brunschvicg im *Bulletin de la Société française de philosophie,* Sitzung vom 24. März 1928, S. 53: «Die geringste menschlich wahrgenommene Sinnesempfindung, die mindeste unmittelbar erkannte Wahrnehmung, die mindeste wissenschaftlich oder metaphysisch erarbeitete Erkenntnis bedingt eine grundlegende Bejahung, die von vornherein die ganze empirische und begriffliche Ordnung unserer Vorstellungen übersteigt. Jeder Akt wirklicher Erkenntnis, jeder Gedanke, der diesen Namen verdient, so elementar man sich ihn auch vorstellen mag, setzt unausweichlich eine Transzendenz des Geistes gegenüber der immanenten Ordnung der scheinbar gegebenen und erfahrenen Dinge voraus. Doch gibt es vor jeder kritischen Reflexion, ja als Ermöglichung dieser Reflexion, in uns die gelebte Aussage einer Wirklichkeit, die jede Tatsache und jedes sich selbst begrenzende Denken überholt und übersteigt. Erkennen heißt

immer, die Welt und das bereits verwirklichte Denken umfassen, verstehen, beherrschen und übersteigen, um dem anzuhängen, was nicht von der Welt ist und nicht nur unserer Erkenntnis entstammt.» – In dieser «gelebten Aussage» besteht das stets aktuelle und sieghafte Prinzip einer Kritik alles naiven Empirismus und aller sogenannten kritischen Empirismen.

[3] Vgl. Aimé FOREST, *Du consentement à l'être* (1936) S. 104: «Der Akt, mit dem ich Gott bejahe, ist kein Ergebnis, das dem Prinzip objektiver Bejahung irgendwie fremd wäre, er setzt die Bewegung nur fort, die ihn bereits virtuell enthält. Wir würden kaum sagen, daß wir Gott erkennen, indem wir die Welt erkennen, doch ist es sehr wahr, irgendwie zu sagen, im Akt des Existenzurteils liege die implizite Bejahung Gottes für den, der die metaphysischen Bedingungen sucht, die sie ermöglichen. *Aliquid est, ergo Deus est.*»

[4] Vgl. André BREMOND SJ, *Une dialectique thomiste du retour à Dieu,* in: *Nouvelle Revue théologique* (1834) S. 569: «Sobald ich als Mensch spreche, sobald ich urteile, kann ich nicht umhin, Gott auszusagen; doch ohne es zu vermuten. Ich bejahe eine Wahrheit absolut und bejahe damit alles, was die Absolutheit meiner Bejahung gewährleistet. Doch kann es nur einen ontologischen Grund für meine absolute Bejahung geben, die Wahrheit nämlich, daß Gott *ist.*» – So läßt sich der Gottesbeweis dem Sinn jeglicher lebendigen Bejahung entnehmen. (Kommentar von André MARC SJ, *L'idée de l'être selon saint Thomas et dans la scolastique postérieure,* in: *Archives de philosophie* X [1933] Heft 1.)

[5] Ferdinand ALQUIÉ, *La nostalgie de l'être* (1950) S. 144 u. 148.

[6] Diese Gefahr wird nie ein für allemal überwunden. Thomas war sich dessen bewußt. Bei ihm «werden die Analysen wirklich in einem Klima des Mysteriums durchgeführt, wo die Negation triumphiert, die weniger zur Illusion verführt als Superlative»: M.-D. CHENU OP, *Introduction à l'étude de saint Thomas d'Aquin* (1950) S. 140. *Deus, qui melius scitur nesciendo*, wie Étienne GILSON es formuliert, *Société française de philosophie,* Sitzung vom 24. März 1925 (Antwort an Léon Brunschvicg), ist eine «klassische Formulierung des Thomismus». Siehe *unten* Kp. V. Vgl. Étienne SOURIAU, *L'ombre de Dieu* (1955) S. 297–298: «Der Ausdruck ‹Surexistence› stellt viele Fallen.»

[7] Dieses Prinzip des Thomas ist auch das des DUNS SCOTUS (*In 4 Sent.* 1, d. 3, q. 3, n. 26). Vgl. das entsprechende Prinzip, *Prima* q. 6, a. 1, ad 2m: «Omnia, appetendo proprias perfectiones, appetunt ipsum Deum», was sich gewiß ebenso nur der Reflexion des Philosophen

enthüllt und kein unmittelbares Bewußtsein im spontanen Vollzug des fraglichen Strebens voraussetzt. Die reflexive Analyse ist etwas ganz anderes als die psychologische Introspektion.

Auf Grund dieses Prinzips und alles dessen, was ihm im Thomismus entspricht, konnte man, «in einem neuen Sinn verstanden» – in dem Sinn nämlich, den wir hier zu umschreiben suchen – sagen, «der Exemplarismus ist eines der Wesenselemente des Systems des hl. Thomas» (Étienne GILSON, aaO S. 197). Verschiedene Kommentatoren haben allerdings versucht, daraus «die letzte Spur von dem zu tilgen, was man für Ontologismus hielt» (ebd. S. 104), jedoch zu Unrecht. Um dem Anschein eines Irrtums zu entgehen, kamen sie in Gefahr, das Wesen der Wahrheit preiszugeben. Denn wie Kardinal ZIGLIARA sagt (*Della luca intellettuale e dell'ontologismo secondo la dottrina de' Santi Agostino Bonaventura e Tommaso di Aquino* [Roma 1874] Bd. 1, S. XI), «hat der Ontologismus etwas Wahres an sich», und es ist gefährlich, die ganze Erforschung unserer Gotteserkenntnis auf eine Widerlegung des Ontologismus (wie auch des Agnostizismus) zu beschränken.

Ontologismus im eigentlichen Sinn liegt nur vor, wo durch eine Verwechslung zwischen unserer Seinsidee und der Idee des Seins, zwischen dem abstrakten Sein und dem reinen Sein eine mehr oder weniger «unmittelbare Schau» Gottes, eine «ontologische Schau» am Ursprung des menschlichen Erkennens angenommen wird; eine Art «intuitive Anschauung des Unendlichen» oder eines objektiven Begriffs Gottes, demgegenüber alle anderen Begriffe nur Abwandlungen oder Bestimmungen wären. Dies bestätigt sich in den vier Arten von Ontologismus, die ZIGLIARA im Anschluß an «Sans-Fiel»: *De l'orthodoxie de l'Ontologie modéré et traditionnel* unterscheidet, um sie zu widerlegen (*L'ontologismo moderato*, in: *Della luce intellettuale e dell'ontologismo secondo la dottrina de' Santi Agostino Bonaventura e Tommaso di Aquino* [Roma 1874] Bd. 1, Kp. 4, S. 219): «Nach der ersten Theorie ergibt sich (die intuitive Anschauung des Unendlichen) auf Grund der Identität des Menschen mit Gott; nach der zweiten dringt sie in das innerste Wesen Gottes ein wie die glückselige Schau; nach der dritten ist sie die einzige Wahrnehmung des menschlichen Geistes; während sie nach der vierten von der Wahrnehmung der kontingenten Wirklichkeiten begleitet wird.» Vgl. einen der am 18. September 1861 verurteilten Sätze: «Jenes Sein, das wir in allem und ohne das wir nichts erkennen, ist das göttliche Sein» (Denzinger-Schönmetzer, *Enchiridion symbolorum*... [³²1963] Nr. 2842 [1660] S. 567); oder den 5. und 37. der am 14. Dezember 1887 verurteilten Sätze (ebd. Nr. 3205 [1895] und 3237 [1927] S. 624 und 628). Vgl. Kp. 3, Anm. 35.

Fügen wir noch hinzu, daß Innatismus nicht Ontologismus ist, sowenig wie die Annahme eines apriorischen Elementes in der Erkenntnis Innatismus ist.

[8] Die außergewöhnliche Bedeutung dieses Begriffs vom Ebenbild Gottes, das dem Menschen eingeprägt ist, war den Vätern des Ersten Vatikanischen Konzils nicht entgangen. Zwei Stellen aus den Akten dieses Konzils, die der Feder Msgr. V. GASSERS entstammen, bezeugen es: *Acta et Decreta SS. Concilii Vaticani* (Coll. Lacensis 7 [Freiburg i. Br. 1890]), *Relatio de emendationibus capitis secundi constitutionis dogmaticae de fide catholica:* relatio R. D. Vincentii Gasser:

Emendatio septima: «... Si dicimus Deum cognosci naturali rationis lumine per creaturas, id est, per vestigia quae creaturis omnibus impressa sunt: multo minus excludimus imaginem quae animae immortali hominis impressa est: proinde argumentum metaphysicum non excluditur...» (Col. 132).

Emendatio quinquagesima : «Rev. emendator vult additionem (in canone): ‹ab homine ad imaginem et similitudinem ejus facto›; et quidem exinde, ut etiam addita hac ratione appareat, cur vel maxime Deus per speculum creaturarum certo cognosci possit; scilicet, non solummodo per vestigia Dei rebus creatis impressa, sed multo magis per imaginem impressam animae immortali hominis. – Sed, quamvis ea ratio sit optima, tamen Deputatio censet istam emendationem non esse admittendam, ideo quia solemne est Ecclesiae in canonibus rationes non adducere, sed simpliciter errorem verbis definitis condamnare» (Col. 149).

[9] AUGUSTINUS, *Contra Epistolam Manichaei,* c. 2, n. 2 (PL 42, 174); *De Trinitate,* 4, c. 1: «Satiavit autem illos phantasma eorum, non veritas tua, quam repellendo resiliunt, et in suam vanitatem cadunt. Ego certe sentio quam multa figmenta pariat cor humanum: et quid est cor meum, nisi cor humanum? Sed hoc oro Deum cordis mei, ut nihil ex eis figmentis pro solido vero eructuem in has litteras...» (PL 42, 887).

[10] AUGUSTINUS, *Retractationes,* 1, c. 1, n. 2

[11] Man lese nicht, wie es vorgekommen ist: «Ihr Beweis ist uns nicht gegeben», womit wir uns selbst widersprechen würden. Daß der abstrakte Beweis eines wirklichen Gegenstandes uns nicht den Besitz dieses Gegenstandes gibt, ist unseres Erachtens etwas Evidentes. Wenn der Gegenstand selbst uns gegeben wäre, wenn wir ihn wirklich besitzen würden, wozu bedürften wir dann noch des Beweises?

[12] THOMAS, *Prima,* q. 13, a. 2; *De Veritate,* q. 2 a. 1, ad 9m. Vgl. Psalm 17 (18) 12: «Sein Mantel: Finsternis rings um ihn her; seine Hülle: schwarzes Wasser, dichtes Gewölk.» – Charles de MORÉ-PONTGIBAUD SJ, *Sur l'analogie des noms divins,* in: *Recherches de science religieuse* 19 (1929) S. 491: «Wir sehen darin eine der Eigenarten dieser Abstraktion der Transzendentalien, die höchste Anstrengung des Verstandes ist: eine Idee herauszulösen, deren Inhalt nicht durch die sie umschließenden Formen der Vorstellung bestimmt wird, sondern durch das Ausmaß des Strebens, dem diese Idee in der intelligiblen Ordnung entspricht.» Und S. 500: «... ein Jenseits der Vorstellung, ein Über-hinaus, das sie bedingt und bereits selbst dunkel Gegenstand des Denkens und der Bejahung ist, ausgehend von der Vorstellung selbst.» Dazu vgl. auch den *unten* Kp. 3 am Schluß der Anmerkungen zitierten Text von J. MARÉCHAL: «... der transzendente Gott könnte weder durch unsere Begriffe dargestellt noch auch als die Grenze, auf die hin die Verallgemeinerung dieser Begriffe hintendiert, erahnt werden. Ferner Kp. 5, Anm. 34. – Das will übrigens nicht heißen, wie Maréchal auch gezeigt hat, daß unsere Vorstellung überhaupt keine Bedeutung hätte (*Le point de départ...*, Heft 5, S. 323, usw.). Sie ist eine «bedeutsame Vorstellung»: J. DEFEVER SJ, *La preuve réelle de Dieu. Étude critique* (1953) S. 52; vgl. S. 53, 124–125, 138–139 und S. 80: «... Noch die Transzendenz der Bejahung selbst stützt sich auf die endliche Vorstellung. Wir bedeuten also die Natur Gottes nur durch eine ihm nicht angemessene Vorstellung und über diese hinaus, *per species alienas*, deren Seinsbedeutung er in eminenter Weise verwirklicht, wobei man aber die Vorstellung selbst sorgfältig verneinen muß, und mit dieser zusammen auch die Grenzen, die Bestimmungen und die Washeit ...»

[13] ANSELM, *Proslogion*, c. 1 (PL 158, 225C). Bonaventura, der einen Gedanken Anselms, *Proslogion* c. 16, aufgreift, schreibt: «Vere, Domine, haec est lux inaccessibilis, in qua habitas; vere enim non est aliud quod hanc lucem penetret, ut ibi te pervideat. Vere ideo hanc non video, quia nimia mihi est; et tamen quidquid video, per illam video; sicut infirmus oculus, quod videt, per lucem solis videt, quam in ipso sole nequit aspicere» (PL 158, 235CD).

[14] ANSELM hat diese Art immer wiederkehrender, wenn auch nicht entmutigender Enttäuschung im *Proslogion,* c. 14, sehr gut geschildert. Er wendet sich zuerst beruhigend an die Seele: «An invenisti, anima mea, quod quaerebas? Quaerebas Deum, et invenisti ... Nam si non

invenisti Deum tuum, quomodo est ille hoc, quod invenisti, et quod illum tam certa veritate et vera certitudine intellexisti? Si vero invenisti, quid est quod non sentis quod invenisti?» Dann wendet er sich an Gott selber: «Cur non te sentit, Domine Deus, etc...? Cur hoc, Domine, cur hoc?... (PL 158, 234D). Es handelt sich hier um etwas ganz anderes als um «jenes psychologische Unbehagen, das einen vor den rigorosesten metaphysischen Beweisführungen» leicht ankommt, ein Unbehagen, zu dem geschrieben wurde, daß «wahre Weisheit darin besteht, gegen diese unbegründeten Eindrücke und Ansprüche des fleischlichen Menschen anzugehen» (Fernand VAN STEENBERGHEN, *Le problème philosophique de l'existence de Dieu*, in: *Revue philosophique de Louvain* 45 [1947] S. 313).

[15] Es versteht sich, daß es sich hier nicht um eine natürliche Intuition Gottes handelt, die sozusagen von Anfang an zur Mitgift des menschlichen Geistes gehörte. Ganz im Gegenteil, selbst die mystische und übernatürliche Gabe vermittelt stets nur eine partielle und flüchtige Vorwegnahme...

[16] ANSELM, aaO.

[17] Wir verwenden die Ausdrücke «probable» und «probabilité» im geläufigen Sinn der französischen Sprache; selbstverständlich nicht im lateinischen Sinn, daß etwas «bewiesen werden kann» oder die «Fähigkeit besitzt, bewiesen zu werden».

[18] THOMAS, *De Potentia,* q. 7 a. 3: «Deus non potest esse in aliquo genere...; *Prima*, q. 3, a. 5; q. 6, a. 2, ad 3m: «Ipse est extra genus...»; *Contra Gentiles*, 1, c. 25 und 32. BONAVENTURA, *Itinerarium mentis in Deum,* c. 5: «...ipsum Esse extra omne genus». ZIGLIARA, aaO Bd. 2, S. 69. Joseph de FINANCE, *Être et agir dans la philosophie de saint Thomas*, S. 95 u. 148–149. A.-D. SERTILLANGES, *Les grandes thèses de la philosophie thomiste* (1928) S. 67: «Es gibt keinen Gattungsbegriff, der den Anspruch erheben könnte, Gott zu umfassen oder Gott zu enthalten, nicht einmal jener falsche Gattungsbegriff des Seins, dessen Begriff nicht homogen ist und der gewissermaßen dennoch alles zusammenbringt.» RENOUVIER irrte sich, als er der Scholastik vorwarf (und man weiß, wie schwer bei ihm ein solcher Vorwurf wiegt), sie mache aus Gott das *genus generalissimum* des Seins: *Histoire et solution des problèmes métaphysiques* (1901) Vgl. Kp. 25, S. 177. Siehe *unten* Kp. 3, Anm. 37.

[19] πρόληψις ist das Wort, das CLEMENS VON ALEXANDRIEN so viel bedeutete: *Stromata*, Buch 4, Kp. 4, Nr. 16 usw. Vgl. THOMASSIN, *Dogmata theologica, De Deo*; und Joseph MOINGT, *La gnose de Clément*

d'Alexandrie dans ses rapports avec la foi et la philosophie, in: *Recherches de science religieuse* 36 (1950) S. 548.

[20] Jules LAGNEAU, *Fragments*, in: *Revue de métaphysique et de morale* (1918) S. 169.

[21] Jedes Urteilen, das von den Vordersätzen bis zur Schlußfolgerung einen Fortschritt bewirkt, schließt eine Initiative, einen Akt der Freiheit im Urteilen selbst ein – nicht, um an dessen Ort und Stelle zu treten oder es zu beugen, sondern um den Auftrieb zu bewirken, ohne den der Fortschritt des Denkens nicht stattfinden würde.

[22] Vgl. DESCARTES, Vierte Meditation, n. 10: «Als ich in diesen Tagen untersuchte, ob irgend etwas in der Welt existierte, und dabei bemerkte, wie einzig und allein daraus, daß ich diese Untersuchung anstellte, meine Existenz klar folgte, da habe ich mich freilich nicht enthalten können zu urteilen, daß das, was ich so klar erkannte, wahr sei; nicht als ob ich durch irgendeine äußere Ursache dazu wäre gezwungen worden, sondern allein weil der leuchtenden Klarheit in meinem Verstande eine starke Neigung in meinem Willen folgte.» (Hrsg. A. Buchenau – H. G. Zekl, *Philosophische Bibliothek* Bd. 271 [1976]. – Obwohl beide, Descartes und Spinoza, die Freiheit sehr verschieden auffassen, sind sie sich darin einig, ihre Rolle im Urteil anzuerkennen.

In *«La liberté cartésienne»* kommentiert Jean-Paul Sartre diesen Text recht gut, wobei er den voluntaristischen Charakter im Denken Descartes' hervorhebt: «Im Rausche des Verstehens tritt immer die Freude hinzu, uns für die entdeckten Wahrheiten verantwortlich zu fühlen. Wer auch immer der Lehrer ist, es kommt der Augenblick, da der Schüler angesichts des mathematischen Problems ganz allein dasteht; wenn er seinen Geist nicht dazu bestimmt, die Bezüge zu erfassen, wenn er nicht von sich aus die Konjekturen und Schemata hervorbringt, die sich wie ein Raster über die betrachtete Figur legen und ihre Hauptstrukturen sichtbar machen, wenn er schließlich keine entscheidende Erhellung zustandebringt, bleiben die Worte tote Zeichen, alles ist bloß auswendig gelernt. Auf diese Weise kann ich, wenn ich mich prüfe, spüren, daß ein intellektuelles Verstehen nicht das mechanische Ergebnis eines pädagogischen Vorgehens ist, vielmehr seinen Ursprung allein in meinem Willen zur Aufmerksamkeit hat, allein in meiner Anspannung, meiner Absage an jede Zerstreuung oder Hast, ja endlich in meinem gesamten Geist unter radikalem Ausschluß aller äußeren Mitspieler. Und dies genau ist die erste Intuition bei Descartes:

er hat besser als irgendwer verstanden, daß der geringste Denkschritt das ganze Denken, ein autonomes Denken, verpflichtet, das sich in jedem seiner Akte in seiner vollen und absoluten Unabhängigkeit setzt.» *Situations,* 1 (1947).

[23] Im Geist, der Gott ablehnt, «hängen die Wahrheiten und Werte ‹nicht bloß in der Luft›, sondern sie sind tatsächlich all dessen beraubt, was sie begründen könnte. Descartes hatte mit seiner Ansicht nicht unrecht, der hellsichtige Atheist habe kein Recht, Geometer zu sein; denn wenn die Geometrie auch nicht unmittelbar und an sich eine Erkenntnis Gottes ist, so wird sie durch eine Ablehnung Gottes in der Wurzel gefährdet, indem sie den Quell und die letzte Garantie aller Wahrheit unterdrückt»: J.-M. LE BLOND, *Le chrétien devant l'athéisme actuel,* in: *Études* (1954) S. 299. Es ist allerdings so, daß «die Wahrheit für den, der sie zurückweist oder es ablehnt, aus ihr zu leben, weiterhin besteht, doch sicherlich nicht so wie für den, der sich von ihr nährt; obwohl in beiden auf ganze verschiedene Weise ihre Herrschaft nicht angetastet wird, in dem einen nicht mehr als in dem anderen»; M. BLONDEL, *L'Action* (1893) S. 438.

[24] AUGUSTINUS, *De Trinitate*, 10, c. 12; 12, c. 7; 14, c. 4 und 8.

[25] Eine schöne Stelle wäre bei GRATRY nachzulesen, wo, jedoch aus einer anderen Sicht, eine analoge Erwägung über die Annahme oder Ablehnung der übernatürlichen Offenbarung angestellt wird. In eher leichter Form werden wir dort zu einer immer gültigen Betrachtung eingeladen. *De la connaissance de Dieu* 1 (^{9}1918) S. 35–37: «Die Unterwerfung des menschlichen Geistes unter den Geist Gottes bedeutet nicht die Zerstörung der Vernunft, sondern ihre letzte Vollendung... Dem menschlichen Geist wird sozusagen der Geist Gottes aufgepfropft. Die Vernunft trägt alsdann Früchte, die sie nicht zu tragen vermochte, und wie das Gedicht, die Worte der Natur wiederholend, sagt:

«Sie bewundert die Früchte, die nicht die ihren sind.»

Diese Früchte sind die des Geistes Gottes, der zum unmittelbar befruchtenden Grund der menschlichen Vernunft geworden ist, die deshalb nicht weniger ihre eigenen Prinzipien bewahrt... Wenn die menschliche Vernunft sich durch den Glauben an Gott bindet, dann wachsen – die Geschichte zeigt es – ganz abgesehen von den dazugegebenen neuen und erhabenen Gaben, auch ihre natürlichen Kräfte, und ihre eigenen Prinzipien tragen die seltensten natürlichen Früchte mit den göttlichen Früchten zusammen. Wenn hingegen die Vernunft den stets jedem Geist zu allen Zeiten angebotenen Bund ablehnt, so schwächt diese

Ablehnung, dieser Rückzug auf sich selbst, diese Isolierung und sakrilegische Verneinung immer auch ihre natürlichen Kräfte und führt von Verneinung zu Verneinung dazu, sich selbst zu verneinen, zum intellektuellen Selbstmord, der sich Sophisterei nennt. – Hierzu ließe sich auch der berühmte Ausspruch einer der Gestalten in Claudels Drama «*La Ville*» anführen: «Nichts ist.»: Paul CLAUDEL, *Gesammelte Werke* 1, *Dramen* 1, *Die Stadt* (1959) S. 196.

[26] Aimé FOREST, *Du consentement à l'être,* S. 107–108.

[27] Gabriel MADINIER, *Conscience et signification* (1951) S. 62–67. «Über die Verlockung der Negation» und die Philosophien der Negation: Aimé FOREST, *La vocation de l'esprit,* S. 15–42.

[28] Vgl. AUGUSTINUS, *Sermo 241*, c. 7, n. 9 (PL 39, 1498); *Contra Adimantum Manichaei discipulum*, c. 11 (PL 42, 142), usw.

[29] Um diesem Paragraphen keinen überspitzten oder verzerrten Sinn zu geben, achte man auf die Worte: «vor jedem objektiven Begriff», vor jeder Vorstellung, vor jedem objektiven Erfassen. Denn «die Innativiität des natürlichen Lichts darf nicht mit der Innativiität seines Inhalts verwechselt werden» (Étienne GILSON, *La philosophie de saint Bonaventure*, 2. Aufl., S. 297, Anm. 3). Man kann aber auch hervorheben wollen, was alles diese Innativität des Lichts, abgesehen noch von allem Inhalt, bedeutet. Sie ist jedoch – daran müssen wir nochmals erinnern, da der Irrtum häufig ist – ebensowenig eine objektive Erkenntnis, ein a*ppetitus naturalis* oder *innatus,* ein aktuelles, objektives, «gewolltes» und bewußtes Verlangen.

[30] Etwas Analoges geschieht auch auf der Ebene des Bewußtseins, ob es sich um die natürliche Erkenntnis oder gar um die Glaubenserkenntnis handelt. Vgl. Gabriel MARCEL, *Du refus à l'invocation* (1940) S. 231: «Reflexion und Geschichte scheinen sich mir in der Feststellung zu treffen, daß die Idee des Beweises von einem Rückbezug auf eine gewisse vorgängige Bejahung nicht zu lösen ist, die man sich in der Folge veranlaßt sah, nach und nach in Frage zu stellen, oder genauer gesagt, in Klammern zu setzen; diese Klammer gilt es aufzuheben.» Unter den geschichtlichen Beispielen, auf die er hinweist, hätte Gabriel Marcel auch Thomas anführen können. Dieser, so sagt uns M.-D. CHENU (aaO S. 72), «stellt» die Existenz Gottes «in Frage», um, ausgehend zunächst vom Glauben, der einem zuvor und immer schon zu eigen war, den rationalen Beweis dafür zu liefern, (was nicht heißt, daß der rationale Erweis logisch auch nur im geringsten vom Glaubensakt abhängt, er unterscheidet sich anderseits aber auch vom «methodischen

Zweifel» Descartes'). Das gleiche muß von DUNS SCOTUS gesagt werden: *De primo rerum omnium principio,* c. 1, a. 1. Étienne GILSON, der diesen Text anführt, lobt dessen «Fülle», stellt ihn aber nicht als etwas Einmaliges hin, er erkennt darin vielmehr «die Methode der christlichen Philosophie»: *L'esprit de la philosophie médiévale* ([2]1944) S. 51–52. – Wie es sich mit diesen analogen Fällen auch verhält, wir befassen uns hier nur mit dem Fall der in jedem Urteil voll implizierten Bejahung.

[31] H. PAISSAC OP, *Preuves de Dieu*, in: *Lumière et Vie* 14 (1954) S. 101–102: «Wenn der Akt des Seins als Gott identifiziert wird, ist das schlußfolgernde Denken bereits ins Bewußtsein eingedrungen ... Der Habitus der Identität kann als der Habitus Gottes erkannt werden, wenn man sich so ausdrücken darf, und zwar *nach* Gebrauch des schlußfolgernden Denkens, das die Existenz Gottes erweist. Nach diesem Gebrauch und im Licht der durch den Erweis gewonnenen Gewißheit vermag der Geist, in sich selbst zurückkehrend, tatsächlich zu erkennen: der Habitus der ersten Prinzipien meines Denkens sind dem Habitus Gottes adäquat. Das ist übrigens das Gesetz eines jeden Habitus: es ist unmöglich, sich dessen bewußt zu werden, *bevor* man den Akt erfahren hat, der ihm entspricht. Der Habitus Gottes hat das Besondere, streng Einmalige im inneren Leben an sich, *vor jedem Akt vom Geist völlig in Besitz genommen zu sein*: er ist eine Gabe Gottes, hängt mit der Natur des geschaffenen Geistes zusammen und macht aus ihm ein ‹Ebenbild Gottes›.» (Die letzte Auszeichnung stammt von uns.)

[32] J. MARÉCHAL in: *Nouvelle revue théologique* (1931) S. 195 u. 204: «... Die begriffliche Analyse ‹beweist› ebenfalls, das heißt, sie übt eine reflexe rationale Kontrolle aus, erschafft aber nicht».

[33] Vgl. J. H. NEWMAN, *Apologia pro vita sua* : Wenn die Existenz Gottes von allen Glaubensartikeln derjenige ist, der am meisten Schwierigkeiten macht, so ist sie zugleich die Wahrheit, «die sich mit der stärksten Gewalt unserem Geist aufdrängt». (Deutsche Übersetzung Dr. M. Knöpfler, 1922) Kp. 5, S. 256; auch S. 278.

[34] Diese Gegensätze kommen verständlicherweise daher, daß dieses Ja, entweder unpersönlich im Verstand als solchem oder als konkreter Akt des menschlichen Wesens, als «innerer Entschluß» betrachtet werden kann.

[35] Schon allgemein hat man schreiben können, um den ihm wesentlichen Charakter des Lichtes des Wahren paradox hervorzuheben: «Das Wahre braucht uns weniger, als daß es uns verpflichtet.» Jean LACROIX, *Le problème de Dieu,* in: *Le Monde* vom 18. Februar 1956.

ANMERKUNGEN ZUM DRITTEN KAPITEL

[1] Vgl. den schönen Text von THOMAS VON AQUIN, *Contra Gentiles* 3, c. 54, der sich auf ein etwas anderes Problem bezieht, doch hier nicht weniger seine Anwendung findet; denn die angeführte Begründung trägt weiter als sein unmittelbares Ziel: «Divina substantia non sic est extra facultatem intellectus creati quasi aliquid omnino extraneum ab ipso, sicut est sonus a visu, vel substantia immaterialis a sensu; nam ipsa divina substantia est primum intelligibile et totius intellectualis cognitionis principium. Sed est extra facultatem intellectus creati sicut excedens virtutem ejus.» Dazu Louis LAVELLE, im Vorwort zur französischen Ausgabe von M.-F. SCIACCA, *L'existence de Dieu* (Übersetzung von Régis JOLIVET [1951] von *L'Esistenza di Dio* in: *Filosofia e Metafisica* [1950]) S. 10: «Erst recht wird man, wenn es sich um die Existenz Gottes, des unendlichen Seins, handelt, sagen müssen, daß sich unser Denken von seinem ersten Schritt an bereits in ihm bewegt; niemals hätte es ihn erreichen können, sofern man voraussetzt, daß es zuerst von ihm getrennt gewesen wäre.»

[2] Vgl. Régis JOLIVET, *La recherche de Dieu*, in: *Archives de philosophie* 8 (1931) S. 85: «Es gibt eine ‹einfache, gemeinsame, universale und allen zugängliche Form› der Argumente»; S. 149, über das Argument der Bewegung: «so einfach und so evident in seiner allgemeinen Struktur».

[3] SCHEEBEN, *Handbuch der katholischen Dogmatik,* Bd. 2: *Gotteslehre* (Freiburg 1948) S. 15.

[4] FÉNELON, *Traité de l'existence de Dieu*, 1. Teil, Kp. 1, Nr. 2.

[5] FÉNELON, aaO Nr. 1.

[6] Man wird bemerkt haben, daß wir hier gegen den kantischen Kritizismus und seine Folgen Stellung nehmen.

[7] AUGUSTINUS, *Confessiones,* 11, Kp. 4, Nr. 6 (PL 32, 811); *In Joannem tract.* 106, Kp. 17, Nr. 4 (PL 35, 1910). Vgl. *Wh* 13,1 und 9.

[8] André BREMOND, *Une dialectique thomiste du retour à Dieu,* aaO S. 561.

[9] Régis JOLIVET, aaO S. 85: «. . . Die klassischen Gottesbeweise sind einfacher, einleuchtender, weniger strittig, und obwohl es nur ‹metaphysische› sind, drängen sie sich in ihren wesentlichen Elementen mit souveräner Kraft auf. Ihre wissenschaftliche Form, die vor allem dazu

bestimmt ist, auf Einwände zu antworten oder ihnen zuvorzukommen, ist nicht die allgemeine Form, die unmittelbar auf den Geist wirkt und ihn zum Glauben bewegt... Deshalb gelingt es den ‹subtilsten› und verfänglichsten Einwänden... meist nicht, beim wirklich Gläubigen den Glauben zu erschüttern: das einfache und klare Schema des Beweises verleibt sich jenseits und trotz aller Aporien der ‹Schlauen› dem Geiste ein...»

[10] A. GRATRY, *De la connaissance de Dieu* 1, S. 45–46: «Wenn es wahre Gottesbeweise gibt, müssen diese Beweise allen Menschen verständlich sein. Denn das Licht Gottes erleuchtet und mußte jeden Menschen erleuchten, der in diese Welt kommt... Man muß den Ursprung und die Wirklichkeit (der Beweise) in irgendeinem gewöhnlichen und täglichen Wirken des menschlichen Geistes suchen; ist diese hohe und einfache Arbeit einmal gefunden, genügt es, sie in philosophischer Sprache zu schildern und sie in diese zu übertragen. Danach wird man ihren wissenschaftlichen Wert aufzeigen.» – Was die Bedeutung und Notwendigkeit mehr technischer Überlegungen auf der entsprechenden Ebene nicht überflüssig macht, wie wir im Text zeigen. Vgl. ebd. Bd. 2, S. 279: «Nicht eine von dem höheren Anreiz, der sie emporzuheben sucht, getrennte Vernunft.»

Was die besondere Art angeht, wie Gratry diese «hohe und einfache Arbeit» auffaßte, scheint eine Richtigstellung erfordert, die weiter *unten* folgt und von J. Maréchal stammt. Hierzu wird man sich noch den enthusiastischen Artikel von RAMIÈRE in Erinnerung rufen, *Du procédé dialectique*, in: *Études de théologie, de philosophie et d'histoire* 2 (1857) S. 85–130. Siehe auch Louis FOUCHER, *La philosophie catholique en France au XIXe siècle...* (1955), Kp. 8, S. 197–236. B. POINTUD-GUILLEMOT, *Essai sur la philosophie de Gratry* (1917).

[11] Aus diesem Grunde hat man sagen können, die Gottesbeweise seien weniger eine Entdeckung als eine Bestandsaufnahme, weniger eine Offenbarung als eine Klarstellung, eine Läuterung und Rechtfertigung der grundlegenden Glaubenshaltungen der Menschheit. Vgl. M. BLONDEL, *La Pensée* I, S. 392.

[12] Ferdinand ALQUIÉ, *La nostalgie de l'être* (1950) S. 151; ebd.: «Man weiß, wie sehr die Physik und die Logik, die Kant überdacht hat, seine Kritik beeinflußt haben.»

[13] Um uns technisch vom Kritizismus zu befreien, ist zweifellos das Werk von Joseph MARÉCHAL das wirksamste. Vgl. *Le point de départ de la métaphysique,* Heft 5 (1926) S. 452: «Das transzendente Kausalitätsprin-

zip bringt diese ergänzende und simultane Offenbarung der objektiven Kontingenz und der sie bewertenden eminenten Vollkommenheit zum Ausdruck.» Und S. 450–451. J. DEFEVER, aaO S. 28–40.

[14] Zahlreiche Autoren haben das festgestellt, ohne indes die Dinge auf gleiche Weise zu erklären. Vgl. Pedro DESCOQS SJ, *Praelectiones theologiae naturalis,* hinsichtlich der fünf «Wege» der Summa des hl. Thomas: «Omnia argumenta nobis videntur ad unum esse reducenda et viam causalitatis efficientis implicare tanquam solum in ordine discursus scientifici apodicticam» (Bd. 1, S. 353; Bd. 2, S. 15). H. PAISSAC, *Preuves de Dieu,* aaO S. 88: «Die Gottesbeweise umstrahlen eine einzige Mitte: die Bejahung der Kausalität.»

[15] Vgl. Charles de MORÉ-PONTGIBAUD, aaO S. 510–511: «...Diese Beständigkeit der Richtung; dieser unerschrockene Mut im Rückstieg zu einem natürlicherweise unerreichbaren Ziel; diese Leichtigkeit, Ähnlichkeiten, die so unähnlich sind, daß sie von unten nach oben jedes strenge Verhältnis und jedes gemeinsame Maß ausschließen, in der Einheit einer selben Perspektive und einer erstaunlichen Zusammenschau spontan zu umfassen; diese Kühnheit der Schlußfolgerung, die, ohne Schwindelgefühle zu fürchten, auf dem Pfad des analogischen mittleren Begriffs voranschreitet, wobei sie unerschütterlich durch ihre Verneinungen verkürzte und falsche Fährten rechts und links ausschließt und zum großen Schrecken jener, die diesen Rückstieg an irgendeinem unserer gewöhnlichen Geistesschritte messen, ‹bis zur Grenze vorstößt› und am Ende ihres Weges mühelos das Unendliche setzt, oder genauer, sich in seiner Bejahung auf Ihn bezieht, während die reflektierende Vernunft so mühseliger Anstrengungen bedarf, um diesen Weg zu rechtfertigen und genauer zu bestimmen; – all dies wäre zweifellos gefährlich und schwer auszudenken, wenn es darum ginge, von einer einzelnen Idee zu einer anderen einzelnen Idee überzugehen, doch ist es normal und legitim, sofern wir nur, so handelnd, unter der Leitung der Erstursache der grundlegenden und steten Neigung unseres Verstandes folgen, hin zu dem einzigen und umfassenden Quell der Realität und Intelligibilität.»

[16] AUGUSTINUS, *De Civitate Dei*, 8, c. 4: «...ut in Illo inveniatur et causa subsistendi, et ratio intelligendi, et ordo vivendi: quorum trium, unum ad naturalem, alterum ad rationalem, tertium ad moralem partem intelligitur pertinere. Si enim homo ita creatus est, ut per id quod in eo praecellit, attingat illud, quod cuncta praecellit, id est, unum verum optimum Deum, sine quo nulla natura subsistit, nulla doctrina instruit,

nullus usus expedit: Ipse quaeratur, ubi nobis secura sunt omnia; Ipse cernatur, ubi nobis certa sunt omnia; Ipse diligatur, ubi nobis recta sunt omnia» (PL 41, 228–229). Vgl. c. 10, n. 2 (ebd. col. 235). *Contra Faustum Manichaeum,* 20. c. 7: «... Inde nobis est initium existendi, ratio cognoscendi, lex amandi, inde omnibus et irrationalibus animantibus natura qua vivunt, vigor quo sentiunt, motus quo appetunt; inde etiam omnibus corporibus mensura ut subsistant, numerus ut ornentur, pondus ut ordinentur» (PL 42, 372).

[17] Vgl. H. Paissac, aaO S. 90–94: «Wenn Gott lediglich ein Gegenstand unter anderen oder erstes Glied einer Kette ist; wenn zum Beispiel die Gesichtsfarbe eines menschlichen Gesichtes sich aus dem Wesen der Zellen erklärt und dieses wiederum aus der Beschaffenheit der Chromosomen und diese wiederum von Gott her, so ist Gott nicht Gott. Zumindest hat man die Existenz des wahren Gottes nicht bewiesen ... Daß es Kausalität in der Welt gibt, daraus folgt nicht, daß es eine Kausalität der Welt gibt. Kant hat recht, sofern man einen ausschließlich wissenschaftlichen Beweis der Existenz Gottes zu geben versucht, sofern nämlich die Ursache «das Phänomen, das ein anderes erzeugt», darstellt«... (Nur in der Metaphysik) ist die Ursache nicht mehr bloß «das Phänomen, das ein anderes erzeugt», sie ist das, was ein Existierendes voraussetzt oder fordert, was sich nicht mit seinem Daseinsakt identifiziert... (Doch) «man kann nicht bis ins Unendliche gehen», sagt Thomas. Und man versteht, was er sagen will: es handelt sich weder um eine Kette noch um eine Wagenkolonne, als könnte man sich nicht der Mühe unterziehen, eine Unzahl von Wagen oder Kettengliedern zu zählen, man ist vielmehr genötigt, früher oder später aus der Reihe zu treten... Innerhalb der Ordnung wissenschaftlicher Erläuterung könnte man ins Unendliche gehen. Doch aus dieser Ordnung muß man heraus: man kann nicht endlos zurücksteigen, um dort eine endgültige Ursache zu finden, es ist ein Ziel notwendig, das heißt eine letzte oder erste Ursache. Nicht eine erste Zahl am Ende einer mehr oder weniger langen Reihe, sondern einen *Anderen* im strengsten Sinn des Wortes, einen Ersten in dem Sinn, daß er alle anderen überragt und kein Teil des übrigen mehr ist, da er einer völlig anderen Ordnung entstammt. Ein Bild zur Verdeutlichung: Gewiß kann man sich den gerade vorüberfahrenden Wagen eines Zuges vorstellen, doch nicht die endlose Kolonne von Wagen, die ihm vorausfährt, noch den Treibwagen, der den gesamten Zug zieht; leichter und deutlicher gelingt die Vorstellung der elektrischen Energie, die in den Kabeln läuft und die gesamte Komposition lenkt.»

[18] In einer Antwort Étienne GILSONS an Léon BRUNSCHVICG in *La querelle de l'athéisme* (Léon BRUNSCHVICG, *De la vraie et de la fausse conversion*, S. 228). – Es genügt, sich daran zu erinnern, daß Thomas die Möglichkeit einer *ab aeterno* geschaffenen Welt annahm, das heißt einer Welt, in der Reihen von Ursachen und Wirkungen endlos, ohne Anfang noch Ende, aufeinander folgten, aber schließlich gezwungen war, zuzugeben, daß er sich nicht der Verwechslung schuldig machen könne, die am Anfang so vieler Einwände gegen den klassischsten Gottesbeweis steht. – Es muß einen ersten Beweger geben, sagte im wesentlichen bereits Aristoteles, nicht, weil es eines ersten Gliedes in einer beliebigen (zeitlichen) Reihe bedürfte, sondern weil eine Erstursache in einer (hierarchisierten) Reihe von Ursachen erforderlich ist.

[19] AUGUSTINUS, *De Trinitate,* 8, c. 3, n. 4: «Bonum omnis boni» (PL 42, 949). PSEUDO-DIONYSIUS, *Von den Namen Gottes,* 1, 3; (dt. *Von den Namen zum Unnennbaren*, Ausgabe E. von Ivánka [³1990], S. 37f.) BERNHARD VON CLAIRVAUX, *De consideratione*, 5.

[20] PAULUS, *Apg* 17,28. Vgl. JOHANNES SCOTUS ERIUGENA, *De divisione naturae*, 1, n. 2; 3, n. 1 (PL 122, 451–452 und 621D). M. BLONDEL, *L'Action,* S. 346: Gott «ist im Mittelpunkt von allem, was ich denke und was ich tue. Um von mir zu mir zu kommen, durchschreite ich ihn immerfort.»

[21] G. VAN DER LEEUW, *L'homme et la civilisation,* in: *Eranos-Jahrbuch* 16 (1948) S. 170.

[22] Gaston FESSARD, *France, prends garde de perdre ton âme* (1946) S. 149; Siehe S. 133–150.

[23] Félix RAVAISSON, *La philosophie française au XlX^e siècle* (⁴1895) S. 50. Vgl. Yves DE MONTCHEUIL SJ, *Une philosophie du devoir*, in: *Mélanges théologiques* (1946) S. 238–239. Jules MONCHANIN, *De l'esthétique à la mystique* (1955) S. 43–44. Einige Philosophen haben sich für den geschaffenen Geist ein mögliches Endziel gedacht, das gewissermaßen darin bestünde, keines zu haben. Der, dem Gott die göttliche Schau nicht angeboten hätte, würde sich dennoch mit keinem endlichen Gut zufriedengeben, sondern endlos nach dieser Schau als nach einem immer anziehenden, doch unerreichbaren Pol streben. Ohne hier auf eine solche Hypothese einzugehen, die nicht wenige ernstliche Schwierigkeiten bietet (und im Thomismus, auf den sie sich zuweilen beruft, keine Begründung findet), mag die Bemerkung genügen, daß sie jedenfalls nichts mit der Idee eines reinen Werdens gemein hat, die wir hier als absurd kritisieren. Tatsächlich betrifft die hier erwähnte Hypothese

ein von Gott geschaffenes Universum. Sie fügt sich somit von vornherein in eine Vorstellungswelt ein, die eine grundlegende ontologische Stabilität anerkennt, und damit ist das erwähnte unbegrenzte Werden ein ausgerichtetes Werden.

[24] Paul CLAUDEL, *Correspondance avec Jacques Rivière*, S. 60. Vgl. PLOTIN, *Enneaden*, 5, 1, 6: «Alles, was sich bewegt, erfordert etwas, auf das hin es sich bewegt.»

[25] Vgl. *Jes* 41,4; *Apk* 1,8. Vgl. P. TEILHARD DE CHARDIN, *Le groupe zoologique humain* (1956) S. 156 u. 162: «Universeller Brennpunkt psychischer Verinnerlichung», «Absolut letztes Prinzip der Nichtumkehrbarkeit und der Personwerdung».

[26] BONAVENTURA.

[27] Vgl. Ferdinand ALQUIÉ, *La nostalgie de l'être*, S. 17: «Es ist leicht verständlich, daß die meisten Gelehrten, die ihr Leben der Erforschung der Objektivität widmen, sich in diesem Forschen ihrem eigenen Seinsanspruch entfremden lassen; dann aber wird der Realismus, den sie vertreten, eine Art ‹déformation professionelle›.»

[28] A-tom = un-scheidbar, un-desintegrierbar.

[29] KIERKEGAARD, *Tagebücher* XII A 354 (1850). Gabriel MARCEL. Vgl. Gaston FESSARD, *La méthode de réflexion chez Maine de Biran* (1938) S. 170, über den Traum des absoluten Wissens: «Absurder Traum? Keineswegs, das Unrecht des natürlich metaphysischen Menschen liegt nicht in dieser Art zu träumen, noch auch darin, seinen Traum in Wirklichkeit umsetzen zu wollen, sondern allein darin, daß er meint, er sei je dahin gelangt, und dabei vergißt, daß die Wissenschaft vom Sein nicht in dem vorhanden sein kann, was noch *nicht ist*. Anderseits aber ist das Unrecht jener nicht geringer, die, weil sie die Täuschung einer solchen Ontologie erkannt haben, ein weiteres Fragen, das sie als trügerisch erklären, abbrechen und ihrerseits vergessen, daß die Wissenschaft vom Sein nur von dem geträumt werden kann, der *sein muß*.»

[30] Das ist, was F. ALQUIÉ auch die «philosophische Reaktion des Gewissens» auf das wissenschaftliche Denken nennt. Dieses Darauf-Zurückkommen ist etwas ganz anderes als eine Entwicklung oder ein Überstieg, etwas, das im Bewußtsein immerfort als ein Bedürfnis empfunden wird, sich in bezug auf die Welt..., die ihm die Wissenschaft darbietet, zu situieren»: aaO S. 9, 40 u. 151. Vgl. S. 127 über «die Lehren der Intuition und die Systeme» – die «ihr gemeinsames Wesen bekunden», indem sie den Geist, unter dem Vorwand, ihm «das Sein zu übermitteln», in der Welt der Dinge irregehen lassen.

[31] THOMAS, *Prima,* q. 79, a. 2: «Nullus intellectus creatus potest se habere ut actus respectu totius entis universalis; quia sic oporteret quod esset ens infinitum. Unde omnis intellectus creatus, per hoc ipsum quod est, non est actus omnium intelligibilium.»

[32] Ernest PSICHARI, *Le Voyage du Centurion.*

[33] AUGUSTINUS, *De vera religione*, c. 39, n. 72 (PL 34, 154). Kardinal ZIGLIARA, der diesen Text anführt und kommentiert, bemüht sich zu zeigen, wie hier die Lehre des Thomas der Augustins entspricht, aaO Bd. 1, S. 183–185.

[34] BERNHARD VON CLAIRVAUX, *De diversis sermo* 81, n. 2 (PL 103, 703B).

[35] Vgl. Aimé FOREST, in: MARTIN et FLICHE, *Histoire générale de l'Église* Bd. 8 (1951) S. 57: Obwohl der Gottesbeweis Anselms von Thomas kritisiert wird, macht er immerhin «verständlich, daß das Gottesproblem ein einmaliges ist».

[36] Marius VICTORINUS, *Adversus Arium*, 4, c. 23: *«Omnia enim quae voces nominant, post Ipsum sunt»* (PL 8, 1129D). ANSELM, *Monologion,* c. 26: «... Unde si quando illi est cum aliis nominis alicujus communio, valde procul dubio intelligenda est diversa significatio», c. 27: «... Constat igitur quia illa substantia nullo communi tractatu substantiarum includitur, a cujus essentiali communione omnis natura excluditur» (PL 171, 180AB).

[37] THOMAS, *Prima*, q. 3, a. 5, usw. In *La Philosophie de saint Bonaventure* (^{2}1943, S. 115, Anm.) interpretiert Étienne GILSON den eben genannten Artikel der *Summa* beim *Sed contra* («Nihil est prius Deo, nec secundum rem, nec secundum intellectum»): «Wenn Gott zu einer Gattung gehörte, dann läge ihm etwas voraus; tatsächlich geht für das die Ideen ordnende Verstehen die Idee der Gattung der in ihr enthaltenen Idee der Art voraus. Nun aber gibt es in uns keine Idee, die logischerweise der Gottesidee vorausläge, wie es außerhalb von uns keinerlei Wirklichkeit gibt, die Gott selber vorausläge.» «Die göttliche Wirklichkeit ist vor dem Sein und allen seinen Unterscheidungen.» *(La Sainte Trinité* ..., von einem Kartäuser [1948] S. 33). CAJETAN, *In Primam,* q. 39, a. 1, n. 7: «Deitas seu res divina prior est ente et omnibus differentiis ejus: est enim super ens et super unum.» – Dennoch können (ja müssen) wir berechtigte Überlegungen anstellen, in denen die Existenz Gottes nur als Schlußfolgerung vorkommt, denn, wie nochmals Gilson bemerkt, «prius secundum intellectum» bedeutet nicht «prius secundum cognitionem». Anders gesagt, Gott ist für uns nicht das erste

erkannte Objekt. Man dürfte sich nicht ohne Täuschung der These der Ontologisten anschließen, «die das abstrakte Sein, das der Verstand ohne Schlußfolgerung wahrnimmt, mit dem konkreten Sein, das Gottes Wesen selbst ausmacht, verwechseln, das armseligste Sein mit der unendlichen Wirklichkeit» (Xavier MOISANT SJ, *Dieu, l'expérience en métaphysique* [1907] S. 25), – denn damit würde man Gott wiederum «der Gattung zuordnen». Unsere Bemerkung, die den zu Gott führenden Weg betrifft, setzt diese doppelte Feststellung voraus. Vgl. Kp. 2, Anm. 18.

[38] J. DEFEVER SJ, *La preuve transcendante de Dieu*, in: *Revue philosophique de Louvain* (1953) S. 527: «Der Beweis für die Existenz Gottes ist kein Beweis wie ein anderer.» J.-M. LE BLOND, *Le chrétien devant l'athéisme actuel*, in: *Études* (1954) S. 301: «Der Gottesbeweis gehört einer anderen Ordnung an, einer Ordnung, die diesem allein zukommt.» Entspricht das nicht dem, was Maurice NÉDONCELLE mit einem glücklichen Ausdruck den «Kurzschluß der Gotteserkenntnis» nennt? Vgl. *La réciprocité des consciences* (1942) S. 107: «Die meisten Diskussionen über die Notwendigkeit, sich auf die Intuition oder auf das reflexive Denken zu verlassen, um Gott zu finden, sind eher nutzlos. Gewöhnlich verwechselt man dabei zwei sehr unterschiedliche Dinge: den unmittelbaren Charakter und den direkten Charakter der Erkenntnis. Jemanden nach seinem Begriff, der indirekt und symbolisch ist, erkennen, heißt nicht, ihn in sich selbst erkennen, sondern bloß seine mutmaßliche Gegenwart feststellen. Deshalb lehnt die eine der beiden Schulen mit eher mystischen Tendenzen die Hilfsmittel des reflexiven Folgerns oder der systematischen Verknüpfungen der Analyse ab. Doch die Annahme, Gott könne durch eine Flucht aus uns selbst und aus der Welt unmittelbar erreicht werden, ist eine Verkennung der geschöpflichen Verfaßtheit, ja vielleicht sogar dessen, was im Verhältnis des Geschöpfes zu Gott einmalig ist. Daher stammt das berechtigte Mißtrauen der Anhänger eines diskursiven Beweises einer angeblich göttlichen Intuition gegenüber. – In Wirklichkeit unterscheidet sich die Methode der Annäherung, die diesem Problem entspricht, von allen übrigen. Die Reflexion, die in uns ihren Ausgang nimmt, steht der Intimität nicht im Weg. Wenn die Erkenntnis Gottes durch eine Art Kurzschluß möglich ist, so, weil Er mit unserer Existenzperspektive restlos in Verbindung steht; wir aber besitzen in keinem Fall das Vorbild einer solchen Kommunion.»

[39] J.- H. NEWMAN, *Callista*, Kp. 27.

[40] John DONNE. Vgl. PSEUDO-DIONYSIUS, *Mystische Theologie* Kp. 2: «So verfährt der Künstler, um eine Büste der Natur gemäß anzufertigen. Er löst von seinem Block alles, was ihn hindert, die noch verborgene reine Gestalt zu sehen; dieses Ablösen genügt, um die verborgene Schönheit ins volle Licht zu setzen.» Der Gedanke stammt von PLATO, *Staat*, 10, 611, c–e, und von PLOTIN, *Enneaden* 1, 6, 9. Vgl. GREGOR VON NYSSA, (PG 44, 541D–544A u. 1069BC). Jacques PALIARD, *Profondeur de l'Ame* (1953) S. 46: «Beweist man das Wesentliche anders, als indem man das, was es vortäuscht oder es verdeckt, ausscheidet?» BOSSUET, *Elévations sur les Mystères*, 1. Woche, 2. Betrachtung, *La perfection et l'éternité de Dieu:* «Der unwissende Mensch glaubt, er kenne die Veränderlichkeit noch vor der Unveränderlichkeit, weil er die Veränderlichkeit durch eine positive Zeit ausdrückt, die Unveränderlichkeit aber durch die Negation der Veränderlichkeit; und er will nicht bedenken, daß unveränderlich sein soviel wie sein bedeutet und veränderlich sein soviel wie nicht sein; doch das Sein ist, und es wird angesichts der Entbehrung erkannt, die Nichtsein ist» (*Oeuvres complètes*, Ed. F. Lachat, Bd. 7 [1862] S. 5).

[41] Vgl. die historischen Folgerungen von F. VAN STEENBERGHEN nach den fünf Wegen der *Theologischen Summe*: «Keiner der *quinque viae* bildet in seinem wörtlichen Inhalt einen vollen und befriedigenden Beweis für die Existenz Gottes. Der erste und der zweite Weg müssen weitergeführt werden; der dritte und der fünfte bedürfen der Korrektur und der Ergänzung; der vierte Weg ist unbrauchbar...» *Revue philosophique de Louvain* 45 (1947) S. 168. Diese Folgerungen stehen übrigens zur freien Diskussion. (Zu einigen Fragen der Interpretation, vgl. William BRYAR, *Saint Thomas and the Existence of God* [Chicago 1951].)

[42] Vgl. Jacques MARITAIN, *Les degrés du savoir* (1932) S. 445–446: «Wenn wir es mit Dingen zu tun haben, die unserem Verstand angemessen oder ihm wesensgleich sind, so wird der Erweis, indem er sich selbst dem Gegenstand unterwirft, gewissermaßen den Gegenstand auch unserem Zugriff und den Mitteln der Verifikation unterwerfen, die ihn messen, begrenzen, bestimmen. Er bemächtigt sich des Gegenstandes, berührt, betastet, beurteilt ihn. Dies wird um so sinnfälliger, je materieller die angewendeten Procedere sind. Und vielleicht vergessen die Scholastiker, die den hohen Begriff einer keuschen Wissenschaft überkommen haben, deren Strenge und strikte Verstandesmäßigkeit der religiösen Ehrfurcht vor dem Sein und seiner Forderung nach Reinheit entstammten..., ja vielleicht vergessen sie zuweilen, wie sehr

Ausdrücke wie Wissenschaft, Argumentation, Beweis sich im Gebrauch moderner Menschen mit Stofflichkeit belastet haben, seitdem sich das Denken vor allem der Beherrschung der sinnenfhaften Natur zugewandt hat und ‹Verifizieren› für sie nurmehr Vermessungsmethoden und Laboratoriumsapparate bedeuten kann. Indem sie, zu recht, ein überaltertes Vokabularium ablehnen, geraten sie in Gefahr, ihren eigenen Wortschatz nicht mehr hinreichend deutlich zu machen. Immerhin wissen sie, daß Gottes Existenz beweisen nicht heißt, Gott unserem Zugriff aussetzen, ihn definieren, sich seiner bemächtigen, und im Hinblick auf einen solchen Gegenstand irgend etwas anderes heranziehen als unsere eigenen kraftlosen Vorstellungen, noch etwas anderes beurteilen als unsere eigene und grundlegende Abhängigkeit. Das Vorgehen, durch das die Vernunft beweist, daß Gott ist, versetzt sie selber in eine Haltung natürlicher Anbetung und Bewunderung.»

Siehe auch THOMAS, *Contra Gentiles*, 4, Prooemium.

[43] THOMAS, *Prima*, q. 2, a. 1, ad 1m: «Cognoscere Deum esse, in aliquo communi sub quadam confusione, est nobis naturaliter insertum, in quantum scilicet Deus est hominis beatitudo; homo enim naturaliter desiderat beatitudinem; et quod naturaliter desideratur ab homine, naturaliter cognoscitur ab eodem. Sed hoc non est simpliciter cognoscere Deum esse, sicut cognoscere venientem non est cognoscere Petrum, quamvis sit Petrus veniens.»

[44] Wir hatten geschrieben: «So wenn ich», sagt Thomas, «Peter kommen sehe, ohne noch zu wissen, daß er es ist.» Man hat dazu bemerkt: «Also erkenne ich im Kommenden nicht Peter, obwohl dieser Kommende Peter ist. Das ist alles, was der hl. Thomas sagt.» Wir sehen keinen Abgrund zwischen den beiden Übersetzungen. Doch schenken wir auch den vorausgehenden Worten Beachtung: «... simpliciter cognoscere ...» Jedenfalls wollen wir nichts anderes in unsere Übersetzung hineinlegen als den sehr schlichten, doch sehr instruktiven Sinn, der in der lateinischen Formulierung des Thomas enthalten ist.

[45] Über ein ähnliches Paradox drückte AUGUSTINUS höchste Verwunderung aus, als er, sich an die Vernunft wendend, ausrief: «Qui nondum Deum nosti, unde nosti nihil te nosse Deo simile?» *Soliloquien*, c 2, n. 7 (PL 32, 873).

[46] *La connaissance de foi*, in: *Études* 117 (1908) S. 735.

[47] Vgl. H. PAISSAC, aaO Kp. 2, Anm. 32. Es ist übrigens klar, daß der hier erwähnte Thomastext allein nicht ausreichen würde, die *ganze* sich auf die implizite Gotteserkenntnis beziehende Lehre gutzuheißen.

[48] Vgl. D. PARODI, *Le rationalisme et l'idée de Dieu*, in: *Revue de métaphysique et de morale* (1930) S. 41–42: «Die Transzendenz des Absoluten in der Form, die unseres Erachtens allein noch für die kritische Metaphysik unserer Zeit annehmbar ist, kann nur das schöpferische Hervorquellen des Denkens sein, das sich seiner eigenen Einheit und Kontinuität, seiner grenzenlosen Fruchtbarkeit und seines unbegrenzten Fortschreitens irgendwie bewußt ist.»

[49] Jacques PALIARD, *Prière et dialectique, méditation sur le «Proslogion» de saint Anselme,* in: *Dieu Vivant* 6, S. 56 u. 59–60. Ders., *Sur un aspect de la structure conscientielle,* in: *Actes du 3e congrès des sociétés de philosophie de langue française* (Bruxelles 1947). Vgl. Jean TROUILLARD, *La purification plotinienne* (1955) S. 88–90.

[50] In diesem Sinn würden wir die Bemerkung von CHENU, aaO S. 153, gern ausweiten: «Unter den verschiedenen Arten von Beweisführung muß der inneren Struktur gewisser metaphysischer Denkschritte, wie dem Beweis der Existenz eines vollkommenen Seins durch die ungleichen Stufen des Seienden, ein ganz ursprünglicher Platz eingeräumt werden. Diese Dialektik, die an höchster Stelle einer Metaphysik des Teilhabens steht, kann gewiß in der Form eines Syllogismus ausgedrückt werden. In Wirklichkeit ist der geistige Vorgang einfacher und konzentrierter: wir rühren da an den Punkt, wo der Verstand formal als transzendente Natur im eigentlichen Sinn und nicht mehr nur als bloße Vernunft funktioniert.» Die Tiefe selbst und die Vollkommenheit einer solchen Geistesbewegung bewirkt, daß sich diese nie ein für allemal vollendet: sie steht stets im Vollzug, wie der Geist selbst immer am Leben ist. Das scheint uns L. B. GEIGER an einer Stelle zu erläutern, die CHENU zitiert und die wir gern ebenso in einem erweiterten Sinn aufgreifen möchten: «Übrigens ist dieser Vorgang noch unter einem anderen Aspekt eigentümlich, insofern er ein nie voll zum Ziele gelangender Beginn ist. Er muß stets neu ansetzen, und er ist nie sosehr wahrhaft das, was es sein soll, als soweit er in uns die Überzeugung seiner Notwendigkeit wie seiner unvermeidlichen Unvollkommenheit schafft. Es ist ein Unternehmen, das hienieden nie zur Ruhe des vollen Besitzes gelangen wird.» *La participation dans la philosophie de saint Thomas* (1942) S. 355. Wir möchten allerdings hinzufügen, daß gerade in dieser Art Unvollkommenheit die Vollkommenheit des Beweises, seine einzige Gültigkeit besteht, sofern es wahr ist, daß er Beweis *Gottes* sein will. Ist es nicht dies, was das von Thomas in der Summa gewählte Wort «Weg» ganz allgemein nahelegen will?

[51] *Approches de Dieu* (1953) S. 10 u. 18; vgl. S. 15–16.

[52] Vgl. nochmals L. B. Geiger, *Bulletin de Philosophie,* in: *Revue des sciences philosophiques et théologiques* (1954) S. 268: Die neueren Versuche natürlicher Theologie «zeigen imgrunde die Preisgabe des Rationalismus Wolffscher Prägung an, nach dem die metaphysischen Begriffe soweit möglich von jeder empirischen Gegebenheit, somit auch von allem vorphilosophischen Geistesleben, geschieden werden müssen. Uns scheint es hingegen wichtig, die Reflexion sämtlicher spontanen Schritte, durch die der Mensch sich zu Gott erhebt, zu fördern. Die eigentlich philosophischen Wege brauchen diese Erinnerung an ihre bescheidenen Ursprünge nicht zu fürchten.»

[53] Vgl. ein Beispiel aus Thomas, M. F. Van Steenberghen in: *Histoire générale de l'Église*, von Martin und Fliche, Bd. 13 (1951) S. 254, Anm. 7: In *Contra Gentiles* «erfährt der Gottesbeweis *ex parte motus* eine Entfaltung, die im Vergleich zu den anderen Wegen unverhältnismäßig erscheinen könnte. Schlimmer ist die Tatsache, daß die Darlegung noch weitgehend an die aristotelische Physik gebunden bleibt. Diese Mängel sind in der Theologischen Summe nicht mehr vorhanden.» Vgl. M. Chossat SJ, Artikel *Dieu*, in: *Dictionnaire de théologie catholique,* Bd. 4, Sp. 932–935: «Was das Argument des ersten Bewegers betrifft, wie Thomas es verstanden hat, so wird es seit langem selbst von der thomistischen Schule nicht mehr gelehrt... Nimmt man aber das Argument in dem Sinn, wie Thomas es historisch den Arabern entnommen hat, so ist es nicht schlüssig, und die Kritik des Scotus ist entscheidend... Die Neuthomisten wie die ganze übrige Schule verzichten mit Hilfe metaphysischer Erwägungen auf das physische Argument des Erstbewegers... (Es hat lediglich) in der protestantischen Scholastik wie bei einigen wohlmeinenden Philosophen und Apologeten überlebt.» (Etwas «historizistische» Erwägungen!)

[54] F. Van Steenberghen in: *Revue philosophique de Louvain* 45 (1947), S. 166.

[55] *Lettres sur divers sujets de métaphysique et de religion*, Brief 2.

[56] Wie hat man ernstlich glauben können, daß es vielleicht «unserem Zeitalter vorbehalten sei, endlich zu völlig zufriedenstellenden Formulierungen im Ausdruck des Gottesbeweises zu gelangen»? «Dieses Faktum», sagte man, «hat nichts Überraschendes, wenn man zugibt, daß das metaphysische Wissen in unserer Zeit erstmals ans Ende des Prozesses seiner geschichtlichen Genese gelangt ist.» Aber gerade das läßt sich nicht ohne weiteres zugeben, trotz Hegel! Péguy

reagierte darauf mit gesundem Menschenverstand: «Über Plato kommt man nicht hinaus.» Auch über Thomas nicht. Aber anderseits sind, will man das durch immer neue Wege bedrohte Wesentliche nicht verlieren, neue Anstrengungen nötig: die hier aufgezeigte Illusion scheint uns die Illusion des Historischen und des Endgültigen zu kumulieren.

[57] SCHEEBEN, *Handbuch der katholischen Dogmatik,* Bd. 2, *Gotteslehre,* S. 15. Vgl. oben Anmerkungen 3, 8 und 9. Vgl. Jacques MARITAIN, *Approches de Dieu* (1953) S. 16: «Die Gotteserkenntnis, bevor sie noch in logischen und begrifflich voll ausformulierten Beweisführungen entwickelt wird, ist zunächst und vor allem eine natürliche Frucht der Intuition des Daseins.»

[58] Vgl. H. GEURTSEN, *Les preuves de l'existence de Dieu*, in: *Dixième congrès international de philosophie* (Amsterdam 1948) S. 838: «Der Wert des Arguments hängt nicht an unserer bereitwilligen Annahme, doch sind wir der Ansicht, daß diese Bereitwilligkeit, es anzunehmen, die wesentliche Voraussetzung zur Wahrnehmung seiner intellektuellen Kraft ist.»

[59] ORIGENES, *In Gen.,* hom. 13, n. 3 (GCS 6 Baehrens S.117; vgl. *Geist und Feuer. Ein Aufbau aus seinen Schriften,* Auswahl und Übertragung von Hans Urs von Balthasar [^{2}1991] n. 7, S. 42; ferner *Sources chrétiennes*, Bd. 7, S. 220).

★

Zum Abschluß dieser beiden, der Bejahung und dem Beweis Gottes gewidmeten Kapitel, in denen wir uns in mehreren wichtigen Punkten auf die Lehre Joseph Maréchals und seiner Schüler berufen haben, halten wir es für hilfreich, zwei Stellen aus seinem Hauptwerk (*Le point de départ de la recherche métaphysique*, Heft 5) anzuführen. Das Vorausgehende zusammenfassend und begründend, werden diese beiden Stellen dazu beitragen, das teilweise zu klären, was uns im nächsten Kapitel *Von der Gotteserkenntnis* noch zu sagen bleibt.

Offene Perpektive auf die innere Filialität des Verstandes als Grundlage unserer analogischen Erkenntnis

... Doch auf jede unserer Widerlegungen erhebt sich der Einwand neu: alle unsere Begriffe sind nach thomistischer Lehre ursprünglich Begriffe materieller Quidditäten. Die Kontingenz des geschaffenen Seins – insofern es uns die göttliche Transzendenz offenbart, – ist uns weder durch die in diesen Begriffen erfaßte Vorstellung gegeben, noch in ihrer abstraktiven und universalen Form. Erstere ist lediglich ein abgewandelter Bezug zum Phantasma hin, die zweite ein objektivierter Vorgang der Verallgemeinerung, der über die Seinsebene der Vorstellung nicht hinausgeht. Keine Spur offenbar im objektiven Begriff von einem «transzendentalen Bezug», wie es die metaphysische Kontingenz des endlichen Seins wäre.

Dem Einwand ist recht zu geben, sofern der Begriff *nur* Vorstellung und reine verallgemeinernde Abstraktion ist. Wie sollte sich in der Tat der absolute und transzendente Bezugspunkt der Kontingenz, nämlich Gott – sogar unter dem Blickwinkel der Analogie – in endlichen Vorstellungen oder in ihrer bloßen Verallgemeinerung offenbaren? Sagt uns nicht Thomas, daß der Gipfelpunkt unserer Gotteserkenntnis darin besteht, «zu wissen, daß er alles überragt, was wir von ihm erfassen könnten»? Der transzendente Gott könnte also weder durch unsere Begriffe dargestellt, ja nicht einmal als die Grenze, zu der die Verallgemeinerung dieser Begriffe hinstrebte, erahnt werden. Das Bewußtsein der radikalen Kontingenz der geschaffenen Dinge könnten wir – uns ihrer Endlichkeit entziehend – offenbar nur im Bewußtsein einer absoluten Überlegenheit ihres Prinzips über jeden möglichen Gegenstand unseres Denkens hinaus gewinnen. Doch worin ließe sich ein solches Bewußtsein, das weder intellektuelle Intuition noch Analyse einer sinnenhaften Intuition noch abstrakte Erwägung einer materiellen Form wäre, begründen?

Dies bringt uns dazu, in unserer objektiven Erkenntnis etwas anderes zu postulieren als die statische Annahme und abstraktive Analyse von «Gegebenheiten», nämlich eine Denkbewegung, die uns immer neu «über das hinaus»-reißt, was begrifflich noch vorstellbar ist, eine Art meta-empirischer Vorwegnahme, die uns das objektive Fassungsvermögen unseres Verstandes anzeigen würde, das sich grenzenlos weitet bis zum Überstieg jeder Seinsbegrenzung. Im übrigen gibt es keine analogische Erkenntnis des Transzendenten. Um dieses zu erklären und zu wahren, haben wir uns somit auf den Weg der dynamischen Finalität unseres Geistes begeben; denn allein eine «innere Finalität» des Verstandes vermag den vorliegenden Gegenstand immerfort zu übersteigen und unablässig einen umfassenderen Gegenstand zu verfolgen... (S. 184–185)

... Der Leser wird eine gewisse Ähnlichkeit zwischen dieser, unseres Erachtens traditionellen, Deutung des transzendenten Kausalitätsprinzips und dem meta-logischen Vorgehen von Jacobi oder Gratry festgestellt haben. Nach den letzteren wird mit jeder Wahrnehmung eines endlichen Gegenstands die Bejahung des Unendlichen aktuell, die in virtuellem Zustand auf dem Grund unseres Geistwesens stets schon da ist. Diese Bejahung sei nicht unbedingt wahrzunehmen, existiere aber in der Struktur unseres objektiven Denkens, wo ein sorgfältiges Forschen sie entdecken könnte.

Ist die Lehre Jacobis oder zumindest die Gratrys in ihren wesentlichen Elementen richtig? Ist sie falsch? Wir möchten eher sagen, sie sei unvollständig, zweideutig.

Etwas auf dem Grund unserer einzelnen Wahrnehmungen muß die Bejahung des transzendenten Absoluten bestimmen und fordern, sonst wären wir niemals in der Lage, die Existenz des Unendlichen, ausgehend von endlichen Gegenständen, analytisch zu beweisen. Doch hier scheint genau der Punkt zu liegen, wo eine Unterscheidung sich aufdrängt: ist die Bejahung des Unendlichen als implizites Ja eine *konstitutive* Voraussetzung unserer einzelnen Wahrnehmungen von Gegenständen oder ist sie es nicht?

Wenn *nicht,* wenn sie im Zusammenhang mit dem primären Gegenstand unseres Verstehens, dem endlichen Gegenstand, nur eine begleitende oder nachfolgende Voraussetzung ist, wird sie anläßlich jeder unserer Wahrnehmungen und kraft einer subjektiven Notwendigkeit nur einen Akt «rationalen Glaubens» an das transzendente Absolute verlangen; der Überstieg ins Unendliche wird dann zu einer wahren, natürlichen, ja legitimen «apriorischen Synthese», die durch keine streng spekulative, wissenschaftliche Notwendigkeit gerechtfertigt ist: diesem Überstieg könnte sich das Denken ohne logischen Widerspruch entziehen.

Wenn *ja,* das heißt, wenn die Bejahung des Unendlichen eine vorgängige und wirklich konstitutive logische Voraussetzung jeder Wahrnehmung endlicher Gegenstände ist, dann könnten wir sie gewiß nicht ohne offensichtlichen Widerspruch ablehnen oder widerrufen. Doch wenn man nicht in einen ontologistischen Intuitionismus abgleiten will, müßte man hinzufügen, daß diese transzendente Bejahung, die dynamische konstitutive Voraussetzung des gedachten Gegenstands, weder mit einem «Schauen der Dinge in Gott» noch – wenn auch nur «virtuell» im Sinne Descartes' – mit einer «angeborenen Idee» etwas gemein hat. Als rein implizite und bei der Wahrnehmung endlicher Gegenstände «ausgeübte» Bejahung wird sie sich nur dialektisch durch Reflexion und Analyse ausdrücken können.

Es geht nicht darum, herauszufinden, was Jacobi oder Gratry sagen wollten – und vielleicht nicht richtig ausgedrückt haben. Aus der eben gesetzten Alternative haben wir nur folgendes festzuhalten: Entscheidet man sich für die erste der beiden Möglichkeiten, anders ausgedrückt, beläßt man die implizite Bejahung des göttlichen Absoluten außerhalb der intelligiblen Struktur des endlichen Objekts, so heißt das, den agnostischen Schlußfolgerungen Kants das bloße Faktum eines instinktiven Vernunftimpulses entgegensetzen, eines Impulses, den Kant, o Ironie! als erster proklamiert; entscheidet man sich hingegen für die zweite Möglichkeit, so wird man praktisch eine ganz radikale Ablehnung des kantschen Agnostizismus von den methodologischen Forderungen der Kritik selbst her vorlegen müssen. (S. 452–453)

ANMERKUNGEN ZUM VIERTEN KAPITEL

[1] PSEUDO-DIONYSIUS, *Himmlische Hierarchie*, 4, 1: τὸ γὰρ εἶναι πάντων ἔστιν (PG 3, 177–178); (dt. *Bibliothek der Kirchenväter*, Ausgabe J. Stiglmayr [1911], S. 24f.). JOHANNES SCOTUS, *De divisione naturae*, I, n. 3 (PL 122, 443B); n. 72 (518A). BERNHARD VON CLAIRVAUX, *De consideratione*, 5, c. 6, n. 13: «Quid item Deus? – Sine quo nihil est. Tam nihil esse sine ipso, quam nec ipse sine se potest. Ipse sibi, ipse omnibus est. Ac per hoc quodammodo ipse solus est, qui *suum ipsius est et omnium esse*» (PL 182, 796A).

[2] THOMAS, *Prima*, 1, q. 8, a. 1: «... Oportet quod Deus sit in omnibus rebus, et intime.» JOHANNES A S. THOMA, *Cursus theologicus, In Primam*, q. 43, dissert. 17, a. 3–4–11. BERNHARD VON CLAIRVAUX, *In Cantica sermo* 4, n. 4: «Der Allwaltende ist allen alles; im eigentlichen Sinne aber ist er nichts von allem. Denn in sich betrachtet, wohnt er in unzugänglichem Lichte (1 Tim 6,16); sein Friede übersteigt jeden Begriff (Phil 4,7); unermeßlich ist seine Weisheit (Ps 146,5); seine Größe kennt keine Grenzen (Ps 144,3); kein Mensch kann ihn schauen und leben (2 Mos 33,20). Nicht als wäre er jedem Wesen fern, er, der das Sein aller, ohne den alles nichts ist. Doch, damit du noch mehr erstaunst – nichts ist gegenwärtiger als er und dennoch nichts unbegreiflicher als er. Denn was ist jedem Dinge gegenwärtiger als sein Wesen? Was aber für jeden zugleich unfaßlicher als das Wesen aller Dinge? Freilich möchte ich das Sein aller Dinge nicht Gott genannt haben, als ob sie dasselbe wären wie er, sondern weil alles aus ihm und durch ihn und in ihm ist (Röm 11,36)» (PL 183, 798AB; dt. *Das Hohelied. 86 Ansprachen über die ersten Kapitel des Hohenliedes Salomons.* Übertragen von M. A. Wolters OCist, hrsg. von Eberhard Friedrich OCist, Bd. 6, [1937] S. 30f.).

[3] Vgl. GOTTFRIED VON ST. VIKTOR, *Microcosmos*, c. 40 (Ed. Philippe Delhaye [1951] S. 61), usw.

[4] PIUS IX., *Brief an Msgr. de la Bouillerie* (Castelgandolfo, 30. Juli 1864): «(Gegen die Verblendung der Menschen, die Gott vergessen,) gibt es kein besseres Heilmittel, als den Seelen das in der materiellen Schöpfung sich widerspiegelnde Licht des Schöpfers vorzustellen. Durch das Werk aufgeweckt und auf den Gedanken des Meisters, der es geschaffen hat, zurückgeführt, werden sie verstehen, daß der Schöpfer

mächtiger ist als das Geschöpf, und begreifen, wie weit er, der über die geschaffenen Dinge herrscht, sie an Schönheit überragt ... Ein schwieriges Werk, das tiefe Kenntnis der Heiligen Schriften und vollkommene Einsicht in die darin vorkommenden vielfachen Sinne erfordert (sei es, daß der Heilige Geist selbst sie uns vermittelt, sei es, daß sie in den gelehrten Auslegungen der Kirchenväter zu suchen sind), und die uns unter der Rinde der materiellen Dinge manch geistliche und himmlische Bedeutung entdecken lassen. Mögen die Strahlen der Gottheit, die, wie der heilige Bernhard sagt, von dieser ganzen in ihrer Mannigfaltigkeit so bunten und schönen Schöpfung ausgehen, die blinden Augen treffen ...» (In: Msgr. de la Bouillerie, *Symbolisme de la Nature*.) Man beachte im Brief des Papstes die Einheit der beiden Symbolismen der Natur und der Bibel.

[5] Paul CLAUDEL.

[6] TH. DE REGNON, aaO Bd. 3, S. 458.

[7] PAULUS, *Röm* 1,20; AUGUSTINUS, *Confessiones*, 7, c. 17, n. 23; c. 10, n. 16; 9, c. 10, n. 24. HUGO VON ST. VICTOR, *Didascalion*, 7, c. 4: «Universus enim mundus iste sensibilis, quasi quidam liber est scriptus digito Dei, hoc est, virtute divina creatus, et singulae creaturae quasi figurae quaedam sunt, non humano placito inventae, sed divino arbitrio institutae, ad manifestandam invisibilium Dei sapientiam, etc.» (PL 176, 814B). BALDUIN VON CANTERBURY, *Liber de sacramento altaris:* Die Geschöpfe sind «quaedam mysticae similitudines, in quibus invisibilia Dei conspiciuntur» (PL 204, 744D). ROBERT VON MELUN, *In Rom* 1, 20 (Ed. M. Martin [1938] S. 24). JOHANNES VOM KREUZ, *Das Lied der Liebe* (*Geistlicher Gesang*) 4. Strophe, Erklärung: «Gottes unsichtbare Wesenheit wird durch das sichtbare oder unsichtbare Geschaffene erkennbar» (deutsche Übertragung von Irene Behn [[3]1984] S. 45.

Solche Texte fassen eine lange systematische wie exegetische Überlieferung zusammen. Es hieße in der Tat die Tragweite der paulinischen Aussage verkürzen, wenn man das, was man das exemplarische oder symbolische Element nennen kann, ausschließen wollte, um darin einzig den Hinweis auf einen Existenzbeweis zu sehen. Vgl. ORIGENES, *De Principiis*, 1, c. 3, n. 1 (Koetschau, S. 49) usw. Nicht nur in der alten Tradition, sondern auch bei den großen Theologen des 13. Jahrhunderts und insbesondere bei Thomas (vgl. oben, Einleitungskapitel, Anm. 12), unterhält der Symbolismus um die «Wissenschaft» herum stets die Zugänge religiöser Verständlichkeit, wo seltsamerweise die aristotelische Theorie vom Sinnfälligen neben der Mystagogie des

Dionysius zu finden ist. Erst im Zeitalter Descartes' wird der Symbolismus aus dem Bereich der Theologie verstoßen, für den alleinigen Gebrauch der «Mystiker». M.-D. Chenu, aaO S. 48–49. – Vgl. Albert Béguin, *L'âme romantique et le rêve,* 2. Aufl., S. 51: « Die kartesianische und nachkartesianische Philosophie hatte über diese ‹analogische› und ‹symbolistische› Erkenntnis gesiegt, die, von der höheren Betrachtungsweise ausgeschlossen, sich von der geheimen Strömung abergläubischer und okkulter Lehren hatte mitziehen lassen, in die der menschliche Geist offenbar von Zeit zu Zeit wieder eintauchen muß, um den puren Rationalismus zu korrigieren, wohin ihn das Trägheitsgesetz immer wieder mitzieht.» Leider!

Zur Bedeutung des Wortes «Symbolismus» sei auf die *oben*, Kp. 1, Anm. 10, gegebenen Erläuterungen verwiesen.

[8] *Wh* 13,5 (nach der französischen Übersetzung «par analogie» von E. Osty). Dieser Text ist immer wieder aufgegriffen und ausgelegt worden, besonders durch Leo XIII. in der Enzyklika *Aeterni Patris* (*Acta Leonis XIII* [Roma 1881] S. 268). Vgl. Thomas, *In Rom.,* c. 1, lectio 6. Hilarius, *De Trinitate,* 1, c. 7 (PL 10, 30). Angelus Silesius, *Der Cherubinische Wandersmann,* 2. Buch, n. 48 (1948) S. 48:

Gott, der verborgne Gott, wird kundbar und gemein
Durch Seine Kreaturn, die Sein Entwerfung sein.

[9] Durch die sichtbaren Geschöpfe offenbart Gott seine Weisheit wie durch ebensoviele Zeichen – genauso wie ein Mensch seine Gedanken einem andern durch die Zeichen der Sprache mitteilt: Thomas, *In Epist. ad Romanos*, c. 1, lectio 6. Maximus Confessor (PG 91, 1328). Vgl. M.-E. Boismard O. P., *Le Prologue de Saint Jean* (1953) S. 111,113,114: «Die erste Stufe der göttlichen Offenbarung durch das Wort war das Werk der Schöpfung; in der Tat lehrt uns die Bibel, daß die Welt durch das Wort Gottes geschaffen wurde, und darum ... kann die Bibel auch sagen, die Schöpfung sei eine Offenbarung gewesen ... So ist die Schöpfung das Werk des Wortes Gottes, und aus diesem Grunde ist sie auch eine Offenbarung, denn wenn Gott spricht, kann er sich nur selbst aussagen. Die Welt trägt den Widerschein und das Bild des Wortes in sich, durch das sie geschaffen wurde ... Indem Gott die Welt erschuf, hat er sie mit einer Botschaft beladen, die zu lesen die Menschen fähig sein sollten ... Doch diese erste göttliche ‹Offenbarung›, wie der Verfasser des Weisheitsbuches und Paulus gleicherweise behaupten, endete mit einem Mißerfolg, usw.» Vgl. H. Urs von Balthasar, *Theologik* I. *Wahrheit der Welt* (^{2}1985) S. 105f. Man könnte auch sagen, die Welt sei

ein «Namenszug» Gottes, um ein altes, außer Gebrauch gekommenes Wort wieder aufzugreifen.

[10] THOMAS VON AQUIN, *De Veritate*, q. 5, a. 2, ad 11m: «... imbecillitatem intellectus nostri, qui neque totum hoc de Deo potest ex creaturis accipere, quod creaturae manifestant de Deo.»

[11] BONAVENTURA, *In Hexaemeron*, collatio 13, n. 14: «Totus mundus est umbra, via, vestigium, et est liber scriptus forinsecus. In qualibet enim creatura est refulgentia divini exemplaris, sed cum tenebra permixta; unde est sicut quaedam opacitas admixta lumini» (Quaracchi 5, S. 386).

[12] Man sieht, dieser Satz steht im Irrealis, nicht im Indikativ. Er drückt eine Hypothese aus, die er gleichzeitig als falsch und unmöglich erklärt. In der Schulsprache bezeichnen wir es als ein *Videtur quod non*, wo die Antwort bereits eingebaut ist. Man entschuldige, daß solche Erklärungen erforderlich sind, deren die meisten Leser nicht bedürfen.

[13] Damit ist tatsächlich die ganze begriffliche Ordnung gerechtfertigt, deren Wert hingegen beeinträchtigt wäre, wenn man – im Begriff nur eine Art Atom erblickend – ihn vom tiefen Fluß geistigen Lebens abtrennen wollte. Damit würde man sich die Möglichkeit nehmen, ihn im Absoluten zu begründen. Auch das hat Joseph MARÉCHAL gut gesehen, als er von der «impliziten transzendentalen Notwendigkeit in jedem Begriff» sprach und hinzufügte: «Es ist unmöglich, die transzendentale Analogie des Seins zu rechtfertigen, wenn man den dynamischen Hintergrund verkennt, auf dem der unendlich mannigfaltige Formalgehalt menschlichen Denkens sich abzeichnet... In jedem unserer Begriffe, als der Vorbedingung seiner Teilwahrheit, einen Wahrheitsanspruch erkennen, der jeden möglichen begrifflichen Ausdruck unendlich übersteigt, dies heißt die Fundamente einer allgemeinen Theorie der Analogie und einer Metaphysik der Transzendenz legen»: *Nouvelle revue théologique* (1931) S. 193 und 197. Ebenso André BREMOND, aaO S. 575 mit dem ihm eigenen Humor und seiner pittoresken Sprache: «Wenn sie nicht von Anfang an jene Dynamik des Seins setzt oder unterwegs wiederfindet, bleibt die Ontologie dazu verdammt, nicht einmal ein Ballett, sondern bloß ein Repertorium blutarmer Kategorien zu bleiben. Wohin sollten sie sich denn auch zum Tanz bemühen?»

Siehe auch, von einem andern Standpunkt her: Étienne GILSON, *Le Thomisme*, 4. Aufl., S. 65: Wenn der universale Seinsbegriff «das Gegenteil eines leeren Begriffs» ist, so auf Grund «aller Existenzurteile, die er zusammenfaßt und umschreibt, doch mehr noch auf Grund seines dauernden Bezugs auf die unendlich reiche Wirklichkeit des reinen Existenzaktes». Ähnliche, wenn auch weniger treffende Bemerkungen finden sich bei Théodore de REGNON, aaO erste Reihe (1892) S. 21. – Muß wirklich nochmals festgehalten werden, daß in all diesen Texten wie auch in dem unseren von nichts Übernatürlichem die Rede ist?

[14] Vgl. M.-D. CHENU, aaO S. 161: «Damit ist ausgesprochen, wie sehr, technisch wie geistig, der Gott des Aristoteles und der Gott des heiligen Thomas sich unterscheiden, weil der aristotelische Beweis des Ersten – ontologisch von allem übrigen abwesenden – Bewegers sich vom thomistischen Weg zum *Ipsum Esse subsistens* unterscheidet, dessen Gegenwart das Sein der Dinge gerade durch seine Hinfälligkeit kundtut.»

[15] Étienne GILSON, aaO S. 11: «Da Aristoteles seinen Ersten Beweger unbeweglich als ein Denken, das sich denkt, setzt, hat er die Reinheit des höchsten Aktes garantiert, indem er ihn in die Herrlichkeit der göttlichen Abgeschiedenheit einschloß. Der aristotelische Gott ist nicht einfach von allem übrigen als etwas ontologisch Unterschiedenes ‹abgetrennt›, sondern als etwas von allem übrigen ontologisch Abwesendes. Die einzige Weise der Gegenwart in den Dingen, die ihm zukommt, ist das Verlangen, das diese nach ihm empfinden und das sie zu ihm hin bewegt. Dieses Verlangen nach Gott aber ist ihr eigenes Verlangen; es gehört zum Sein, das es empfindet, nicht zum Sein, das sein Endziel ist. Ganz anders verhält es sich in der Welt des heiligen Thomas von Aquin. Der Bezug der Dinge zu ihrem Grund erfährt darin einen Grad von Tiefe, den man weder in der Sprache des Aristoteles noch selbst in der des Plato zum Ausdruck bringen könnte. Bis in seine Existenz hinein ist die Welt des heiligen Thomas eine geheiligte, also eine religiöse Welt.» Und S. 144: «Diese Welt, wo es etwas Wundersames ist, geboren zu sein, wo der Abstand, der das geringste Seiende vom Nichts trennt, eigentlich unendlich ist, diese geheiligte Welt, die bis in ihre innersten Fasern hinein von Gottes Gegenwart durchtränkt ist, dessen souveräne Daseinskraft sie ständig vor dem Nichts rettet, diese Welt ist die Welt des heiligen Thomas von Aquin.»

[16] BONAVENTURA, *De reductione artium ad theologiam*. ANSELM, *Monologion*, c. 13: «... Necesse est ut, sicut nihil factum est nisi per creatricem praesentem essentiam, ita nihil vigeat nisi per eiusdem servatricem praesentiam» (PL 158, 161AB). AUGUSTINUS, *De Musica*, 6, n. 40: «Cum ergo ipsa (anima) per se nihil sit, quidquid autem illi esse est, a

Deo sit; in ordine suo manens, ipsius Dei praesentia vegetatur in mente atque conscientia. Itaque hoc bonum habet intimum» (PL 32, 1185).

[17] A.-D. SERTILLANGES OP in: *Saint Thomas, Somme théologique, Dieu* 3, S. 343. Vgl. S. 340: «Gott ist in dem Sinn unerkennbar, daß unsere Wörter und Begriffe ihn in keiner Weise definieren, nichts in ihm so ausdrücken, wie wir es ausdrücken, und als Bedeutungswert nicht über die Bejahung seiner Notwendigkeit selbst und der unsagbaren Fülle hinausgehen, die ihm erlaubt, in allen für uns undefinierbaren Bereichen jene Rolle des Letzt-Notwendigen, des Ersten und Allerhöchsten zu spielen. Allerdings ist der in sich selbst unerkennbare Gott nicht in jeder Weise unerkennbar; die Begriffe, die wir uns von ihm machen, sind nicht willkürlich; sie sind ihm angemessen auf Grund eines gewissen Bezugs, und zwar eines *von uns definierten Bezugs* zwischen dem Abgeleiteten, woraus sich unsere Begriffe schöpfen, und dem letzten Quell...» So drückt jeder Gott gegebene Name «das notwendige Postulat eines wahren Bezugs aus. Vgl. JOHANNES DAMASCENUS, *De fide orthodoxa,* 1, c. 4: «Alles, was wir von Gott in positiven Ausdrücken aussagen, zeigt nicht seine Natur an, sondern das, was seine Natur umgibt» (PG 94, 800). Und HIERONYMUS, *In Isaiam* 6: «...Non juxta id quod est Deus, sed juxta id quod se creaturis suis dignanter ostendit» (*Analecta Maredsolana*, 3, 2, S. 108).

[18] Der Einwand wurde von Léon BRUNSCHVICG vorgebracht, *La querelle de l'athéisme,* Sociéte française de philosophie, Sitzung vom 24. März 1928 (abgedruckt in: *De la vraie et de la fausse conversion* [1950]. Nach ihm, «ist die Hypothese einer geistigen Transzendenz ein offensichtlicher wortbedingter Widerspruch» (S. 209). (Vgl. *Transcendance et Religion,* ebd. S. 127: «Einerseits ein Realismus der Transzendenz, der einer Vorstellung von *Höhe* entspringt; anderseits ein Idealismus der Immanenz, der sich von einer Reflexion der *Tiefe* herleitet.») Darauf erwiderte Gabriel MARCEL: «Ich kann mich der Befürchtung nicht erwehren, daß dieser Kult der Innerlichkeit... trotz allem nichts anderes ist als ein umgedrehtes raumhaftes Vorurteil» (S. 249). Auch Étienne GILSON hatte auf die «ärgerliche Verwechslung» Brunschvicgs hingewiesen, die übrigens schon von Denkern wie Augustin und Thomas abgewiesen worden war: «Die Hypothese einer geistigen Transzendenz ist für die Vernunft nur dann widersprüchlich, wenn sie sich in der Einbildungskraft realisiert; doch die stete philosophische und theologische Lehre des Christentums lehnt es gerade ab, eine solche Vorstellung als hinreichend anzunehmen» (S. 218f.).

[19] Und diese Kritik wird vielleicht letzten Endes zugeben, daß die Höhe und Bewegung der Transzendenz weniger erste Gegebenheiten des Empfindungsvermögens sind, die dann durch eine anfechtbare, auf der Einbildungskraft beruhende Analogie transponiert würden, als vielmehr durch einen ontologischen und spontanen Symbolismus unmittelbar im Empfindungshaften selbst wahrgenommene Werte. – Interessante Einzelheiten über Verwendung und Geschichte des Wortes «Transzendent» im Verhältnis zum Wort «transzendental» findet man im *Traité de métaphysique* von Jean Wahl (1953) S. 642–649. Zu Transzendenz und Exteriorität vgl. Augustinus, *De diversis quaestionibus* 83, S. 29: «Gibt es etwa ‹oben› und ‹unten› im Universum?»

[20] Bernhard von Clairvaux, *De consideratione*, 5, c. 13, n. 28 (PL 182, 805B). Augustinus, *Confessiones*, 1, c. 3: «... quae imples, continendo imples. Non enim vasa, quae te plena sunt, stabilem te faciunt, quia etsi frangantur non effunderis. Et cum effunderis super nos, non tu jaces, nec tu dissiparis, sed colligis nos.»

[21] Hilarius, *De Trinitate*, 1, c. 6, wo er die zwei Verse Jesaia 40,12 kommentiert: «Qui tenet caelum palma pugilo», und 66,1: «Caelum mihi thronus est, terra autem scabellum pedum meorum» (PL 10, 29). Ambrosius, *De Fide*, 1, c. 16, n. 106 (PL 16, 553): «Gott, der alles erfüllt, ohne mit dem übrigen verwechselt zu werden, der alles durchdringt, ohne selbst von irgend etwas durchdrungen zu werden, der überall ganz ist, usw.» Augustinus, *Soliloquien*, I, c. 1, n. 4. *In Psalmum* 130, n. 12: «Intus Deus altus est et spiritualiter altus; nec pervenit anima ut contingat eum, nisi transierit se» (PL 37, 1712). *De Trinitate*, 5, c. 1, n. 2: «... sine situ praesidentem, sine habitu omnia continentem, sine loco ubique totum, sine tempore sempiternum ...»(PL 42, 912). *De Genesi ad litteram*, 8, c. 26 (PL 34, 391). *Epistula* 187, c. 4, n. 14 (PL 33, 837). Pseudo-Augustinus, *Liber meditat.*, c. 3: «Intra non est inclusus, extra non exclusus» (PL 40, 924).

[22] Gregor der Grosse, *Moralia in Job*, 2, c. 12, n. 20: «Ipse manet intra omnia, ipse extra omnia, ipse supra omnia. Et superior est per potentiam, et inferior per sustentionem, exterior per magnitudinem, interior per subtilitatem. Sursum regens, deorsum continens, extra circumdans, interius penetrans. Nec alia ex parte superior, atque ex alia interior; sed unus idemque totus ubique praesidendo sustinens, sustinendo praesidens, circumdando penetrans, penetrando circumdans.» Vgl. 5, c. 42; 16, c. 28 (PL 75, 713 u. 1140).

Dieser Text ist im Mittelalter oft aufgegriffen und adaptiert worden. ISIDOR VON SEVILLA, *Sententiae,* 1, c. 2, n. 2 (PL 83, 541). JOHANNES VON FÉCAMP, Contemplativa oratio ad Deum Summam Trinitatem: «... Es ergo interior et exterior, inferior et superior; regendo superior, portando inferior, replendo interior, circumdando exterior; sicque virtus es ut extra sis, sic circumdas ut penetres, sic praesides ut portes, sic portas ut praesideas ...» (Ed. J. Leclercq, *Studia Anselmiana* 20, S. 99). (Ebd., Brief an einen Abt des 11. Jahrhunderts: «Deus immense ..., qui opera tua extra et intra reples, supra regis et infra fers ...») ANSELM, *Monologion*, c. 14: «... Ipsa est (essentia creans et fovens) quae cuncta alia portat et superat, claudit et penetrat» (PL 158, 1, 161C). HILDEBERT VON LAVARDIN, *Carmina miscellanea*, 71:

Alpha et Omega, magne Deus ...
Super cuncta, subter cuncta;
Extra cuncta, intra cuncta:
Intra cuncta, nec inccusus,
Extra cuncta, nec exclusus,
Super cuncta, nec elatus,
Subter cuncta, nec substratus.
Super totus, praesidendo;
Subter totus, sustinendo;
Extra totus, complectendo;
Intra totus es, implendo.
Intra nunquam coarctaris,
Extra nunquam dilataris,
Super nullo sustentaris,
Subter nullo fatigaris ...

(*Oratio devotissima ad tres Personas sanctissimae Trinitatis ad Patrem*. PL 171, 1411). HERMANN VON ST. MARTIN, *Tractatus de Incarnatione Christi*, c. 1 (PL 180, 12D). WILHELM VON AUXERRE, *Summa*, I, c. 15 (fol. 34 b). ALBERT DER GROSSE, *In Sent.*, d. 37, a. 21 (Opera 26, S. 251). ALEXANDER VON HALES, *Summa theologica* 1, S. 68 und 71, usw. Schon bei SENECA, N. Q. 1, praef. 13: «... opus suum et intra et extra tenet.»

[23] BERNHARD VON CLAIRVAUX, *In Cantica*, sermo 74 (PL 183, 1141).

[24] *Jer* 23, 16–28.

[25] Hubert PAISSAC OP, *Le Dieu de Sartre* (1950) S. 75 f.

[26] Martin BUBER, *Werke*, 1. Bd. *Schriften zur Philosophie*: *Ich und Du*, 3. Teil (1962) S. 128.

[27] Gabriel MARCEL, C. F., *Le mystère de l'être* 1 u. 2 (1950/51).

[28] Ferdinand ALQUIÉ, *Solitude de la raison*, in: *Deucalion* 1, S. 188.

[29] Vgl. Simon FRANK, *Dieu est avec nous. Trois méditations* (französische Übersetzung aus dem russischen Manuskript 1955) S. 71: «Nur von einem Abwesenden kann man in der dritten Person sprechen... Vor dem Angesicht Gottes kann man nur zu Gott sprechen und nicht über ihn räsonnieren... Der Gott eines lebendigen Glaubens ist stets *mein* Gott; ‹Gott-mit-mir› ist ein Wesen, das nur der Vokativ zum Ausdruck bringen kann.»

[30] Man sei sich klar, daß es sich hier nicht um *jede* natürliche Gotteserkenntnis handelt, sondern nur um jene im Erkennen der sittlichen Pflicht eingeschlossene, wenn diese in ihrer ganzen Dringlichkeit erfaßt wird. Daß es anderseits eine zugleich natürliche wie explizite Gotteserkenntnis gibt, bestätigen wir an manchen anderen Stellen. – Zur Beziehung zwischen Erkenntnis der Pflicht und Gotteserkenntnis vgl. Yves de MONTCHEUIL SJ, *Dieu et la vie morale*, in: *Mélanges théologiques* (^{2}1951) S. 141–157.

[31] Jacques MARITAIN, *Raison et raisons*, S. 137–139.

[32] Deswegen ist Thomas, wenn er vom Erwachen des sittlichen Bewußtseins spricht, der Ansicht, daß die dann getroffene Entscheidung Annahme oder Verweigerung der Gnade ist, sie rechtfertigt oder verurteilt: *Prima Secundae*, q. 89, a. 6; vgl. *De Veritate*, 24, a. 12 ad 2m; *De Malo*, q. 5, a. 2, ad 8m; ci. 7, a. 10, ad 8m; *In 2 Sent.*, d. 42, q. 1, a. 5, ad 7m.

[33] Jacques MARITAIN, *Neuf leçons sur les notions premières de la philosophie morale*, Sammlung *«Cours et documents»* (1951) S. 123; auch S. 127: «Das Kind..., das sich entscheidet, sein Tun auf das rechtschaffene (bonum honestum) Gute als universalen Wert und damit, kraft einer Dynamik, die ihm selber unbewußt bleiben kann, auf Gott als das letzte Ziel hinzurichten, ein solches Kind trifft diese Wahl kraft der göttlichen Gnade und strebt durch die theologale Liebe seinem letzten Ziel zu. So ist der erste Akt usw.» Vom gleichen Verfasser: *Raison et raisons*, S. 131–165: *La dialectique immanente du premier acte de liberté*. Charles JOURNET, *Vérité de Pascal* (1951) S. 191, Anm. (nach Maritain): «wirkliche, aber vorbegriffliche Erkenntnis des Guten als Zuflucht und Heil, das heißt Gottes als Heiland».

[34] André MARC SJ, *Dialectique de l'affirmation* (1952) S. 605; vgl. Louis LAVELLE, *De l'Acte*, S. 63: die Person drückt «das tiefste Wesen des Seins aus».

[35] Charles de MORÉ-PONTGIBAUD SJ, *Sur l'analogie des noms divins, l'analogie métaphorique*, in: *Recherches de science religieuse* (1952) S. 182,

vgl. S. 166 u. 173: «Die Metapher (wie das Symbol) zeigt sich als Kundgabe einer Beziehung zwischen einer niedrigeren und einer höheren Wirklichkeitsebene, die von der ersteren mächtig angedeutet, aber eigentlich in ihr keineswegs enthalten ist. Zwischen dem Dargestellten und dem Gemeinten besteht zugleich eine enge Beziehung und eine offensichtliche Andersartigkeit, eine Entsprechung und ein ‹Schnitt›, was abermals das sehr bezeichnende Wort Transposition bezeugt... Dieses Vorgehen bietet unserem Geist unvergleichliche Hilfsmittel, um sich der Wirklichkeit des höchsten Gegenstands, der lebendigen, uns auf ihn hin ausrichtenden Kräfte bewußt zu werden – doch wollte er dies ohne Unterscheidung und auf überhebliche Weise tun, würde er sich allen Verwirrungen und Irrtümern aussetzen, die ein so wesentlicher Mangel an Unterscheidung erzeugte.»

[36] Vgl. Frithjof SCHUON, *De l'unité transcendante des religions* (1948) S. 76f.: «Die höchsten Wirklichkeiten bekunden sich am offensichtlichsten in ihrer entferntesten Wirkung...»; S. 163, Anm. 2: «... die Stellung des analogischen Antipoden der sinnfälligen Formen den Einsichten gegenüber...» Gewisse Konsequenzen, die der Autor aus diesem Prinzip zieht, hängen mit seiner eigenen Lehre zusammen. – Jean TROUILLARD, *Le Cosmos du Pseudo-Denys*, in: *Revue de théologie et de philosophie* (1955) S. 56: «Die allerunähnlichsten Symbole sind die besten, weil sie nicht in Gefahr sind, den Aufschwung der Seele bei sich selber aufzuhalten.» Das ist die Lehre THOMAS VON AQUINS, *In Boethium de Trinitate*, q. 6, a. 2, ad 1m: «Sacra Scriptura non proponit nobis divina sub figuris sensibilibus, ut intellectus noster ibi maneat, sed ut ab his ad invisibilia ascendat; unde etiam per vilium rerum figuras tradit, ut minor praebeatur in talibus occasio remanendi, ut Dionysius dicit »; *De veritate*, q. 10, a. 7, ad 10m. Vgl. JOHANNES SCOTUS, *De divisione naturae*, 1, n. 67 (PL 122, 512A).

[37] Pierre LYONNET SJ, *Écrits spirituels* (1951); vgl. DIONYSIUS AREOPAGITA, *Himmlische Hierarchie*, Kp. 15,2: «Überhaupt liebt sie [die Offenbarung] allerorts die vom Feuer hergenommene bildliche Darstellung in vorzüglichem Maße» (*Bibliothek der Kirchenväter*, Hrsg. J. Stiglmayr [1911], S. 76).

[38] Charles de MORÉ-PONTGIBAUD, aaO S. 167.

[39] Vgl. BONAVENTURA, *In Sent.*, d. 8, P. 1, q. 2, concl.: «Quia vero deficit in cognitione quid est, ideo frequenter cogitat Deum esse quod non est, sicut idolum, vel non esse quod est, sicut Deum justum» (Quaracchi 1, S. 154). AUGUSTINUS, *In Psalmum* 134, n. 4 u. 5: «Omnia

ista dico bona, sed tamen cum suis nominibus: caelum bonum, angelum bonum, hominem bonum. Ad Deum cum me refero, puto melius nihil dicere quam bonum ... Ipsa est veritas, ipsa est Sapientia, ipsa est Virtus Dei» (PL 37, 1740 u. 1742). Dionysius Areopagita, *Von den Namen zum Unnennbaren*, Kp. 4, n. 7: «Das Schöne und die Schönheit sind bei der alles in (seiner) Einheit zusammenfassenden All-ursache nicht voneinander zu trennen» (Sammlung *Christliche Meister* 39, Hrsg. E. von Ivánka [^{3}1990], S.59f.).

40 Thomas, *Prima* q. 13, a. 5: «Cum hoc nomen ‹sapiens› de homine dicitur, quodammodo circumscribit et comprehendit rem significatam; non autem cum dicitur de Deo, sed relinquit rem significatam ut incomprehensam et excedentem nominis significationem.» Dionysius der Kartäuser, *De lumine christianae theoriae*, 1, a. 20: «... Neque Deus pura bonitas, secundum quod pura bonitas a nobis agnoscibilis est» (*Opera omnia* 33, S. 254).

41 Das kommt nur allzuoft vor, und von solchem Götzendienst her, wie von jeder Lüge, wuchert weitere Lüge. «Es ist der den abstrakten Axiomen einer Moral eigentümliche Pharisäismus oder, wie man heute sagt, die dem Idealismus eigene Mystifizierung, sich als ‹rein› auszugeben, während sich in Wirklichkeit ein Begriff, je allgemeiner und abstrakter er wird, um so eher dazu eignet, leidenschaftliche und absurde Resonanzen in sich aufzunehmen»: Edmond Ortigues, *Quelques ouvrages de psychanalyse*, in: *Vie spirituelle*, Supplément (1951) S. 457.

42 Augustinus, *Contra Adimantum Manichaei discipulum*, c. 2: «... Illi enim haec verba (ira Dei, zelum Dei ...) horrescunt, qui nondum viderunt ineffabili majestati nulla verba congruere. Sic enim ab istis verbis temperandum putant, quasi aliquid dignum Deo dicant, cum ista non dicunt. Sanctus enim Spiritus hoc ipsum hominibus intelligentibus insinuans, quam sint ineffabilia summa divina, his etiam verbis uti voluit, quae apud homines in vitio poni solent, ut inde admonerentur, etiam illa quae cum aliqua dignitate Dei se putant homines dicere, indigna esse illius majestate, cui honorificum potius silentium, quam ulla vox humana competeret» (PL 42, 142). Oder *Sermo* 241, c. 7, n. 9: «... Ideo tamen et ad ista verba (paenitere Deum, nescire Deum ...) salubriter Scriptura descendit, quae tu exhorres, ne illa quae magna putas, digne dicta arbitreris, etc. Qui autem et ista transcenderit, et de Deo, quantum homini conceditur, digne cogitare caeperit, inveniat silentium ineffabili cordis voce laudandum» (PL 39, 1498; Hinweis auf Ps 65, 2: «Tibi silentium laus»).

[43] AUGUSTINUS, *Sermo* 241, n. 9: «Tamen ista de Deo dicimus, fratres, quia non invenimus melius quod dicamus. Dico justum Deum, quia in verbis humanis nihil melius invenio: nam est ille ultra justitiam... Justum quidem Deum dicis: sed intellige aliquid ultra justitiam quam soles de homine cogitare...» (PL 39, 1498). ISAAK VON STELLA, *Sermo* 22, n. 5: «Was ist Gott, wenn er die Gerechtigkeit ist? Oder was ist die Gerechtigkeit, wenn sie Gott selber ist?... Doch wird man wohl sagen müssen, was zu sagen möglich ist, wenn man vom Unaussprechlichen reden will, von dem in entsprechenden Worten nichts ausgesagt werden kann. Entweder muß man unbedingt schweigen oder sich entlehnter Worte bedienen.» Vgl. GREGOR DER GROSSE, *Moralia in Job*, 35, c. 6, n. 9: «O Domine, judicii tui sententia indicat quantum a luce tuae rectitudinis caecitas nostra discordat» (PL 74, 754B).

[44] Vgl. THOMAS, *Prima*, q. 106, a. 1, ad 3m: «Rationalis mens formatur immediate a Deo, vel sicut imago ab exemplari, quia non est facta ad alterius imaginem quam Dei, vel sicut subjectum ab ultima forma completiva, quia semper reputatur informis, nisi ipsi primae veritati inhaereat.» AUGUSTINUS berücksichtigte meistens diesen zweiten Aspekt: so in *De Genesi ad litteram*, 1, c. 4 u. 5, wo es sich vor allem um das vernünftige und glückselige Leben handelt (PL 34, 249–250).

[45] Vgl. Jacques LECLERCQ, *Dialogue de l'homme et de Dieu* (Neuaufl. 1948) S. 37.

[46] Étienne GILSON, *L'esprit de la philosophie médiévale,* S. 52; vgl. S. 56: «Wenn das göttliche Sein (als unendlich) betrachtet wird, entzieht es sich mehr denn je dem Zugriff unserer Begriffe. Es gibt keinen einzigen Begriff unter den uns verfügbaren, der nicht irgendwie zerbersten würde, wenn wir ihn auf Gott anzuwenden versuchten. Jede Benennung ist eine Begrenzung; Gott aber ist jenseits aller Begrenzung, somit auch jenseits aller Benennung.»

[47] André BREMOND, *Une dialectique thomiste...*, aaO S. 572f.: «Jedes bejahbare Subjekt..., das man mit dem Absoluten des Seins, gewiß in einer gewissen Beschränkung, in Beziehung setzt, wird mit dem Prädikat bedeutet; Gott ist das einzige Subjekt, das mein Geist notwendigerweise absolut, unbegrenzt, unbezeichnet im Absoluten setzt.» Vgl. Étienne GILSON, *L'Être et l'Essence* (1948) S. 326. J. de FINANCE, *Être et agir*, S. 351: «Es stimmt, das Wort ruft in mir nur eine unfaßlich armselige *Vorstellung* hervor... Aber diese Armut ist nur das Dienstgewand, unter dem sich im begrifflichen Denken eine Dynamik anzeigt, die in ihrer objektiven Weite durch nichts begrenzt wird.» THOMAS, *Compen-*

dium theologiae, 1, c. 10; I, q. 13, a. 11; *De Potentia*, q. 7, q. 2; *Contra Gentiles*, 1, c. 22, usw.

[48] Viertes Laterankonzil: «Inter Creatorem et creaturam non potest tanta similitudo notari, quin inter eos major sit dissimilitudo notanda.»

[49] THOMAS, *De Veritate*, q. 2, a. 1, ad 9m. *Contra Gentiles,* 3, c. 49. *De Potentia*, q. 7 a. 5, ad 14m. Vgl. *De anima*, q. 2 a. 16, usw.

[50] In *Le Dieu de Sartre* (1950) unterzieht Hubert PAISSAC die menschliche Nennung des Namens Gottes einer scharfsinnigen Kritik: «Ein Subjekt ist unbedingt auszusagen. Man wird wohl, ohne sich vom Vorgang täuschen zu lassen, Gott ‹Es-Ist› nennen müssen» (S. 80). Gott ist weder ein Subjekt, das sich von seinem Akt unterscheidet, noch ein Objekt, «sondern reiner Existenzakt, jenseits einer oberflächlichen Trennung von Objekt und Subjekt. Also ist er undenkbar. Oder genauer gesagt, um ihn zu denken, müßte man er sein. Nur dann, in einer für sich selbst streng unmittelbaren Gegenwart, würde die Wirklichkeit Gottes zugleich gelebt und erkannt» (S. 84). «Der göttliche Name (Es-Ist) . . . wäre nicht zu würdigen ohne einen Bereich des Schweigens und der Nacht, wie ihn unsere Begriffe darstellen. Wenn wir meinen, von Gott dies oder das zu behaupten: er sei Schöpfer oder Auge, der Andere oder Selbe, werde erwartet und betastet, so tragen wir eigentlich subtile Verneinungen zusammen, die unseren Geist ausräumen und gleichsam einen Anruf zustande kommen lassen. Gott wird schließlich der sein, der erschöpfend antwortet» (S. 154).

[51] AUGUSTINUS, *De libero arbitrio,* 2, c. 15, n. 39: «certa, quamvis adhuc tenuissima, forma cognitionis» (PL 32, 1262).

[52] Es ist hier nicht die Rede, man möge dies beachten, von einem Schwanken zwischen einer Bejahung und einer Verneinung Gottes, zwischen Dogmatismus und Skeptizismus, sondern von den beiden Zeiten des Erkennens: der positiven und der negativen Theologie.

[53] Daraus soll selbstverständlich nicht geschlossen werden, daß die Bejahung die ihr inwendige Beständigkeit der Gnade verdanke. Etwas anderes ist der Wert der sozusagen unpersönlichen Bejahung selbst, etwas anderes die Abgeklärtheit und Ruhe irgendeines konkreten Menschen, in dem dieses Ja über jede gegnerische Gewalt triumphiert hat. – Andere Fälle derselben Art zeigen sich im Geistesleben. So bestärken und erleuchten manche christliche Philosophen, darunter auch Thomas, auf Grund eines analogen Vorgehens ihr Ja zum Schöpfergott durch einen Rückgriff auf das Geheimnis der Dreifaltigkeit. Im Besitz einer mit Hilfe der natürlichen Vernunft erlangten Erkenntnis und

ohne diese ernsthaft wieder in Frage zu stellen, merken sie doch an, daß diese Erkenntnis auch ihrerseits nicht weniger zum Problem wird und daß, um die von ihr her im Geist entstehenden Antinomien zu lösen, das Licht der übernatürlichen Offenbarung allein eine voll wirksame Hilfe bietet. Vgl. die letzten Schriften von Maurice BLONDEL, oder Karl ADAM, *Christus unser Bruder* (1950). Und THOMAS, *Prima*, q. 32, a. 1, ad 3m: «Cognitio divinarum personarum fuit necessaria nobis ... ad recte sciendum de creatione rerum ...» *Contra Gentiles*, 2, c. 3. Vgl. A.-R. MOTTE OP, *Theodicée et théologie chez saint Thomas d'Aquin*, in: *Revue des sciences philosophiques et théologiques* (1937) S. 15f.: «Liegt übrigens darin nicht eine jener ‹Notwendigkeiten›, die Thomas der Offenbarung des Geheimnisses der Dreifaltigkeit zuerkennt, nämlich endgültig die emanatistischen Vorstellungen auszuräumen, nach denen Gott aus einer Naturnotwendigkeit handeln würde, während der Begriff des Wortes und der schöpferischen Liebe gerade eine Weise einsichtiger und freier Hervorbringung beinhaltet? ... Das Wort *necessaria* darf selbstverständlich nicht zu sehr gepreßt werden. Der Text läßt immerhin unbezweifelbar verstehen, für wie schwierig es Thomas erachtete, mit Hilfe der bloßen Vernunft diese Irrtümer über die Schöpfung, die zugleich Irrtümer über den Schöpfer sind, auszuräumen.»

[54] Louis BOUYER, *Le sens de la vie monastique* (1950) S. 132f.

[55] Vgl. THOMAS, *In primum Sent.*, d. 14, q. 2, a. 2, ad 3m; d. 15, q. 2, ad 5m; d. 16, q. 1, a. 2.

[56] Hier ist, wie im Fall der Liebe, die von Thomas in dem parallelen Fall von der Schau der Wahrheit angebrachte Richtigstellung der augustinischen Überlegung anzuwenden: *Contra Gentiles*, 3, c. 47: «in mentibus hominum divinae veritatis quasi quaedam imago». Vgl. AUGUSTINUS, *Confessiones*, 12, c. 25, usw.

[57] *In Jo* 4, 7. Georges LEFEBVRE, die Heiligen Gregor und Johannes vom Kreuz kommentierend, schreibt: «Es gibt einen gewissen Sinn für Gott, der Frucht der Liebe ist»; eben «diese dunkle und geheimnisvolle Erkenntnis, diese Vorahnung, die in der Liebe selbst zum geliebten Gegenstand vorhanden ist». So wird Gott erkannt «in der Liebe, die man zu ihm hat»: *Prière pure et pureté du coeur* (1954) S. 38f. Vgl. CLEMENS VON ALEXANDRIEN, *Stromata* 5 Kp. 1, 13, n. 2: «Gott ist Liebe, und er läßt sich von den Liebenden erkennen.»

[58] WILHELM VON ST. THIERRY, *De natura et dignitate amoris* (PL 184, 390).

[59] AUGUSTINUS, *De Trinitate*, 8, c. 8, n. 12: «Nemo dicat: Non novi

quid diligam. Diligat fratrem, et diligit eamdem dilectionem. Magis enim novit dilectionem qua diligit, quam fratrem quem diligit. Ecce jam potest notiorem Deum habere quam fratrem: plane notiorem, quia praesentiorem; notiorem, quia interiorem; notiorem, quia certiorem. Amplectere dilectionem Deum, et dilectione amplectere Deum. Ipsa est dilectio quae omnes bonos Angelos et omnes Dei servos consociat vinculo sanctitatis, nosque et illos conjungit invicem nobis, et subjungit sibi ... Caritatem video, et quantum possum eam mente conspicio, et credo Scripturae dicenti, quoniam ‹Deus caritas est, et qui manet in caritate, in Deo manet› ... et ‹omnis qui diligit ex Deo natus est, et cognoscit Deum›» (PL 42, 957–958). Auch Caterina von Genua nennt Gott «Gott-Liebe», «glückselige Liebe» (*Vita*, c. 10 und 21); für sie «wird das, was die Theologen die metaphysische Wesenheit Gottes nennen, einzig durch die reine Liebe begründet, das heißt durch die Liebe, die als hauptsächlichstes Postulat die Reinheit hat»: Umile da Genova OMC, *Catherine de Gênes*, in: *Dictionnaire de spiritualité,* Fasc. 8 (1938) Sp. 300.

[60] Bernhard von Clairvaux, *De consideratione,* 5, c. 14., n. 30: «At nisi posset, non dixisset Apostolus: ‹Ut comprehendamus cum omnibus sanctis› (Eph 3,18). Sancti igitur comprehendunt. Quaeris quomodo? Si sanctus es, comprehendisti, et nosti; si non, et tuo experimento scies» (PL 182, 805CD). Alle Gotteserkenntnis ist eine Art Antwort auf die Initiative Gottes, und alle wahre Erkenntnis setzt ein gewisses Verhältnis, eine gewisse Konnaturalität zwischen dem Erkennenden und dem Erkannten voraus; doch: «solus est amor in quo potest creatura, etsi non ex aequo, respondere auctori, vel de simili mutuam rependere vicem»: *In cantica sermo* 83, n. 4 (PL 183, 1183B). Vgl. P. Dumontier, *Saint Bernard et la Bible* (1935) S. 160, Anm.

[61] J. de Vries hat glücklicherweise in: *Scholastik* (1950) S. 129, die hier skizzierte konkrete Dialektik erfaßt und kurz gezeigt: «Wie einerseits der Gottesglaube im Menschen mannigfach gefährdet ist, wie er sich aber anderseits dem Geist doch unwiderstehlich aufdrängt ... Wenn die ‹grundlegende Bejahung› sich im bewußten Denken auswirkt, besteht die Gefahr, daß sie entweder zur Bildung von Mythen führt, die das Göttliche vermenschlichen, oder daß die Läuterung des Gottesbegriffs von allen Vermenschlichungen nur ein abstraktes Göttliches übrigläßt bzw. zum Agnostizismus führt. Nur das Leben der Liebe, das der übernatürlichen Ordnung entstammt, befreit den Menschen aus diesem Widerstreit. Damit wird nicht die Gültigkeit des Gottesbeweises

verneint. Auch dieser geht aus der wesentlichen Zielstrebigkeit des Geistes hervor. Sein tragendes Gerüst ist fester als der härteste Stahl. Trotzdem kann er beiseitegeschoben werden, weil er eben nur den Verstand anspricht, Gott aber den ganzen Geist in Anspruch nimmt.»

[62] THOMAS, *In librum de Causis*, 6: «... Illud solum est capabile ab intellectu nostro, quod habet quidditatem participantem esse; sed Dei quidditas est ipsum esse; unde est supra intellectum.»

[63] In einer Anmerkung zu *La triple origine de l'idée de Dieu*, in: *Revue de métaphysique et de morale* 16 (1908) 2, S. 717–721, unterschied Gustave BELOT «drei unableitbare Quellen» dieser Idee: «der volkstümliche religiöse Quell, der intellektuelle und metaphysische Quell und der mystische Quell». Er fragte sich dann, «mit welchem Recht» etwa der Metaphysiker dieses Wort ‹Gott› der religiösen Überlieferung entnehme oder «mit welchem Recht» der Mystiker seinerseits dasselbe tue, in Anbetracht, daß zwischen diesen drei Bedeutungen des gleichen Wortes «keinerlei Einheit, nicht einmal eine psychologische, keine Gleichartigkeit, nicht einmal eine funktionelle», bestehe. Eine bescheidenere und zugleich weiter vorangetriebene Reflexion hätte den Verfasser dazu führen können, sich selbst zu fragen, «mit welchem Recht» er auf diese Weise eine Idee in drei Blöcke zerteile, die trotz der von ihm aufgezeigten Unterschiede sich überall, zumindest in ihrer letzten Absicht, spontan als eine einzige darbietet. (Erwähnt er nicht selbst in seinem Titel die «Gottesidee» im Singular, trotz ihres «dreifachen Ursprungs»?) Vielleicht hätte er dann zu sehen begonnen, daß, was er a priori als «Quellen» von drei tatsächlich voneinander unableitbaren Begriffen sah, nur drei «Kanäle» waren, drei große Zugangswege, auf denen eine so komplexe wie einzigartige Idee im menschlichen Bewußtsein schließlich ans Licht zu treten vermag. Um das zu sehen, hätte es wenigstens der Hypothese bedurft, daß diese Idee durch ihre offensichtlichsten psychologischen oder «funktionalen» Aspekte keineswegs erschöpft war, daß sie irgendeinen Bezug zu einem geistigen Absoluten haben könnte; daß in diesem Bereich nicht alles in letzter Instanz durch eine von irgendeiner «mythischen Vorstellung» ausgehenden Reihe von «psychologischen und sozialen Prozessen» sich erklären läßt... Kurz, man hätte nicht *a priori* voraussetzen dürfen, daß die Gottesidee in ihrer weitesten Bedeutung eine illusorische gewesen sei...

[64] BERNHARD VON CLAIRVAUX, *De consideratione,* 5, c. 13, n. 27–29, in bezug auf die Vielfalt unserer Äußerungen über Gott, namentlich die

andern Bezeichnungen: «longitudo, profunditas, sublimitas, profundum» (PL 182, 804–805).

[65] Paul CLAUDEL an Jacques Rivière, 11. Mai 1908. *Correspondance de Paul Claudel et de Jacques Rivière*, S. 158f.

[66] Vgl. *Histoire et Esprit, L'intelligence de l'écriture d'après Origène*, Sammlung «*Théologie*» (1950) S. 158f.; (dt. *Geist aus der Geschichte. Das Schriftverständnis des Origenes* [1968], S. 191–192. AUGUSTINUS, *De baptismo contra Donatistas*, 5, c. 27, n. 38: «Viele, die draußen zu sein scheinen, sind drinnen, und andere wieder, die drinnen zu sein scheinen, sind draußen.» Zu diesem Text siehe *Cahiers universitaires catholiques*, März 1953.

[67] «Es gibt einen verborgenen Atheismus in allen Herzen, der sich in allen Handlungen auswirkt: man rechnet nicht mit Gott.» BOSSUET, *Pensées detachées, 2.*

[68] Was nicht heißen will, daß jeder Atheist sich selber unbewußt ein Gläubiger ist! Vgl. Maurice BLONDEL, *La Pensée*, 1, S. 392f.: «... Und es gibt *wirklich* solche, die nicht *an Gott* glauben ... ‹Glaube an Gott› wird es somit nur da geben, wo ohne metaphysische, magische oder abergläubische Anmaßung praktisch zugegeben wird, daß man Gott nur erreichen kann, wenn er sich schenkt, daß man ihn für sich nicht haben kann, ohne ihm zuvor anzugehören ... Wenn man also sagen kann, daß ‹es keine Atheisten gibt›, so wird man wahrlich auch sagen können, daß ‹es schwierig und beschwerlich ist, kein Atheist zu sein› ...»; (dt. *Das Denken*, 2 Bde [1955–1956], Bd. 1, S. 371f.).

[69] *Spr* 25, 27b (LXX).

[70] H. PAISSAC OP, *Théologie, science de Dieu*, in: *Lumière et Vie* (1951) S. 36. Vgl. Karl BARTH, *Dogmatik im Grundriß* (1948) Paragraph 3.

[71] EVAGRIOS, *Gnostikos*, 5, 51: «Wer in der Harmonie der Dinge den Schöpfer sieht, weiß nicht, was seine Natur ist, kennt aber seine Weisheit; jene, durch die er alles gemacht hat. Ich sage nicht seine wesenhafte Weisheit; sondern jene, die in den Geschöpfen erscheint, die von solchen, die in diesen Dingen bewandert sind, gewöhnlich als natürliche Schau bezeichnet wird. Wenn dem so ist, wie töricht sind dann jene, die behaupten, sie erkännten sogar die Natur Gottes!» Vgl. Ant. und Cl. GUILLAUMONT, *Le texte véritable des «Gnostica» d'Évagre le Pontique*, in: *Revue de l'histoire des religions* 142 (1952) S. 181f. Vgl. *Selecta in Psalmos* (PG 12, 1661C). ZENO VON VERONA, 2, tract. 17, n. 1: «Humanae devotionis religiosa confessio est, de Deo hoc nosse, quod licitum est; sicut enim in simplici corde scrutanda sunt testimonia ejus, ita curiosi-

tate non sunt inquirenda secreta» (PL 11, 444–445). BERNHARD VON CLAIRVAUX, *In Cantica sermo* 62, n. 5: «non scrutator Majestatis, sed Voluntatis» (PL 183, 790D). THOMAS, *De virtutibus in communi*, a. 12, ad 11m: «Sapientia qua nunc contemplamur Deum, non immediate respicit ipsum Deum, sed effectus ex quibus Deum in praesenti contemplamur.»

[72] ANSELM, *Proslogion*.

ANMERKUNGEN
ZUM FÜNFTEN KAPITEL

[1] Denn Er ist – nach einem Wort GREGORS VON NAZIANZ, *45. Rede in sanctum Pascha,* c. 3, aufgegriffen von JOHANNES DAMASCENUS, *De fide orthodoxa*, 1, c. 9 (PG 94, 833), dann von Thomas (vgl. *unten*) – Derjenige, der «die Gesamtheit des Seins wie ein Meer von ‹ousia› ohne Grenzen und Ufer in sich sammelt».

[2] AUGUSTINUS, *De Civitate Dei,* 12, c. 8 (PL 41, 388).

[3] KIERKEGAARD, *Tagebücher,* 11 A 48 und 679; 12 A 320 (1849 und 1850).

[4] Théodore de REGNON SJ, *Étude sur la Sainte Trinité* 3 (1898) S. 458: «(Eine Definition) sollte ‹maßgeblich› sein. Aber kann die Vernunft Gott umgreifen? Kann die Wirkung ihre Ursache eingrenzen? So kann auch das rationale Maß Gottes nur die Negation jeglichen Maßes oder die Bejahung der Unermeßlichkeit sein.» HILARIUS, *De Trinitate,* 2, c. 7 (PL 10, 57A). Vgl. BONAVENTURA, *In Hexaemeron*, 20, 2: «Est ergo ibi caligo inaccessibilis, quae tamen illuminat mentes quae perdiderunt investigationes curiosas» (Quaracchi 5, S. 447). Ferner den Titel einer Quaestio der *Summa theologica* des ALEXANDER VON HALES (Pars I, inq. 1, tract. 2, q. 2 Quaracchi 1, S. 58): «De immensitate Dei quantum ad intellectum, seu de incomprehensibilitate ejus.»

[5] 1596–1634; Lieblingsschüler des Johannes von Saint-Samson. Vgl. Henri BREMOND, *Histoire littéraire du sentiment religieux en France* 2, S. 388–389.

[6] *Der Cherubinische Wandersmann*, 5. Buch, n. 41, aaO S. 145. Vgl. CLEMENS VON ALEXANDRIEN, *Stromata* 5, das ganze Kapitel 12.

[7] Vgl. den Ausdruck des seligen Heinrich SUSO: «Bild mit bilden us triben». Siehe P. BIZET, *Henri Suso et le déclin de la Scolastique* (1946) S. 280.

[8] Zur Unmöglichkeit, sich hienieden der Macht der Einbildung völlig zu entziehen, siehe die sehr schöne Betrachtung von WILHELM VON ST. THIERRY, *Meditativae orationes*, medit. 2: «... Stat igitur oratura Deum suum pavida et stupens anima, semetipsam in manibus suis semper portans, quasi eam tibi oblatura; pavida a consuetis, stupens ad insolita, ad inveniendum te portans signaculum fidei tuae; sed non adhuc inveniens cui illud resolvat; vultum tuum, Domine, vultum tuum requirens, nec sciens, nec omnino nesciens quid requirat. Cordis

sui phantasmata de te abominatur ut idola. Amat te, qualem te sibi fides describit; sed mens videre non sufficit. Ardensque faciei tuae desiderio, cui sacrificium pietatis et justitiae suae offerat, oblationes et holocausta, cum defertur, magis turbatur. Et cum non tam cito fidei tuae, cui se credidit, impetrat illuminationem, in tantum nonnumquam stupescit, ut credere se in te vix sibi credat, ut oderit se, quia, ut sibi videtur, non te amat. Absit autem ut non credat in te, qui sic anxiatur desiderio tui, ut non amet te, qui desiderat te usque ad contemptum omnium quae sunt, et etiam sui! Usquequo, Domine, usquequo? Tu, si non illuminas lucernam meam, si non illuminas tenebras meas, non eripiar ab hac tentatione, nec nisi in te, Deo meo, transgrediar murum hunc» (Ed. M. M. Davy, S. 64–65 u. 68–70).

Siehe auch GREGOR VON NAZIANZ, *28. Rede,* c. 12 (PG 26, 41); (dt. *Die fünf theologischen Reden,* Hrsg. Joseph Barbel [1963] in: *Testimonia. Schriften der altchristlichen Zeit,* Bd. 3, S. 63–128). Und das durch THOMAS formulierte allgemeine Gesetz, *Prima*, q. 84, a. 7.

[9] BERNHARD VON CLAIRVAUX, *De consideratione*, 5, c 7, n. 16 (PL 182, 798).

[10] AUGUSTINUS, *Sermo* 52, n. 16 (PL 38, 360). *Sermo* 117, n. 5: «De Deo loquimur. Quid mirum, si non comprehendis? Si comprehendis, non est Deus... Attingere aliquantulum mente Deum, magna beatitudo; comprehendere autem, omnino impossibile» (PL 38, 663). Unseres Erachtens entzieht man dem Gedanken Augustins etwas von seiner Kraft, wenn man mit X. LE BACHELET (*Dictionnaire de théologie catholique* 4, Sp. 1110) behauptet, in solchen Texten gehe es lediglich darum, die Idee einer «vollkommenen Erkenntnis» auszuschalten, womit «die göttliche Erkennbarkeit ausgeschöpft würde». Diese Art abschwächender Kommentare sind das Zeichen einer Zeit, da die bedrängende Gefahr des modernistischen Agnostizismus eine einseitige und allzu eifrige Apologetik auslöste, um immer hinreichend durchdacht worden zu sein. – Schon Théodore de RÉGNON schrieb, aaO (1892) S. 45: «Man fügt den Kirchenvätern eine unverdiente Beleidigung zu, wenn man ihre Unterweisung mit soviel minimalisierenden Erklärungen umgibt.» Für THOMAS vgl. oben Kp. 4, Anm. 17 u. 40 usw.

Vgl. *Le Livre de la Bienheureuse Angèle de Foligno* (nach der französischen Übersetzung von Paul Doncoeur) S. 140: «Als ich wieder zu mir kam, erkannte ich mit großer Gewißheit, daß jene, die mehr von Gott erfahren, weniger von ihm reden können. Denn gerade durch das, was sie von diesem unendlichen und unaussprechlichen Gut erfahren, vermögen sie weniger zu sagen... Gebe der Himmel, daß du verstehst, wenn du predigen gehst... Denn sonst könntest du gar nichts über Gott sagen. Und jeder Mensch würde dann schweigen. Und dann möchte ich gern zu dir kommen und dir sagen: Bruder, sprich jetzt ein wenig mit mir von Gott. Und du vermöchtest der Welt nichts zu sagen noch in irgendeiner Weise Gott zu denken, so sehr würde die unendliche Güte dich übersteigen. Und weder wird die Seele bewußtlos noch der Leib noch irgendeiner seiner Sinne. Sie wohnt ganz in uns. Du aber würdest dem Volke mit Nachdruck sagen: Gehet mit dem Segen Gottes, denn ich kann euch nichts sagen...»

Man findet bei MOSE BEN MAIMON, *Führer der Unschlüssigen,* eine ähnliche Überlegung: «... das Schweigen ist für dich ein Lob. Und dies ist ein in diesem Sinne sehr wichtiger und beredter Ausdruck. Er will sagen, daß wir in allem, was immer wir sagen mögen, um Gott Größe und Ruhm zuzuerkennen, etwas in Beziehung auf Gott Anstößiges finden [weil unser Lob, wenn es dem Verdienste dessen, dem es gilt, nicht ganz gerecht wird, eher eine Schmähung bedeutet] und darin eine gewisse Mangelhaftigkeit erblicken müßten. Somit ist es ihm gegenüber geziemender zu schweigen und das zu berücksichtigen, was die Vernunftwesen erkennen...»; (dt. Übersetzung und Kommentar Adolf WEISS, Einleitung Johann MAIER, Bd. 1, 1. Buch, 59. Kp.[1972], S. 207). Hier geht es uns nicht darum, abzuklären, ob die Lehre des Maimonides diesen überlieferten Gedanken auf völlig befriedigende Weise Rechnung getragen hat. Vgl. Richtigstellung durch THOMAS, *Prima*, q. 13, a. 12.

[11] AUGUSTINUS, *De Civitate Dei*, 12, c 18 (PL 41, 368); *Sermo* 53, c. 11. n. 12 (PL 38, 370). Vgl. PSEUDO-DIONYSIUS, *Brief an Gaius,* c. 1.

[12] ANSELM, *Monologion,* c. 65: «Sic ergo illa natura et ineffabilis est, quia per verba, sicuti est, nullatenus valet aestimari; et falsum non est, si quid de illa, ratione docente, per aliud velut in aenigmate potest aestimari» (PL 158, 212B).

[13] Siehe zum Beispiel den 1348 verurteilten Satz: «... quod propositiones: Deus est, Deus non est, penitus idem significant, licet alio modo.» *Errores Nicolai de Ultricuria,* n. 3 (Denzinger-Schönmetzer, aaO n. 1030, S. 302).

[14] AUGUSTINUS, *De doctrina christiana*, 1, c. 6 (PL 34, 21). THOMAS, *In Boethium de Trinitate*, q. 2, a. 1, ad 6m: «... Deus honoratur silentio, non quod de ipso nihil dicamus vel inquiramus: sed quia intelligimus nos ab ejus comprehensione defecisse.» Unde Eccli., 43, 32: «Glorificantes

Dominum quantumcumque potueritis, supervalebit adhuc, et admirabilis magnificentia ejus. Benedicentes Dominum, exaltate illum quantum potestis: major est enim omni laude.»

[15] Vgl. THOMAS, *Contra Gentiles,* 1, c. 30: «Modus autem supereminentiae... significari non potest, nisi per negationem..., vel etiam per relationem ipsius (Dei) ad alia, etc.» *Prima,* q. 13, a. 1: «Cognoscitur (Deus) a nobis ex creaturis secundum habitudinem principii, et per modum excellentiae et remotionis.» JOHANNES SCOTUS, *De divisione naturae,* 1, n. 14: «Essentia est, affirmatio; essentia non est, abdicatio; superessentialis est, affirmatio simul et abdicatio. In superficie etenim negatione caret; in intellectu negatione pollet. Nam qui dicit, superessentialis est, non quid est dicit, sed quid non est; dicit enim essentiam non esse, sed plus quam essentiam» (PL 122, 462D).

[16] Gabriel MADINIER, *Conscience et signfication* (1952) S. 88f.

[17] BERNHARD VON CLAIRVAUX, *Sermones de dedicatione Ecclesiae,* 4, 5 (PL 183, 529B).

[18] JUSTINUS, *Apol.,* 1, 3.

[19] JOHANNES SCOTUS, *De praedestinatione,* 9, 2 (PL 122, 390–391); *De divisione naturae,* 1, 37 u. 76 (480B u. 522AB). ANSELM, *Monologion,* c. 15 (PL 158, 161–164).

[20] Ders. aaO c. 66: «... Patet itaque, quia sicut sola est mens rationalis inter omnes creaturas, quae ad ejus investigationem assurgere valeat, ita nihilominus eadem sola est, per quam maxime ipsamet ad ejusdem inventionem proficere queat» (PL 158, 212–213).

[21] PSEUDO-DIONYSIUS, *Über göttliche Namen,* c. 12, 4. (dt. *Bibliothek der Kirchenväter,* Ausgabe J. Stiglmayr [1933] S. 150f.).

[22] PSEUDO-DIONYSIUS, aaO c. 9, 6 usw. (dt. ebd. S. 134). Vgl. THOMAS, *Contra Gentiles,* 1, c. 29: «Non igitur Deus creaturae assimilatur, sed magis e converso.» Auguste VALENSIN SJ, *À travers la Métaphysique* (1925) S. 234: «Gott kann niemandem gleichen, da er der Absolute ist, auf den sich alles bezieht, Er aber bezieht sich auf nichts.»

[23] PSEUDO-DIONYSIUS, aaO c. 13, 3 (S. 175). Vgl. THOMAS, *De Potentia,* q. 7, a. 5, ad 14m: «Illud est ultimum cognitionis humanae de Deo, quod sciat se Deum nescire, in quantum cognoscit, illud quod est Deus omne ipsum quod de eo intelligimus excedere.» In *Contra Gentiles,* 1, 30, unterscheidet Thomas die Namen, welche «absolute perfectionem absque defectu designant» und jene, welche einen dem Geschöpf eigenen Modus spezifizieren; er fügt aber gleich hinzu: «quantum ad modum significandi, omne nomen cum defectu est», und nochmals: «in

omni nomine a nobis dicto, quantum ad modum significandi imperfectio invenitur quae Deo non competit, quamvis res significata aliquo eminenti modo Deo conveniat»; das erklärt er durch ein Beispiel: «ut patet in nomine bonitatis et boni, nam bonitas significat ut non subsistens, bonum autem ut concretum». Von einem anderen Gesichtspunkt her unterscheidet er in *Prima*, q. 13, a. 2, die Namen, die *negative* und die *absolute et affirmative* von Gott ausgesagt werden; er erläutert näherhin, daß diese nur unvollkommen die göttliche Wesenheit vorstellen. Also müssen wir sie als solche ebenso verneinen, um in Gott ihre unfaßliche Einheit auszusagen.

[24] NICOLAUS VON CUES, *De docta ignorantia*, 1, c. 26.

[25] AUGUSTINUS, *De ordine*, 2, 16 (PL 32, 1015). JOHANNES SCOTUS, *De divisione naturae,* 66 (PL 122, 510B). ANSELM, *Monologion*, c. 26: «Quantum illud esse, quod per se est quidquid, et de nihilo facit omne aliud esse, diversum est ab eo esse, quod per aliud fit de nihilo quidquid est; tantum omnino distat summa substantia ab his quae non sunt idem quod ipsa. Cumque ipsa sola omnium naturarum habeat se, sine alterius naturae auxilio, esse quidquid est: quomodo non est singulariter, absque suae creaturae consortio, quidquid ipsa est? Unde, si quando illi est cum aliis nominis alicujus communio, valde procul dubio intelligenda est diversa significatio» (PL 158, 179–180). Vgl. c. 27.

[26] WILHELM VON ST. THIERRY, *Aenigma fidei,* init.: «Humanae infirmitatis religiosa confessio est, de Deo hoc solum nosse, quod Deus est. Caeterum essentiam ejus vel naturam, et secreta illa imperscrutabilis judicii ejus decreta investigare quidem et perscrutari pium est; quae tamen cum mens terrena non penetret, inscrutabilia et investigabilia esse confitendum est» (PL 180, 397B). Siehe hierzu: Jacques MARITAIN, *Approches de Dieu*, S. 20–22.

[27] THOMAS, *In Boethium de Trinitate*, q. 6, a. 3.

[28] Ein analoges Argument findet man bei A. -D. SERTILLANGES, *Les grandes thèses de la philosophie thomiste*, S. 48–49. Genaueres siehe auch *unten*. Vgl. THOMAS, *Contra Gentiles,* 1, c. 14: «In consideratione substantiae divinae non possumus accipere quid quasi genus, nec distinctionem ejus ab aliis rebus per affirmativas differentias accipere possumus... Tunc de substantia ejus (Dei) erit propria consideratio cum cognoscetur ut ab omnibus distinctus; non tamen erit perfecta cognitio, quia non cognoscetur quid in se sit.» Nähere Einzelheiten zum Gedanken des Thomas vgl. bei H.-F. DONDAINE OP, *Cognoscere de Deo «quid est»* in: *Recherches de théologie ancienne et mediévale* 22 (1955) S. 72–78.

Johannes Scotus, aaO 1, 15: «Sed, ut ait sanctus pater Augustinus in libris de Trinitate, dum ad theologiam, hoc est, ad divinae essentiae investigationem pervenitur, categoriarum virtus omnino extinguitur» (PL 122, 463B); 72: «...Jam nunc nullam categoriam in Deum cadere, incunctanter intelligo» (518B).

[29] Tertullian, *Apologeticus,* c. 17 (PL 1, 376A).

[30] Thomas, *De Veritate,* q. 2, a. 1, ad 9m: «Tunc intellectus dicitur scire de aliquo, quid est, quando definit ipsum, id est quando concipit aliquam formam de ipsa re quae per omnia ipsi rei respondet. Jam autem ex dictis patet quod quidquid intellectus noster de Deo concipit, est deficiens a repraesentatione ejus; et ideo quid est ipsius Dei semper nobis occultum remanet; et haec est summa cognitio quam de ipso in statu viae habere possumus, ut cognoscamus Deum esse supra omne id quod cogitamus de eo, ut patet per Dionysium.» Vgl. *De Veritate,* q. 8, a. 1, ad 8m; q. 10, a. 2, ad 4m: «Intellectuali visione in statu viae Deus cognoscitur, non ut sciatur de eo quid est, sed quid non est...» *Prima*, q. 13, a. 2.

Im Kommentar Étienne Gilsons zur thomistischen Lehre der Vollkommenheiten Gottes (*Le Thomisme*, 4. Aufl., S. 171) schreibt er: «Gewiß ist es ein kostbarer Gewinn für uns, zu wissen, daß Gott ewig, unendlich, vollkommen, wissend und gut ist; vergessen wir aber nicht, daß das ‹Wie› dieser Attribute uns unzugänglich ist, denn wenn einige Gewißheiten uns vergessen lassen sollten, daß die göttliche Wesenheit uns hienieden unbekannt bleibt, so wäre es besser für uns, sie nie zu besitzen. Die Existenz Gottes entgeht unserem Zugriff. Somit können wir mit Dionysius Areopagita die höchste Erkenntnis, die wir in diesem Leben hinsichtlich der göttlichen Natur erlangen können, in die Gewißheit aufgehen lassen, daß Gott über alles uns Erdenkbare erhaben bleibt.»

Sowenig wie bei uns setzt dies bei Thomas eine «zersetzende Kritik der intellektuellen Erkenntnis» oder ein «Mißtrauen dem schlußfolgernden Denken» gegenüber voraus. Im übrigen ist es durchaus wahr, daß «der ganze» hier enthaltene «Prozeß der Gottesbegriffe» objektiv «nur angesichts einer sich der Univozität nähernden Analogie der göttlichen Namen zu erklären ist», und daß diese «nicht diejenige ist, die Thomas nach dem Laterankonzil lehrt». Doch sehen wir nicht, wie man uns hier die Absicht einer Kritik der Lehre des heiligen Thomas unterstellen konnte, da wir doch ganz im Gegenteil uns auf diese stützen. Wenn man will, liegt hier ein «Prozeß» vor, doch dieser wird (in gemäßigter Weise) von Thomas selbst eingeleitet.

[31] Erstes Vatikanisches Konzil, *Constitutio dogmatica de fide catholica,*

c.1 (Denzinger-Schönmetzer, aaO n. 3000, S. 587). Außer den bereits zitierten Texten siehe AMBROSIUS, *De fide,* 1, c. 10, n. 63: «Neque enim angustis sermonibus nostris immensae magnitudinem possumus divinitatis includere, cujus magnitudinis non est finis» (PL 16, 543A). Oder AUGUSTINUS, *In Psalmum* 85, n. 12: «Non est hoc Deus ... Non est hoc Deus. Et quid est? Hoc solum potui dicere, quid non sit. Quaeris quid sit? Quod oculus non vidit, nec auris audivit, nec in cor hominis ascendit. Quid quaeris ut ascendat in linguam, quod in cor non ascendit?» (PL 37, 1090) M. OLIER, *Traité des attributs divins* (zitiert von P. Pourrat in: *Dictionnaire de spiritualité* 1, Sp. 1089).

[32] ALBERT DER GROSSE, *Summa theologiae,* tract. 3, q. 16, ad 1m. Vgl. NIKOLAUS VON CUES, Das Sehen Gottes, Kp. 12, n. 47: «Ich muß also, Herr, jene Mauer des unsichtbaren Sehens dorthin überspringen, wo Du gefunden werden wirst. Die Mauer ist aber alles und nichts zugleich. Denn Du, der Du mir entgegentrittst, als seist Du alles und nichts von allem zugleich, wohnst innerhalb jener hochragenden Mauer...» (dt. Übersetzung von Helmut Pfeiffer [1985]).

[33] Recht gut drückt dies J. MARÉCHAL aus in: *Nouvelle revue théologique* (1931) S. 198: «Die Vielfalt der Wege oder Argumente weist auf die Vielfalt der Stützpunkte hin, die sich der Geist im bald zugänglichen Wirklichen verschafft, um sich von dort aus, durch ein grundsätzlich stets identisches Vorgehen, bis zum transzendenten Absoluten zu erheben.»

[34] Vgl. J. MARÉCHAL, *Le point de départ de la métaphysique,* Heft 5, S. 183: «Daß Gott schlechthin ‹Sein› ist, das Geschöpf aber ‹Seiendes› und ‹Wesenheit›, was heißt das anderes, als daß Gott im strikten Wortsinn durch keinen unserer objektiven Begriffe dargestellt werden kann? Denn jeder objektive Begriff umgrenzt eine ‹Wesenheit› (ja besagt damit eine Vorstellung sinnenhaften Ursprungs).» – Siehe *oben*, Kp. 2, Anm. 12.

[35] Ch. de MORÉ-PONTGIBAUD, aaO S. 506f.: «Diese selbe Richtung des Denkens ist gleichsam der verborgene Anstoß aller Existenzbeweise Gottes»; man sollte diese Beweise von «ihrer gemeinsamen Wurzel» her betrachten.

[36] Vgl. ANGELA VON FOLIGNO, *Vita*, c. 4, n. 72 (*Acta Sanctorum* [Antwerpen 1643] Bd. 1, Jan., S. 197): «Vidi ... in tenebra, quia est majus bonum quod nec possit cogitari vel intelligi, et omne quod potest cogitari vel intelligi, non attingit ad illud ... Et nihil videt omnino anima, quod narrari possit ore, nec etiam concipi corde, et nihil videt, et

videt omnino omnia ...» Meister ECKHART, Über den *Exodus*: «In Deo non est esse, sed puritas essendi ... Deo ergo non competit esse, nisi talem puritatem voces esse»: *Magistri Echardi quaestiones Parisienses*, Ausg. B. GEYER (1931) S. 45. JOHANNES SCOTUS, aaO 2 (PL 122, 589AC) und 3 (684–685).

[37] HADEWIJCH II, Poème 1 (Fr. J.-B. P., *Hadewijch d'Anvers* [1954] S. 134). Heinrich SUSO, *Das Buch der Wahrheit*, 1. Buch, n. 5 und n.6.

[38] Vgl. Étienne GILSON, *Le Thomisme*, aaO S. 150: In der «geheimen Sehnsucht, die uns von Thomas zugestandene Gotteserkenntnis aus einer allzu offenkundigen Notlage zu retten», gelangt man «immer mehr dahin, von der Analogie als von einer Quelle fast positiver Erkenntnisse zu sprechen, die uns, mehr oder weniger verworren, das Wesen Gottes zu erfassen erlaubten». Wenn man jedoch «den heiligen Thomas sagen läßt, wir hätten zumindest eine unvollkommene Erkenntnis von dem, was Gott ist», verrät man seine Ansicht, die er ausdrücklich und immer wieder formuliert hat. Denn er hat nicht nur gesagt, daß die Anschauung des göttlichen Wesens uns hienieden verweigert ist, er hat in eigenen Worten erklärt, daß es «in bezug auf Gott etwas gibt, das dem Menschen in diesem Leben völlig unerkannt bleibt, nämlich was Gott ist». Zu sagen, daß *quid est Deus* etwas für den Menschen in diesem Leben *omnino ignoto* sei (*In Epist. ad Romanos*, c. 1, lectio 6), heißt jede unvollkommene oder vollkommene Erkenntnis des Wesens Gottes als etwas für den Menschen auf dieser Erde grundsätzlich Unzugängliches setzen. «Paulus», so sagt uns Thomas, «hat von den *invisibilia Dei* gesprochen, weil das, was in Gott diesen Bezeichnungen oder Gründen entspricht, eines ist und von uns nicht gesehen wird.»

[39] Die Gotteserkenntnis, die uns Thomas zugesteht, so sagt uns GILSON (aaO S. 154), «bezieht sich keineswegs auf sein Wesen, das heißt auf sein *esse*». Was selbstverständlich nicht hindert, daß wir in bezug auf Gott wahre Urteile fällen können, weil die Stellung des Pols, auf den hin sie unseren Verstand ausrichten, uns bekannt ist. Daher können wir, wenn wir Ihn nicht erreichen können, uns wenigstens Ihm zuwenden und Ihn mit Gewißheit wissen. Folglich, «um einem ‹Begriffsagnostizismus› zu entgehen – mit dem sich manche schlecht abfinden, wenn es sich um Gott handelt –, ist nicht in einem mehr oder weniger unvollkommenen Begriff der göttlichen Wesenheit Zuflucht zu suchen, sondern in der Positivität bejahender Urteile, die, ausgehend von den vielfachen Wirkungen Gottes, gleichsam den metaphysischen Ort einer uns absolut unerkennbaren Wesenheit situieren» (S. 156f.). Auf diese

Weise sollen offenbar die kategorischen Texte, in denen Thomas uns jede Erkenntnis des *quid est* hinsichtlich Gottes verweigert, mit jenen in Einklang gebracht werden können, in denen er feststellt, daß für Gott wie für jeden anderen Gegenstand die Erkenntnis des *an est* nie ohne eine gewisse Erkenntnis des *quid est* erfolgt. Vgl. etwa *In Boethium de Trinitate,* q. 1, a. 2, 6 und ad 2m, sowie q. 6, a. 3.

[40] SUAREZ, *Tractatus primus, de divina substantia,* 2, c. 31, n. 10, was ihn nicht daran hindert, in n. 15 ebenso zu sagen: «... nomina, quae nobis imperfecte Deum repraesentant...» (*Opera omnia*, Ausg. Vivès, Bd. 1, S. 184 u. 185).

[41] A.-D. Sertillanges, in: *Thomas d'Aquin, Somme théologique* (Ausg. de la Revue des Jeunes), *Dieu* 2, S. 383, in seinem Kommentar zu *Sent.,* d. 13, a. 1, ad 4m. Vgl. S. 341: «Das Sein, das dazu dient, Gott mit dem Ausdruck *Der, der ist*, zu benennen, ist nicht das Sein Gottes, sondern das Sein der Geschöpfe. Dies bleibt zu bedenken, wenn gesagt werden wird..., das Sein selbst könne Gott nicht zugeeignet werden, ohne wie alle übrigen menschlichen Worte der analogischen Transposition unterzogen zu werden.»

Vgl. SUAREZ, *Disput.* 30, sectio 12, n. 10: «Licet cognoscamus Deum esse ipsum esse per essentiam, tamen neque proprie concipimus quale sit illud esse, neque etiam concipere possumus quid sit ipsum esse per essentiam, nisi per negationem, scilicet, quia esse est ens actu, id est non ab alio, et propriam perfectionem illius esse etiam per negationem declaramus, quia est infinitum.» J. MARÉCHAL, *Le point de départ...*, Heft 5, S. 176f.: «Das reine Sein schließt jede hinzugefügte Bestimmung aus, weil es keinerlei Art von ‹Potenz› enthält... Das abstrakte Sein... ist in Potenz hinsichtlich jeder Bestimmung.» Vgl. THOMAS, *Prima*, q. 3, a. 4, ad 1m.

[42] THOMAS, *Prima,* q. 12 a. 13, ad 1m: «Licet per revelationem gratiae in hac vita non cognoscamus de Deo quid est, et sic ei quasi ignoto conjungamur...» *De Potentia,* q. 7, a. 5: «Dicendum quod, ex quo intellectus noster divinam substantiam non adaequat, hoc ipsum quod est Dei substantia remanet nostrum intellectum excedens; et ita a nobis ignoratur. Et propter hoc, illud est ultimum, cognitionis humanae de Deo, quod sciat se Deum nescire, in quantum cognoscit, illud, quod Deus est, omne ipsum, quod de eo intelligimus, excedere.»

[43] *In I Sent.,* d. 8, q. 1, a. 1, ad 4m: «... Hoc nomen «qui est» dicit esse absolutum et non determinatum per aliquid additum; et ideo dicit Damascenus quod non significat quid est Deus, sed significat quoddam

pelagus substantiae infinitum, quasi non determinatum. Unde quando in Deum procedimus per viam remotionis, primo negamus ab eo corporalia; et secundo etiam intellectualia, secundum quod inveniuntur in creaturis, ut bonitas et sapientia; et tunc remanet tantum in intellectu nostro, quia est, et nihil amplius; unde est sicut in quadam confusione. Ad ultimum autem, etiam hoc ipsum esse, secundum quod est in creaturis, ab ipso removemus; et tunc remanet in quadam tenebra ignorantiae, secundum quam ignorantiam, quantum ad statum viae pertinet, optime Deo conjungimur, ut dicit Dionysius; et haec est quaedam caligo, in qua Deus habitare dicitur.»

Contra Gentiles, 3, c. 69: «... Per effectus enim de Deo cognoscimus quia est, et quod causa aliorum est, et aliis supereminens et ab omnibus remotus; et hoc est ultimum et perfectissimum nostrae cognitionis in hac vita. Unde Dionysius dicit, quod Deo quasi ignoto conjungimur; quod quidem contingit dum de Deo quid non sit cognoscimus; quid vero sit, penitus manet ignotum. Unde et ad hujus sublimissimae cognitionis ignorantiam demonstrandam, de Moyse dicitur, quod accessit ad caliginem in qua erat Deus, *Exod.* 20, 21.»

In Tim., c. 4, lectio 3, in fine: «Dupliciter potest intellectus accedere ad cognitionem naturae alicujus, scilicet ut cognoscat et ut comprehendat. Ad comprehendendum autem Deum impossibile est intellectum pervenire... Sed alius modus est cognoscendi Deum, scilicet attingendo eum. Et secundum hoc, nullus intellectus creatus per propria naturalia attingit ad cognoscendum id quod est Deus. Et ratio hujus est, quia nulla potentia potest in aliquid altius suo objecto, sicut visus ad altius cognoscere. Proprium autem objectum intellectus est, quod quid est. Unde, quod superat quod quid est excedit proportionem omnis intellectus. In Deo autem non est aliud esse et quidditas ejus.»

Prima, q. 13, a. 2, ad 3m: «Essentiam Dei in hac vita cognoscere non possumus secundum quod in se est, sed cognoscimus eam secundum quod repraesentatur in perfectionibus creaturarum.» – Man hat uns an den Corpus dieses Artikels verwiesen. Thomas handelt darin «de nominibus quae absolute et affirmative de Deo dicuntur, sicut bonus, sapiens et hujusmodi». Er schließt in der Tat die Ansicht jener aus, die darin nur rein negative Bezeichnungen sehen, dann aber auch die Ansicht jener, die meinen, solche Namen würden lediglich «ad significandum habitudinem (Dei) ad creata» verwendet. Diese Namen werden von Gott selbst ausgesagt und entsprechen durchaus einer positiven Realität; doch «deficiunt a repraesentatione ipsius». Im Grunde vertritt dieser

Text, wie GILSON, aaO S. 200, Anm. 2, erklärt, wenn auch in leicht abgemilderter oder eher in unvollständigerer Form, dieselbe Lehre wie die anderen.

[44] ISAAK VON STELLA, *In Sexagesima sermo* 5: «proprius enim de illo omnia negamus quam omnium aliquid affirmamus» (PL 194, 1762C).

[45] Jac. ALVAREZ DE PAZ SJ, *De inquisitione pacis*, 5, P. 1, App. 3, c. 1: «In Deo, ut Dionysius sapienter animadvertit, istae affirmationes et negationes non sunt oppositae: quia cum Deo, v. g., sapientiam attribuimus, perfectionem illam, qua seipsum et cuncta in se cognoscit, concedimus: cum vero eamdem sapientiam subtrahimus, modum illum sapientiae limitatum, quo eam concipimus, denegamus» (*Opera* 6, S. 463).

[46] FÉNELON, *Traité de l'existence de Dieu*, Erster Teil, Kp. 2, Nr. 56. Vgl. Joseph MARÉCHAL, erste Fassung des *Point de départ de la métaphysique* (Löwen 1917): «Die Metaphysik ist die menschliche Wissenschaft das Absoluten. Sie widerspiegelt unmittelbar das Ergriffenwerden unseres Verstandes durch das Absolute. Dieses Ergriffenwerden ist nicht ein von außen her auferlegtes Joch, sondern ein inneres Lebensprinzip.» *Mélanges Joseph Maréchal* 1, S. 7 u. S. 239. A. HAYEN, der diesen Text herausgegeben hat, bemerkt in einer Fußnote dazu: Maréchal «schreibt nicht: das Erfassen des Absoluten durch unsern Verstand». Dies ist sehr bedeutsam und drückt kraftvoll aus, was wir zu wiederholten Malen hervorheben wollten. Bereits in unserer natürlichen Erkenntnis «erfassen» wir Gott gewissermaßen, nachdem wir «von ihm erfaßt» worden sind. Das entspricht *mutatis mutandis* auf der Ebene der Natur und der Vernunft dem, was Paulus *Gal* 4, 9 schrieb: «Jetzt aber kennt ihr Gott, ja mehr, ihr seid von Gott erkannt ...» Vgl. Louis LAVELLE, aaO S. 12: «Es gibt im Innersten unseres Denkens eine geheime Identität zwischen unserer Aktivität und Passivität.»

[47] MAXIMUS CONFESSOR, *Capitula theologica et oeconomica,* Centurie 1, c. 25: «Keinesfalls kann sich die Seele bis zur Gotteserkenntnis ausstrekken, wenn Gott nicht selbst sich bis zu ihr herabläßt, um sie zu sich emporzuheben. Denn nie besäße der menschliche Geist die Kraft, weit genug zu laufen, um irgend etwas vom göttlichen Licht zu erhaschen, wenn nicht Gott ihn an sich ziehen würde, soweit der menschliche Geist so angezogen zu werden vermag, und ihn mit seinem eigenen Lichte erleuchtete» (PG 90, 1093–1096). – Man sieht jetzt, wie solche Texte verständlich werden können (die nur Aussagen wieder aufgreifen und weiterentfalten, denen wir schon bei Irenäus begegnet sind: vgl. *oben,* Einleitungskapitel, Anm. 11 u. 12).

[48] Victor POUCEL. Siehe *oben,* Kp. 1, Anm. 7–12. Vgl. Paul DEMIÉVILLE, *Le Concile de Lhasa* (1952) S. 78, Anm. 2: «Der Ausdruck *fan tchao* bedeutet allgemein *widerspiegeln.* Auf Grund allerdings einer Assoziation, die wahrscheinlich auf (taoistische) Glaubensvorstellungen zurückgeht und die Augen mit Quellen des Lichts (Sonne und Mond) zusammenbringt, bedeutet das Wort *tchao* gleichzeitig *erleuchten* und *blicken.*»

[49] *Psalm* 4,6. THOMAS verweist in seiner Erklärung von *Röm* 1,20 auf diesen Vers: «Quod notum est Dei, manifestum est in illis», in bezug auf das «lumen rationis inditum»; ebenso in *Prima,* q. 84, a. 5; vgl. *Prima Secundae,* q. 19, a. 4; q. 91, a. 2, etc. BONAVENTURA, *In IIa Sent.,* d. 24, P. 1, a. 2, q. 4; d. 17, P. 1, a. 1, q. 4.

Vgl. Robert BELLARMIN, *In Psalmum* 4,7: «Lumen rationalis naturalis... signatum est et impressum indebiliter super nos, id est, in suprema parte hominis... In hac igitur suprema parte est lumen, quo distinguimur a bestiis; estque hoc lumen derivatum a Vultu Dei, quia id nos facit esse ad imaginem et similitudinem Dei.» *Opera* 10, S. 25 f. Oder DOMINICUS SOTO, *In Epist. ad Romanos,* c. 1: «... Igitur lumen ipsum naturale, de quo ait Propheta, ‹signatum est super nos lumen vultus tui, Domine›, appellat, et quidem meritissimo, manifestationem Dei» (Antwerpen 1550, S. 43).

[50] GREGOR VON NYSSA, *Contra Eunomium,* 12: «Wie der Apostel sagt, der einzige Gott angemessene Name ist zu glauben, daß er über alle Namen ist. Denn die Tatsache, daß er jede Bewegung des Denkens übersteigt und sich außerhalb jeden Zugriffs durch einen Namen befindet, macht den Erweis seiner Größe aus, die der Mensch nicht auszudrücken vermag» (PG 45, 1108C). Vgl. ISAAK VON STELLA, *In Sexagesima sermo* 6: «Manifestum est cum de Dei ineffabilis supernatura aut verbo loqui cogimur, qui silere non sinimur, sicut nullum excogitari potest nomen exprimens de quo dicitur, sic nec verbum proprie significans id de quo recte dicitur» (PL 194, 1768B).

[51] HILARIUS. – Meister ECKHART, *Vom Gottesreich,* in: *Meister Eckeharts Schriften und Predigten.* Übersetzt und herausgegeben von Hermann Büttner, 2. Bd. (1917) S. 211. Vgl. Einleitungskapitel Anm. 28.

[52] BERNHARD VON CLAIRVAUX, *De consideratione,* 5, c. 11, n. 24 (PL 182, 802). Vgl. *De diversis sermo* 8, n. 1: «Quod diversis nominibus Deum nunc quidem Patrem, nunc Magistrum vocemus aut Dominum, non illius simplicissimae et omnino invariabilis naturae diversitas ulla in causa est: sed affectionum nostrarum multiplex variatio secundum

diversos profectus animae vel defectus» (PL 183, 561A). *In Cantica canticorum sermo* 51, n. 7: «Ubi, quaeso, invenias verba quibus illam majestatem vel digne assignes vel proprie proloquaris vel competenter definias?» (1028A).

[53] ORIGENES, *In Numer. hom.* 16, n. 4; *In Joannem,* 2, 2; usw.

[54] Fr. NIETZSCHE, *Also sprach Zarathustra* (Kröners Taschenausgaben, S. 114).

[55] ANGELUS SILESIUS, *Der Cherubinische Wandersmann,* 1. Buch, n. 187 u. n. 284, aaO S. 28 u. 38.

[56] H. BALZAC, *Melmoth reconcilié* (Gestalt des Castanier). Vgl. Albert BÉGUIN, *Balzac et la fin de Satan,* in: *Satan, Études Carmelitaines* (1948) S. 538–547.

[57] Paul CLAUDEL, *La Ville,* zweite Fassung, S. 293. (dt. *Die Stadt*, in *Gesammelte Werke* 2, *Dramen* 1, S. 238) Dies wird man *mutatis mutandis* auf die glückselige Schau anwenden können.- Vgl. *Art poétique*, S. 25 u. 45. Brief an Gabriel Frizeau, 20. Januar 1904, zu den Geheimnissen des Glaubens: «Diese Schatten sind einem gläubigen Herzen ebenso teuer wie das Licht selbst. Wer wünschte sich eine Wahrheit, die bei der ersten Fühlungnahme schon eingeht, mit jeglicher Neugier sich prostituiert ?...»(Paul CLAUDEL, Francis JAMMES, Gabriel FRIZEAU, *Correspondance,* herausgegeben von André Blanchet [1952] S. 34). Brief an Jacques Rivière, 12. März 1908: «Endlich verließ ich diese scheußliche Welt von Taine, Renan und anderer Moloche des 19. Jahrhunderts, dieses Gefängnis, diese schreckliche, von völlig unbeugsamen Gesetzen regierte Mechanik, die – *Gipfel des Schreckens – lern- und lehrbar* sind.» – Vgl. Hans Urs von BALTHASAR, *Theologik* I, *Wahrheit der Welt* (^{2}1985), das schöne Kapitel *Wahrheit als Geheimnis,* S. 235: «Gerade das Enthülltsein des Seins ist als solches seine tiefe Verhüllung.»

[58] GREGOR VON NAZIANZ, *Rede* 27 n. 10 (PG 36, 25); Vgl. GREGOR VON NYSSA, *Über den Prediger*, 7. Homilie (PG 44, 731–733).

[59] GREGOR VON NAZIANZ, *Rede* 28, n. 3–4 (PG 36, 29); (dt. *Die fünf theologischen Reden,* Hrsg. Joseph Barbel [1963] in: *Testimonia. Schriften der altchristlichen Zeit* Bd. 3, 67–71).

[60] Ders., *Rede* 39 (PG 36, 345D).

[61] Eine Auslegung von *Ex* 3,13–15 mit einer Erörterung der verschiedenen vorgelegten Deutungen findet man bei A.-M. DUBARLE OP, *La signification du nom de Yahweh,* in: *Revue des sciences philosophiques et théologiques* (1951) S. 321. Dieser Aufsatz ist unseres Wissens die beste und klarste Darstellung des Problems. Im Gegensatz zu der Überset-

zung der Septuaginta stellt das Wort Gottes an Mose «eine gewollt ausweichende Antwort dar. Man muß es übersetzen: Ich bin, der Ich-bin, oder: Ich bin, was ich bin. Gott will keinen Namen nennen, der ihn definiert» (S. 11). In der Tat erfolgt die erste Begegnung «zwischen dem Gott Abrahams, Isaaks und Jakobs und dem Gott der Philosophen und Gelehrten» (Gilson) nicht in der von Exodus angeführten Szene, «sondern später im Buch der Weisheit» (S. 19). Doch bemerkt Dubarle mit Recht, daß «es vorkommen kann und auch tatsächlich vorkommt, daß ein Denker, der die Worte eines schlecht verstandenen Textes wieder aufgreift, einen wahren Gedanken auszudrücken vermag, der untergründig der biblischen Unterweisung entspricht» (S. 17f.). Siehe auch den neueren Artikel von G. LAMBERT SJ, *Que signifie le nom divin YHWH?*, in: *Nouvelle revue théologique* (1952) S. 897–915. Jüngeren Datums noch: P. VAN IMSCHOOT, *Théologie de l'Ancien Testament*, I. *Dieu* (1954) S. 15f.: «Die Antwort Gottes ist nicht eine Weigerung, seinen Namen preiszugeben ...», sie weist auf «eine sich aktiv kundgebende Existenz hin, auf ein wirksames Seiendes eher als auf das absolute Sein»; es ist die «Wirksamkeit des Seins des befreienden Gottes»; er ist und handelt mit absoluter Freiheit: «Er ist der, der er ist.»

[62] Louis MASSIGNON, *Soyons des Sémites spirituels*, in: *Dieu Vivant* 14, S. 87: «Das Wort an Mose auf Hebräisch: ‹Ich bin Der, der zu sein mir gefällt›, ist unendlich kräftiger und freier als das griechische Wort der Septuaginta: ‹Ich bin das Partizip Präsens der Seins-Kopula›; und die ganze christliche theologische Arbeit, die aus diesem ‹Sein› die Ontologie entwickelt hat, stützt sich auf jene anfängliche Wucht, den schöpferischen Anstoß des Hebräischen.» Im entgegengesetzten Sinn vgl.: Adolphe LODS, *Israël des origines au milieu du XIIIe siècle* (1930) S. 371–373.

[63] THOMAS, *Prima,* q. 13, a. 2, ad 1m: «Hoc nomen, ‹qui est›, est magis proprium nomen Dei quam hoc nomen ‹Deus›, quantum ad id a quo imponitur, scilicet ab esse, et quantum ad modum significandi et consignificandi ...» Vgl. Étienne GILSON, *L'esprit de la philosophie médiévale* ([2]1944) S. 50, Anm. 1: «Es geht natürlich nicht, zu behaupten, der Text des Exodus habe den Menschen eine metaphysische Definition von Gott vermittelt; wenn es aber *im* Exodus keine Metaphysik gibt, so doch eine Metaphysik *des* Exodus, und man sieht sie bereits recht früh bei den Kirchenvätern entstehen; ihnen sind die Philosophen des Mittelalters nur gefolgt und haben sich ihre Hinweise in

diesem Punkt zunutze gemacht.» Siehe die Richtigstellung bei A.-M. DUBARLE im *oben,* Anm. 61, zitierten Aufsatz.

AUGUSTINUS, *In Psalmum* 134, n. 4: «... Cum ergo sint et illa quae fecit, venitur tamen ad illius comparationem, et tanquam solus sit, dixit: ‹Ego sum qui sum›... Non dixit Dominus Deus ille omnipotens, misericors, justus... Sublatis de medio omnibus quibus appellari posset et dici Deus, ipsum esse se vocari respondit; et tanquam hoc esset ei nomen: ‹Hoc dices eis, inquit, Qui est, misit me.› Ita enim ille est, ut in ejus comparatione ea quae facta sunt, non sint. Illo non comparato, sunt, quoniam ab illo sunt; illi autem comparata non sunt...» (PL 37, 1741). JOHANNES DAMASCENUS, *De fide orthodoxa,* 1, c. 9 (PG 94, 835). PETRUS LOMBARDUS, *Sentenzen,* 1, dist. 8. BONAVENTURA, *In 4 Sent.*, 1, d. 8, p. I, dub. 8: «Et ideo Hilarius dicit quod esse non est accidens Deo, etc.» (Quaracchi 1, 5. 164). THOMAS, *Contra Gentiles,* 1, c. 22: «Hanc autem sublimem veritatem Moyses a Domino est edoctus, qui, cum quaereret a Domino, dicens: ‹Si dixerint ad me filii Israël: Quomodo est nomen ejus? quid dicam eis?›, Dominus respondit: ‹Ego sum qui sum; sic dices filiis Israel: Qui est misit me ad vos› (Exod. 3,13–14), ostendens suum proprium nomen esse: Qui est.» Und 2, c. 52: «Hinc est quod proprium nomen Dei ponitur esse Qui est, quia ejus solius proprium est quod sua substantia non sit aliud quam suum esse» (Kommentar bei GILSON, aaO S. 133–134).

Dazu vgl. MOSE BEN MAIMON, *Führer der Unschlüssigen*: «Das ganze Geheimnis liegt darin, daß dieses nämliche Wort, welches das Dasein bedeutet, in dem Verhältnis als Eigenschaft wiederholt wird... Es wird also das erste *Ich bin* als das näher zu bestimmende Subjekt, das zweite aber als Aussage, wodurch es näher bestimmt wird, und zwar ist dieses zweite mit dem ersten gleichlautend, gleichsam als wollte Gott zeigen, daß in ihm die Eigenschaft mit dem durch diese Bestimmten identisch ist. Dies ist nämlich die Bedeutung das Satzes: Gott ist, aber nicht durch das Sein. Es ergibt sich also als der Sinn und die Erklärung der Worte *Ich bin der Seiende, der existiert* folgendermaßen: Ich bin das Seiende, welches das Seiende ist, nämlich das notwendig Seiende. Und dies sollte Mose den unwiderlegbaren Beweis erbringen, daß es ein notwendig Seiendes gibt, welches niemals nichtseiend war und zu sein niemals aufhören wird...»(dt. Übersetzung und Kommentar Adolf Weiss, Einleitung Johann Maier, 1. Bd., 1. Buch, 63. Kp. [1972], S. 237).

[64] Man erkennt hier die beiden hauptsächlichen Strömungen der traditionellen Auslegung, wie sie in den beiden Namen Thomas und

Augustinus verkörpert erscheinen. Der Unterschied zwischen beiden ist geringer, als manchmal gesagt wird, denn das augustinische «ewige Sein» ist nicht ein banales «Immer-Sein»: die Ewigkeit weist auf eine Seinsqualität, eine Tiefe und gleichsam eine Seinsdichte hin, die dem thomanischen «Sein» entspricht.

[65] AUGUSTINUS, *In Psalmum* 101, sermo 2, n. 10 (PL 37, 1311); *De moribus Ecclesiae catholicae,* 1, c. 14, n. 24: «Quod nihil aliud dicam esse, nisi idipsum esse» (PL 32, 1321); *De Trinitate,* 5, c. 2, n. 3 (PL 42, 912). ORIGENES, *De oratione*, c. 24 (PG 11, 492–493). HILARIUS, *De Trinitate,* 1, c. 5 (PL 10, 28). BERNHARD VON CLAIRVAUX, *De consideratione*, 5, c. 6, n. 13: «Quis es? Non sane occurrit melius, quam *Qui est*; hoc ipse de se voluit responderi» (PL 182, 795D); und *De diversis,* 4, 2: «Ille autem qui idem ipse est, qui dicit ‹Ego sum qui sum› veraciter est, cui est esse quod est» (PL 183 552C). DUNS SCOTUS, *De primo principio*, 1, usw.

[66] G. LAMBERT, aaO S. 915.

[67] Vgl. Romano GUARDINI, *Freiheit, Gnade, Schicksal. Drei Kapitel zur Deutung des Daseins* (1949) S. 312: «Damit lehnt Gott jeden von der Welt her aussprechbaren Namen und Begriff ab. Nicht überhaupt, nennt er sich doch selbst an vielen anderen Stellen der Schrift den Lebendigen, den Heiligen, den Gerechten, den Allmächtigen und wie noch. In dieser Stunde aber, am entscheidenden Anhub der heiligen Geschichte, sagt er: Es gibt von der Welt her keinen Namen für mich, und als solchen sollt ihr mich annehmen. Nachher mögt ihr mich auf Grund von Erfahrung und Erkenntnis benennen, aber aus jener Umkehrung heraus, die der erste Glaubensgehorsam vollzogen hat.»

Auch Edmond ORTIGUES, *Le temps de la Parole* (1954) S. 22: «Die Theophanie war nicht Verweigerung einer Erklärung, sondern die Erklärung bestand in der Bekanntgabe des enigmatischen und geheimnisvollen Charakters des göttlichen Namens.»

[68] *Gen* 32,30; vgl. *Ri* 13,18; *Ex* 33–34.

[69] Dieser «Name über jedem Namen», und zwar «über jedem Namen, der nicht nur in dieser Welt, sondern auch in der künftigen Welt genannt wird», dieser Name, den Christus als Herr empfängt, ist der göttliche Name (Adonai), eben der Name Gottes, der Name, der nicht ausgesprochen werden kann. *Phil* 2,9; *Eph* 1,21.

Vgl. GREGOR VON NYSSA, *Adversus Eunomium*, 11. Buch, zu *Phil* 2,9: «Er ist einfachhin, weil er keinen Namen hat, der sein Wesen erkennen zu lassen vermag; aber er hat einen Namen, der über jede Bezeichnung durch einen Namen erhaben ist. So schreibt der Apostel, sein Name sei über jeden Namen erhaben. Nicht wie etwas Besonderes, dem der Vorzug vor allem übrigen gegeben wird, sondern weil *der,* der wahrhaft *ist,* über jeden Namen erhaben ist.» (PG 45, 873A). Vgl. Paul HENRY SJ im: *Supplément au Dictionnaire de la Bible,* art. *Kénose*, Spalte 35 und 134.

[70] Heinrich SUSO, *Das Buch der Wahrheit.*

[71] NIKOLAUS VON CUES, *De docta ignorantia.*

[72] Pierre TEILHARD DE CHARDIN, *Le phénomène humain* (1955) S. 332.

[73] ORIGENES, *In Psalm.* 1, 2 (PG 12, 1080A).

[74] Pierre EMMANUEL, *Simplicité*, in: *Visage Nuage* (1955) S. 84. Vgl. M. SANDAEUS SJ, *Pro Theologia mystica clavis* (1640) S. 288: «Manifestat se... Lumen illud, velut quoddam Nihilum, cujus nobilitate ab omni opere sabbatizare homo compellitur.» ANGELUS SILESIUS, *Der Cherubinische Wandersmann*, 1. Buch, n. 121., aaO S. 20. Vgl. *oben*, Anm. 56 u. 58.

[75] FÉNELON, *Traité de l'existence de Dieu*, 2. Teil, Kp. 5, *Ewigkeit,* Schluß.

[76] LEO DER GROSSE. Vgl. *Sermo* 29, c. (PL 54, 226).

ANMERKUNGEN
ZUM SECHSTEN KAPITEL

[1] Wie bei jenen Karozeichnungen, bei denen die leeren und vollen Quadrate für das Auge ineinander übergehen, so haben wir eine ständige Abwechslung von Licht und Schatten, von Bejahung und Verneinung, von Identität und Andersartigkeit ... Und die Dialektik ist nichts anderes als die Übertragung dieser Erfahrung. Vgl. WILHELM VON ST. THIERRY, *Brief an die Brüder von Mont-Dieu,* S. 111: «Die Begeisterung verbindet sich mit Zittern, wenn man begreift, daß Gott sich bis zum Tod am Kreuz erniedrigt hat, um den Menschen zur Ähnlichkeit mit Gott zu erheben.»

[2] Was die Frage angeht, wie dieses «eine» gesucht werden soll, wie es gefunden werden kann und ob die Sehnsucht, die dazu hinführt, nicht zunächst geopfert, wenigstens überstiegen und verwandelt werden muß – dies ergibt einen ganz anderen Problemkreis, auf den wir nicht eingehen wollen. Wir sprechen hier lediglich von der Mystik im allgemeinen, in ihrer natürlichen Wurzel, nicht aber von der christlichen Mystik. Vermerkt sei lediglich, daß eine christliche Mystik nur eine Mystik der Liebe sein kann, daß darin die Nächstenliebe das unentbehrliche Zeichen der Liebe zu Gott ist, daß die vorzüglichste Ekstase dabei die Ekstase der Akte ist und daß gewisse Formen hoher Kontemplation mit dem Geist des Christentums nicht immer übereinstimmen müssen. Wie Jacques MARITAIN in: *Quatre essais sur l'esprit dans sa condition charnelle*, S. 144, schreibt, «findet sich die wahre Theologie der übernatürlichen Kontemplation viel weniger in einer Theorie von der Intuition Gottes» als in einer Lehre «von der göttlichen Erfahrung über die Vereinigung der Liebe» –, auch wenn man die wirklich «noetische» Tragweite des kontemplativen Aufschwungs nicht leugnen darf. Vgl. BONAVENTURA in seinem Kommentar zu BERNHARD VON CLAIRVAUX, *In 2 Sent.*, d. 22, a. 2, q. 3, ad 4m; oder in *Itinerarium mentis in Deum*. Siehe auch die Bemerkungen von Étienne GILSON, *Introduction à l'étude de saint Augustin* ([2]1943) S. 319, Anm. 2.

[3] THOMAS, *In Boethium de Trinitate*, q. 5, a. 4: «... Et ideo pertractantur in illa doctrina in qua ponuntur, illa quae sunt communia omnibus entibus. Est autem alius modus cognoscendi hujusmodi res non secundum quod per effectus manifestantur, sed secundum quod ipsae

seipsas manifestant. Et per hunc modum tractantur res divinae secundum quod in seipsis subsistunt ... Et haec est theologia quae sacra Scriptura dicitur.»

[4] Maurice MERLEAU-PONTY in einer Interpretation von Louis LAVELLE, in: *Éloge de la philosophie* (1953) S. 12.

[5] Wir übersehen nicht, daß Thomas die Theologie als die Wissenschaft von Gott definiert hat (siehe besonders Anm. 3). Dabei ist nicht zu vergessen, daß Theologie nicht Philosophie ist. Im Anschluß an Thomas selbst, dessen Texte zu zahlreich und zu klar sind, um ernstlich bestritten zu werden, behaupten wir, daß für die Vernunft des reinen Philosophen «Gott in sich selbst nicht Gegenstand der Wissenschaft ist» – und wir behaupten dies nicht in irgendeinem Sinn (denn eine solche, isolierte, Formulierung wäre mehrdeutig), sondern genau in dem Sinn, wie es Thomas meint und wie ihn unser Zusammenhang hinlänglich klarstellt.

[6] THOMAS, *De Potentia,* q. 7, a. 2, ad 11m und ad 1m: «Quid est Deus nescimus ... Est idem esse Dei quod est substantia, et sicut ejus substantia est ignota, et esse ...» «... De Deo quid non sit cognoscimus; quid vero sit, penitus manet ignotum.» *Contra Gentiles,* 1, c. 30. Das ist das, was Xavier MOISANT «den Purismus in der Theodizee» genannt hat: *Dieu, l'expérience en métaphysi*que, S. 136.

Vgl. Étienne GILSON, *Le Thomisme,* 5. Aufl., S. 150–159. A.-D. Sertillanges, *Somme théologique, Dieu* II, S. 383: «Also wissen wir keineswegs, in nichts und auf keiner Stufe», was Gott ist; oder S. 330: «Was für Thomas ... ein Wesensurteil zu sein scheint, ist in Wirklichkeit nur eine Qualifikation Gottes als der notwendigen Ursache, was sich auf die reine und schlichte Bejahung Gottes zurückführen läßt»; ferner: *Les grandes thèses de la philosophie thomiste,* S. 49f.: «Die Redeweise: *Gott ist,* hat positiven Sinn nur als Ausdruck der Bedürftigkeit der Welt und der korrelativen Notwendigkeit eines letzten Haltes; ihr definitorischer Wert ist im eigentlichen Wortsinn völlig negativ.» H. PAISSAC, *Le Dieu de Sartre,* S. 15: «Identisch liegt der reine Seinsakt jenseits der Vernunft. Er wird von ihr als die reale Bedeutung der Welt erreicht, Realität, ohne die die Welt sinnlos wäre, ja, nicht existieren würde. Doch wird er vom Verstand niemals begrifflich gefaßt und festgehalten.»

[7] Joseph MARÉCHAL.

[8] VERGIL, *Georgica,* 2, 490. *In Boethium de Trinitate*, q. 5, a.4. Analoge Texte bei BONAVENTURA, *In 3 Sent.*, d. 23, a.1, q. 4, ad 5m; *Quaestiones de Theologia,* q. 2, resp. ad 3m; q. 4, respons. ad 3m. Vgl. Patrice ROBERT

OFM, *Le problème de la philosophie bonaventurienne,* in: *Laval théologique et philosophique* (1951) S. 22. Aimé FOREST, *Du consentement à l'être,* S. 107 ff. *(oben,* Kp. 2). Oder A.-D. Sertillanges, *Somme théologique, Dieu* 2, S. 384 u. 388: «Die Aussage: Gott ist, ist eine wahre Aussage nicht als Qualifikation Gottes als Sein, sondern, abgestützt auf das Sein, als ein Verlangen nach Gott ... Auch will man Gott nicht definieren, sondern ihn vom Geschöpf her denken, das aus ihm hervorgeht und dieses Mysterium fordert, um einen Sinn zu haben und zu bestehen.» Somit ist Gott «das ferne Prinzip, das von der universalen Bedürftigkeit gefordert wird», höchste Voraussetzung der Intelligibilität der Welt (J. de FINANCE, *Être et Agir,* S. 18).

[9] THOMAS, *De Veritate*, q. 10, a. 7, ad 3m: «Minima cognitio quae de Deo haberi potest, superat omnem cognitionem quae de creatura habetur.»

[10] Dieser Dualismus ist von Jacques MARITAIN in einer bereits zitierten Studie: *L'Expérience mystique naturelle et le vide,* in: *Quatre essais sur l'esprit dans sa condition charnelle*, S. 139 f. u. 162 vermerkt worden: «Daß im eigentlichen Wortsinn eine natürliche mystische Erfahrung möglich ist, die einen metaphysischen Aufschwung weiterführt und vollendet, das werde ich noch zu zeigen versuchen ... Doch verfolgt – und das scheint meines Erachtens die Schule von P. Rousselot nicht genügend herauszustellen – dieses philosophische Überholen der Philosophie, diese metaphilosophische Kontemplation die natürliche Bewegung der Philosophie nicht in gleicher Richtung weiter ... Sie setzt vielmehr unausweichlich eine Art Rückwärtsbewegung zur Natur voraus; also das Aufbrechen eines Verlangens, das sicherlich nicht das konstitutive Verlangen der Philosophie selber, das intellektuelle Verlangen nach dem Sein ist, sondern ein viel tieferes, plötzlich in der Seele freigesetztes, im eigentlichen Sinn religiöses Verlangen, das nicht mit dem intellektuellen Verlangen nach der Schau der Erstursache zusammenfällt ..., somit auf das intellektuelle Verlangen nach dem Sein folgt. Das Verlangen, von dem ich jetzt rede, ist ein viel radikaleres Verlangen als das natürliche Begehren des Verstandes nach dem Sein und sein natürliches Verlangen nach der Erstursache des Seins ...»; «... die Dazwischenkunft eines viel tieferen und totaleren natürlichen Verlangens als das des philosophischen Verstandes nach der intellektuellen Eroberung des Seins» (S. 162). MARITAIN ist nochmals auf diese Probleme zurückgekommen in der fünften seiner *Neuf leçons sur les notions premières de la philosophie morale* (1951) S. 89–108.

[11] A.-D. Sertillanges, *Les grandes thèses . . .*, aaO S. 75. Vgl. Étienne Gilson, *L'esprit de la philosophie médiévale* (^{2}1944) S. 261: Die natürliche Theologie des heiligen Thomas «rechtfertigt alle Erwartungen der christlichen Hoffnung, ist aber zugleich die denkbar bescheidenste».

[12] Thomas, *Prima*, q. 32, a. 1: «. . . Hoc solum ratione naturali de Deo cognosci potest, quod competere ei necesse est secundum quod est omnium entium principium. Et hoc fundamento usi sumus supra in consideratione Dei.» Q. 12, a. 12: « . . .(Per effectus) perduci possumus, ut cognoscamus de Deo, an est; et ut cognoscamus de ipso ea, quae necesse est ei convenire secundum quod est prima omnium causa excedens omnia sua causata. Unde cognoscimus de ipso habitudinem ipsius ad creaturas, quod scilicet omnium est causa; et differentiam creaturarum ab ipso, quod scilicet ipse non est aliquid eorum, quae ab eo causantur, et quod haec non removentur ab eo propter ejus defectum, sed quia superexcedit.»

Das war bereits, unter dem uns jetzt beschäftigenden Gesichtspunkt, die Auffassung der Metaphysik bei Aristoteles. Vgl. G. Ducoin, *Saint Thomas commentateur d'Aristote* (Dissertation an der Gregoriana, Biennium SJ [Rom 1951 Masch.schrift]) S. 97: «Die Erklärung der Natur ist der einzige Blickwinkel, unter dem Aristoteles bei der Entwicklung seiner Metaphysik die anderen Systeme betrachtet. Im Begriff von der unbewegten Substanz zu handeln, beurteilt und verurteilt er die Aussagen über die unbewegten Substanzen nochmals in bezug auf die sinnfällige Welt, so sehr ist seine erste Philosophie tief in der Metaphysik und in der Welt der Natur verwurzelt . . . Die (platonischen) Ideen sind unfähig, Bewegung oder Wandlung zu erklären, und sind infolgedessen, da sie nicht *Ursachen* sind, für die Wissenschaft uninteressant.»

[13] Vgl. Roland-Gosselin OP, *Béatitude et désir naturel*, in: *Revue des sciences philosophiques et théologiques* (1929) S. 200: «Die erste Überzeugung, die seine Untersuchung lenkt und ihr völlige Sicherheit verleiht, ist der Glaube an das Wort Gottes, das dem Menschen die selige Schau verheißt . . . Der Glaube an die glückselige Schau muß in seiner positiven und entscheidenden Auswirkung auf die Beweisführung selbst beurteilt werden.»

[14] Außer den wohlbekannten Texten von *Contra Gentiles* siehe auch *Expositio in Matthaeum Evangelistam*, c. 5: «Beatitudo hominis est ultimum bonum hominis, in quo quietatur desiderium . . . Istud ergo desiderium non quietabitur donec perveniat ad primam causam, quae Deus est, scilicet ad ipsam divinam essentiam.»

[15] Vgl. Origenes, *In Psalm.* 2, v. 8: Εστι δὲ ἡ κληρονομία τῆς λογικῆς φύσεως, θεωρία τῶν σωματικῶν καὶ τῶν ἀσωμάτων, καὶ τοὺτων ἁπάντων αἰτίου θεοῦ (PG 12, 1608C).

[16] *Compendium Theologiae*, c. 104: «... Non igitur naturale desiderium sciendi potest quietari in nobis, quousque primam causam cognoscamus non quocumque modo, sed per ejus essentiam.»

[17] Zu diesen Worten wurde vermerkt: «Nun, das beruhigt uns etwas ... Dieses allzu leichte Spiel gefällt uns allerdings nur halb, denn bei einem so ernsten Thema scheint es uns, daß wir den heiligen Thomas nicht nur nachsichtig lächeln sehen.» Wir gestehen, das Hintergründige dieser Bemerkung nicht verstanden zu haben. Es gibt hier von unserer Seite keinerlei Spiel. Wir glauben allen Ernstes (auch wenn die Sache nicht leicht in völlig klaren Formeln ausgedrückt werden kann), daß die totale und vollendete Einigung unserer verschiedenen Geistestätigkeiten in der gegenwärtigen Situation nicht möglich ist, glauben aber auch, daß es heilsam ist, dies zuweilen feststellen zu müssen. Schon die kohärente Zusammenordnung aller Vernunftschritte erweist sich als recht schwierig: eine Zusammenordnung der so verschiedenartigen und auf so viele Gegenstände bezogenen, bei so vielen Gelegenheiten und unter so vielen Gesichtspunkten unternommenen Schritte, die sich untereinander kaum koordinieren lassen. Wie weit schwieriger noch erweist sich die vollkommene Synergie alles geistigen Strebens und des ganzen geistlichen Aufschwungs! In einem Sinn, den wir hier, so gut wir es vermögen, umschreiben, scheint es uns sogar eine unmögliche Sache, was die christliche Geistesgeschichte auch bezeugt. Mangel an völliger Einigung bedeutet im übrigen keineswegs einen logischen Widerspruch. Ja, schreibt der Verfasser der eben angeführten Bemerkung nicht selbst fast unmittelbar danach: «... Drei Erwartungen der menschlichen Seele, die, organisch miteinander verbunden, *soweit die Natur der Dinge es erlaubt*, in der Lehre des heiligen Thomas»? (Die Hervorhebung stammt von uns.)

[18] Zu den Beziehungen der Philosophie und der Mystik, immer hinsichtlich ihrer natürlichen Wurzel, lese man den folgenden Text von Jacques Maritain, *Les degrés du savoir* (1932) S. 477f.: «Ob sie sich auf den erkannten oder verkannten Gott bezieht, der als Gott geliebt oder als höchste namenlose Wahrheit ersehnt wird, eine solche Bewegung, ein solcher mystischer Aufschwung beseelt jedenfalls jede große Philosophie – ich meine *ex parte subjecti;* denn man ist kein Philosoph, wenn man das Absolute nicht liebt und nicht zu ihm gelangen will. Doch bald

beseelt sie die Philosophie und strebt dabei einem Ziel zu, das die Philosophie übersteigt und somit nicht ihrer Spezifizierung unterliegt (denn diese ist rein vom Objekt abhängig, das hier völlig rationaler Ordnung ist), bald beseelt sie die Philosophie und strebt dabei auf ein Ziel zu, das der Philosophie immanent ist, somit an der Begründung ihres eigenen Objekts und an ihrer Spezifizierung mitwirkt. Im ersten Fall wird gerade die Reinheit der Philosophie als solcher, vor allem in den Augen der Nichtphilosophen, bewirken, daß der Wert und die Wirksamkeit dieses Aufschwungs verdeckt zu werden drohen; doch wird sie zum mindesten die Seele in diesem Überstieg auch zu einer echten und reinen Kontemplation führen. Im zweiten Fall wird die Vermengung selbst, die von der Philosophie auf sich genommen werden muß, die Gegenwart dieses inneren Aufschwungs um so offenbarer und spürbarer machen. Und dieses allzu schöne Zeugnis, das der Sehnsucht nach dem Ewigen erwiesen wird, mag gerade in seinem Scheitern, welcher Preis auch immer dafür bezahlt werden muß, einen Metaphysiker stets geneigt machen, einen Plotin oder die Denker des alten Indiens hochzuschätzen. Doch stößt diese Bewegung ins Leere – sofern auch das Ziel der Bewegung einfach als ein natürliches vorausgesetzt wird; oder zumindest, wenn höhere Einflüsse auftreten…, so nochmals auf ein Vermengtes, wobei der Anteil an Enttäuschung groß sein wird.» Vgl. S. 549–551.

[19] Selbst bei Descartes, der seit Pascal so oft beschuldigt wurde, sich für Gott nur zu interessieren, um sich den Besitz der Welt zu sichern, realisiert sich diese Wahrheit. Siehe neben anderen Texten den berühmten *Brief an Chanut*.

[20] Daher die Definition der ersten Philosophie, die scheinbar zu den *oben* (Anm. 9) zitierten Texten in Gegensatz steht: «Die erste Philosophie ist ganz auf die Erkenntnis Gottes als auf ihr letztes Ziel hingeordnet, und deshalb nennt man sie göttliche Wissenschaft.» *Contra Gentiles,* 3, c. 25. Vgl. Étienne GILSON, *L'Être et l'Essence*, S. 81–83. – Im gleichen Geist schreibt J. de FINANCE in *Être et agir*, S. 351: «Wenn die Dynamik des personalen Lebens, die sich vorzüglich im religiösen Bewußtsein entfaltet, nur Verinnerlichung der Seinsdynamik ist, so kann es zu keinem Konflikt, ja nicht einmal zu einer unrückführbaren Unterscheidung kommen zwischen dem, was die Vernunft fordert, um die gesamte Ordnung des Seins zu gewährleisten, und dem lebendigen Gott, dessen ein Leben bedarf, um nicht von der Ebene des Geistwesens abzusinken.»

[21] CATERINA VON SIENA, *Vita*, c. 14: Von keinem geschaffenen Ding,

«so schön, gut und nützlich es in dieser Welt geschätzt werden mag, kann man wirklich sagen, daß es ist». Vgl. CLEMENS VON ROM, *Brief an die Korinther,* c. 27, n. 4: «Gott hat alles durch das Wort seiner Majestät geschaffen, und durch dieses selbe Wort kann er alles ins Nichts zurückführen.»

[22] *Jer* 4,23. Siehe den Kommentar dazu von JOHANNES VOM KREUZ, *Empor den Karmelberg,* 1. Buch, Kp. 4., n. 3; (dt. Übertragung von Sr. Maria Cordis [Oda Schneider, [4]1989] S. 18f.).

[23] AUGUSTINUS, *Confessiones,* 9, c. 4, n. 6: «Tu ergo, Domine, fecisti ea, qui pulcher es, pulchra sunt enim; qui bonus es, bona sunt enim; qui es, sunt enim. Nec ita pulchra sunt, nec ita bona sunt, nec ita sunt, sicut tu, conditor eorum, cui comparata, nec pulchra sunt, nec bona sunt, nec sunt» (PL 32, 811).

[24] PAUL CLAUDEL, *Vers d'exil* VI (dt. *Verse der Verbannung* 6, *Gesammelte Werke* 1 [1963] S. 14).

[25] AUGUSTINUS, *In Psalmum* 85, n. 12: «... Quodlibet aliud cogitet homo, non est simile quod factum est illi qui fecit... Quantum interest inter eum qui fecit, et illud quod factum est, quis digne cogitet? Iste ergo dixit, ‹Non est similis tibi in diis, Domine›; quantum autem sit dissimilis Deus, nun dixit, quia dici nun potest Deus ineffabilis est... Terram cogita: non est hoc Deus Homines et animalia...; angelos cogita: non est hoc Deus. Et quid est? Hoc solum potui dicere, quid non sit... Quid quaeris ut ascendat in linguam, quod in cor non ascendit? ‹Non est similis tibi in diis, Domine, et non est secundum opera tua›» (PL 37, 1900).

[26] BERNHARD VON CLAIRVAUX, *In Cantica sermo* 81, n. 4 (PL 183, 1172D).

[27] PSEUDO-DIONYSIUS, *Himmlische Hierarchie*, 2, 4 u. 5 (PL 3, 144A u. 145A); (dt. *Bibliothek der Kirchenväter*, Ausgabe J. Stiglmayr [1911], S. 12–17).

[28] JOHANNES VOM KREUZ, *Empor den Karmelberg,* 1. Buch, Kp. 4, n. 4–5: «Das gesamte Sein der Geschöpfe ist demnach, mit Gottes unendlichem Sein verglichen, so gut wie nichts.» «... Alles Gutsein der Geschöpfe dieser Welt kann, mit dem Gutsein Gottes verglichen, Bosheit genannt werden» (dt. Übersetzung von Sr. Maria Cordis [Oda Schneider], aaO S. 19f., und: *Das Lied der Liebe (Geistlicher Gesang)* 5. Strophe (dt. Übersetzung von Irene Behn [[3]1984] S. 47).

[29] Entsprechend dieser doppelten Dialektik unterscheidet man zwei geistliche Wege, und zwar durch die Zeichen und außerhalb der Zei-

chen. Wie die beiden Dialektiken sind übrigens diese beiden geistlichen Wege weniger getrennt als geeint; doch herrscht bald der eine, bald der andere vor. Vgl. Jules MONCHANIN, *De l'esthétique à la mystique* (1955) S. 105–112.

[30] AUGUSTINUS, *De vera religione*, c. 29 n. 52: «Videamus quatenus ratio posset progredi, a visibilibus ad invisibilia, et a temporalibus ad aeterna conscendens (In consideratione rerum) gradus ad immortalia et semper manentia faciendus»(PL 34, 145).

[31] ANSELM, *Proslogion,* c. 14: «An invenisti, anima mea, quod quaerebas? Quaerebas Deum, invenisti eum esse quiddam summum omnium, quo nihil melius cogitari potest» (PL 158, 234D). Zu den «anagogischen Vermittlungen» die RICHARD VON SANKT VICTOR gebraucht, siehe G. DUMEIGE in: *Dictionnaire de Spiritualité,* Fasz. 18–19 (1954) Sp. 326.

[32] «Während im Laufe der beginnenden Kontemplation die Seele in einem eminenten Grade alles das Gott zuschreibt, was sie an Gutem in den Geschöpfen fand, sucht sie von nun an all das auszuscheiden, weil es offenkundig nicht hinreicht, um die göttlichen Vollkommenheiten auszudrücken; und so Gott im Dunkel des Nichtwissens zu betrachten...» St. AXTERS OP, *La spiritualité des Pays-Bas*, S. 72, wo er die Schrift DIONYSIUS DES KARTÄUSERS zusammenfaßt: *De contemplatione,* P. 3, c. 14 (*Opera omnia* 41) .

Vgl. HILARIUS, *De Trinitate,* 1, c. 7, der Weisheit 13,5 kommentiert: «Magnorum creator in maximis est, et pulcherrimorum conditor in pulcherrimis... atque ita pulcherrimus Deus est confitendus, ut neque intra sententiam sit intelligendi, neque extra intelligentiam sentiendi»(PL 10, 30); und c. 19 «Comparatio terrenorum ad Deum, nulla est; sed intelligentiae nostrae infirmitas cogit species quasdam ex inferioribus superiorum indices quaerere, ut rerum familiarium consuetudine admonente, ex nostri sensus conscientia ad insoliti sensus opinionem reduceremur» (Sp. 38).

Vergleiche im Buddhismus die zweifache Dialektik des Fortschritts und des Abbruchs: Paul MUS, *Barabudur* 1, S. 137 bis 140, 217, 222, usw. – Vgl. Gustave THIBON, *Nietzsche ou le déclin de l'esprit*, S. 279: «Man muß alle Wüsten der Negation durchschritten haben, um die *tiefe* Symbolik der Sinnenwelt zu entdecken.»

[33] *Confessiones*, 10, c. 6, n. 9 (PL 32, 783). Vgl. *Sermo* 53, n. 12 u. 14: «Coge cor tuum cogitare divina; compelle, urge. Quidquid simile corpori cogitandi occurrerit, abjice. Nondum potes dicere: Hoc est. Saltem dic: Non est hoc. Quando enim dices: Hoc est Deus? Nec cum

videbis; quia ineffabile est quod videbis... Non est ista similitudo. Erubescat ergo tale idolum in corde christiano» (PL 38, 369 u. 370). Siehe auch die wunderbare *Enarratio in Psalmum* 41, n. 7–10, die weniger bekannt ist als die entsprechende Stelle der *Bekenntnisse*, doch vollständiger und lyrischer: «Audiendo quotidie: Ubi est Deus tuus?» etc. (PL 36, 467–471). Wir bringen sie am Ende des Kapitels.

[34] Vgl. Julien GREEN, *Journal*, 30. Juni 1943 (4, S. 543): «Es kommt vor, daß man so oft und so gewohnheitsmäßig in überkommenen Vorstellungen an Gott denkt, daß diese große Wirklichkeit, die einzige Wirklichkeit, durch die gelernten Phrasen verdeckt wird...»

[35] Vgl. JOHANNES VOM KREUZ, *Das Lied der Liebe (Geistlicher Gesang)*, Kp. 14, n. 24, aaO S. 103: «... vergleichbar einem, der nach langem Schlummer seine Augen dem unverhofften Licht öffnet.» Vgl. *oben* Anm. 28.

[36] Siehe Léonce de GRANDMAISON SJ, *La religion personnelle*, S. 177–179, und den schönen Aufsatz von Gabriel LE MAITRE in: *Études*, September 1950, S. 216–226: *Choisir l'espoir.*

[37] Vgl. Jacques MARITAIN, *Approches de Dieu*, S. 118, der, vom Argument auf Grund des Zeugnisses handelnd, hinzufügt: «Ich glaube nicht, daß dieses Argument eine rationale oder rein natürliche Zustimmung erwirkt, ohne daß sich darin eine Glaubensanschauung anderer Ordnung beimischt, die sich im Innern der Seele auf die unsichtbare Bezeugung Gottes gründet, von dem wir durch seine Freunde reden hören.» Das Zeugnis der Heiligen würde also zum Zeugnis Gottes selbst; und eben das meinen wir. Doch ohne, ja weit entfernt davon, die möglichen Eingriffe der Gnade zu bestreiten, sind wir der Ansicht, daß zunächst ein gewisses Mitklingen zwischen der Seele des Heiligen und der unseren auf Grund der bestehenden Konnaturalität in Betracht gezogen werden muß – auch wenn Maritain dies nicht ausdrücklich sagt, so stellt er es doch nicht in Abrede.

[38] Vgl. Fernand VAN STEENBERGHEN, *Le problème philosophique de l'existence de Dieu*, in: *Revue philosophique de Louvain* 45 (1947) S. 146 u. 302.

[39] Meister ECKHART, *Von der Erfüllung. Predigt über Lukas 1,20*, in: *Schriften und Predigten* (übersetzt und herausgegeben von Hermann Büttner, Bd. I (1917) S. 2. Vgl. Einleitungskapitel, Anm. 28.

[40] Siehe u. a. das Fresko des Jüngsten Gerichts von Cavallini auf der Rückwand der Tribüne in der Kirche Sancta Caecilia in Rom.

[41] JOHANNES VOM KREUZ, *Die dunkle Nacht*, passim. «Damit wird die

unsägliche Pein der Seele beschrieben, wenn sie vom Feuer dieser Beschauung gereinigt wird»: 2. Buch, Kp. 6, n. 5; vgl. auch Kp. 8. (dt. Übertragung von H. U.v.Balthasar [[4]1992], S. 87.

[42] ALEXANDER VON HALES, *In Sent.,* d. 37, n. 10: «Deus est in se ut Alpha et Omega, in mundo ut creator et rector, in angelo ut sapor et adjutor, in reprobis ut terror et horror» (Quaracchi [1951] S. 368; dieser Text wird als aus AUGUSTINUS, *Confessiones*, stammend zitiert). Adam SCOTUS (VON DRYBURGH), *Epistola*: «Deus est in seipso incomprehensibilis, et in reprobis terribilis, et in electis amabilis» (PL 198, 795A; vgl. 778C). M. SANDAEUS SJ, *Pro theologia mystica clavis* (1640) S. 169; *Theologia mystica, seu Contemplatio divina Religiosorum a calumniis vindicata* (1627) S. 101: «Quid ergo est Deus? – Non minus paene perversorum, quam humilium gloria. Est enim rationabilis quaedam aequitatis directio inconvertibilis atque indeclinabilis, quippe attingens ubique, cui illis omnis pravitas conturbetur necesse est.» Zitat BERNHARDS, *De consideratione,* 5, c. 12, n. 25, der hinzufügt: «Est et turpium paena Deus: lux est enim; et quid tam invisum obscaenis flagitiosisque mentibus?...» (PL 182, 802).

[43] Vgl. Simone WEIL, *La Pesanteur et la Grâce*, S. 77: «Wir fliehen die innere Leere, weil Gott sich darin finden könnte.»

[44] Vgl. MARIE DE L'INCARNATION, *Brief an ihren Sohn,* Oktober 1671: «Gott verzehrt mich in einem Zustand der Einfachheit mit ihm. Wollte ich mehr darüber sagen, ich hätte nicht viel zu sagen, denn ich würde immer wieder quasi dasselbe wiederholen.» An denselben, 26. Oktober 1653: «... Das Intimste stand nicht in meiner Macht. Das ist zum Teil der Grund für mein Widerstreben, über diese Dinge zu schreiben, obwohl es meine Freude ist, in diesem großen Abgrund keinen Grund zu finden und genötigt zu sein, jedes Wort zu verlieren, indem ich mich selbst verliere. Je älter man wird, desto unfähiger wird man, darüber zu schreiben, weil das geistliche Leben die Seele in einer verzehrenden Liebe einfach werden läßt, so daß man keine Worte mehr findet, um davon zu sprechen.»

[45] AUGUSTINUS, *De videndo Deo* (*Epist.* 147, *ad Paulinam*), c. 6, n. 18 (PL 33, 604).

[46] GREGOR VON NYSSA, *In Cantica canticorum*; *In Ecclesiasten*, hom. 7, n. 6: «... cujus inventio est ipsum semper quaerere. Nun enim aliud est quaerere, et aliud invenire: sed exquirendi lucrum est ipsum quaerere» (PG 44, 720C). JOHANNES SCOTUS, *De divisione naturae,* 5 (PL 122, 1010CD).

Alexander von Hales, *Summa theologica,* P. 1, 2, c. 10, n. 2, 3m: «Cognitio de Deo semper est in fieri in vita ista.» Entsprechend: ἔρχεται ὁ ἀεὶ παρών: nochmals Gregor von Nyssa, *Leben des Mose* (PG 44, 472C). Vgl. *Apk* 1, 4; 1, 8; 4, 8.

[47] Gallikanische Liturgie, Vesperhymnus.

[48] Gregor von Nyssa, *In Cantica canticorum,* hom. 5 (PG 44, 873–876); vgl. hom. 8 (940–944); *Leben des Mose* (PG 44, 405). Louis Beirnaert kommentiert wie folgt: «So gibt es wohl einen Aufstieg, aber der Aufstieg und der Fortschritt vollziehen sich nicht zwischen zwei festen Punkten. Nie gibt es eine Sättigung des Verlangens und ein Erreichen des Wertes, weil für den christlichen Mystiker das Verlangen und dessen Gegenstand beide von einer geheimnisvollen Schwerkraft mitgerissen werden, die bewirkt, daß, je höher wir steigen, neue Gipfel sichtbar werden und im Maß der Sättigung der Hunger sich wieder meldet. Was heißt das anderes, als daß das Mehr und das Weniger, das Hohe und das Tiefe hier auf ein Absolutes hin gewürdigt werden müssen, dessen Höhe solcherart ist, daß man immer am Anfang des Aufstiegs steht? Aber, stets am Anfang sein und sich dies unaufhörlich eingestehen, heißt nach einem Wort Taulers (Predigten), sich ‹im Grund der Demut halten, wo man unbedingt gleichsam ein Anfänger ist› (und doch bereits über sich selbst und alle Dinge erhoben). Es heißt paradoxerweise einen Aufstieg leben, der sich in eine tiefere Situation einschreibt, für den der Abstand zwischen dem Oben und dem Unten keinen meßbaren Sinn hat... Deshalb ist schließlich der christliche Aufstieg, insofern er sich in der Zeit vollzieht, ein Fortschreiten zur Tiefe der Demut wie zugleich zur Höhe der Gottheit, weil da, wo Gott sich ‹bis zum Tode am Kreuz› erniedrigt hat, der Weg zur Höhe immerfort durch Verdemütigungen führt.»

Vgl. Augustinus, *De Trinitate*, 9, c. 1, mit Anführung von *Sir* 18,6: «Cum enim consummaverit homo, tunc incipit...» (PL 41, 961). Bernhard von Clairvaux, *In Cantica, sermo* 84, n. (PL 183, 1184–1185). Maurice Blondel, *L'Action* (1893) S. 351–352: «Sobald man meint, Gott genügend zu kennen, kennt man ihn nicht mehr. Gewiß, der Augenblick seines Aufscheinens im Bewußtsein ist der Ewigkeit so nah, daß man gleichsam Angst hat, sich ganz darauf einzulassen, den Blick dem Blitz zugewandt, der nur aufgezuckt ist, um die Nacht noch zu verfinstern. Doch die Mischung von Schatten und Licht bleibt so groß, daß die Anmaßung dessen, der zu sehen glaubt, wie die Anmaßung dessen, der vorgibt, nichts zu wissen, gleicherweise beschämt werden: Gegen die allzu Hellsichtigen muß festgehalten werden, daß in allem, was wir erkennen und wollen, Gott das bleibt, was wir weder erkennen noch machen können; gegen die, die blind sein wollen, muß festgehalten werden, daß auch ohne dialektische Verwicklung und langes Studium Gott sozusagen in einem Augenblick für alle und zu jeder Stunde die unmittelbare Gewißheit ist, ohne die es keine andere gibt, das erste Licht, die Sprache, die man kennt, ohne sie gelernt zu haben. Er ist der einzige, den man nie vergeblich suchen kann, ohne ihn je ganz finden zu können.»

«Nemo te quaerere valet, nisi qui prius invenerit: vis igitur inveniri ut quaeraris, quaeri ut inveniaris; potes quidem quaeri et inveniri, non tamen praeveniri.» Zitat aus BERNHARD VON CLAIRVAUX, *De diligendo Deo,* c. 7, n. 22 (PL 183, 987C).

[49] IRENÄUS, *Adv. Haer.* 2, 28, 3 (PG 7, 806A).

[50] LEIBNIZ, *Prinzipien der Natur und Gnade,* n. 18. (*Kleine Schriften zur Metaphysik*, in: *Philosophische Schriften*, herausgegeben und übersetzt von Hans Heinz Holz, Bd. 1 [1965] S. 437. Vgl. GRATRY, *Connaissance de l'âme* (1857), 1, 13: «Der Wein des ewigen Lebens, sagt der Herr im Evangelium, wird selber neu sein.»

[51] *Psalm* 102,5. Siehe auch AUGUSTINUS, *De Trinitate,* 15, c. 2, 2: schöner Kommentar zu *Psalm* 104,3–4: «Laetetur cor quaerentium Dominum...»

[52] ECKHART, *Traktat* 14 (F. PFEIFFER, 1857) S. 532. Siehe Einleitungskapitel, Anm. 28. Vgl. GREGOR DER GROSSE, *Moralia in Job*, 24, n. 11: «Der Geist glaubt sich um so ferner von den göttlichen Wirklichkeiten, als er sich ihnen nähert, denn würde er nichts davon wahrnehmen, könnte er nicht verstehen, daß er den unverhüllten Gott nicht zu schauen vermag.» CLEMENS VON ALEXANDRIEN, *Stromata*, Kp. 6, 40, n. 1: «die Kontemplation, die nicht sättigt».

[53] Jacques PALIARD, *Profondeur de l'âme* (1953) S. 159.

[54] *Anatomie de l'âme et des operations divines en icelle*, von P. CONSTANTIN DE BARBANSON (1635) 3. Teil, Artikel 16, S. 155–158.

[55] Vgl. *Wh* 1,2: «Er läßt sich finden von denen, die ihn nicht versuchen, und offenbart sich denen, die ihm nicht mißtrauen.»

[56] ANGELUS SILESIUS, *Der Cherubinische Wandersmann,* 2. Buch, 215, S. 66.

[57] Romano GUARDINI. Zu beachten ist jedoch, daß der «natürliche» Gott, den der Verfasser ausschließt, nur der ist, in dessen Namen man den Gott der übernatürlichen Offenbarung ausschließen würde, indem

man ihm «einen endgültigen Wert» zuschreibt. Vom selben: *Christliches Bewußtsein. Versuche über Pascal* ([2]1950) S. 58f.: «Die allgemeinen Vorstellungen von Gott; die allgemeinen Begriffe von ihm, die so ‹rein zu sein beanspruchten und es in einem gewissen Sinne auch waren›, werden in diese scheinbare Vermenschlichung hineingeworfen. Die beiden Erfahrungs- und Denkwelten, die man mit den Sätzen: ‹Gott ist das Absolute› und: ‹Gott ist der, der durch Jesus Christus redet›, ausdrükken kann, stellen sich in Gegensatz zueinander, ... dennoch richten sie sich auf die nämliche Wirklichkeit: den Lebendigen Gott ... Alles, was ehrliche Arbeit als ‹Gotterkenntnis der Philosophen› zutage gefördert hat, behält seinen Wert. Dieser ist groß, trotz der Verächter der Philosophie aller Zeiten und auch der heutigen. Denn der Zusammenhang des Seins ebenso wie die Voraussetzungen des Denkens und die Kraft des Geistes, woraus jene Begriffe gewonnen wurden, sind nicht irgendwoher und nicht vom Bösen, sondern vom gleichen Gott, der in Christus gesprochen hat. Aber die Schöpfung ist auf die Gnade hingeordnet und wird wirklich nur richtig gesehen in Beziehung zu dieser.»

[58] Angelus Silesius, *Der Cherubinische Wandersmann,* 2. Buch, n. 5, aaO S. 43.

[59] Vgl. Marie de l'Incarnation, *La Relation de 1654,* 12: «... weil die Seele dabei passiv von einem unwiderstehlichen Zug erfaßt ist, der ihr im innersten Grund einen großen Frieden verleiht. Aber anderweitig läßt die göttliche Liebe sie in einer Ängstlichkeit, die man zwar fühlen, aber nicht aussprechen kann.» (Ausg. Jamet, Bd. 2, S. 216; dt. *Der Lebensbericht,* in Auswahl übersetzt von Josef Schmidt und Marion Moamai [1986]).- Doch gibt es Angst und Angst: vgl. H. Urs von Balthasar, *Der Christ und die Angst* ([6]1989).

[60] Marie de l'Incarnation, *Exclamations et Élevations* 2 (*Écrits,* Ausg. Jamet, Bd. 1, S. 380f.).

[61] Teresa von Avila, *Gedichte.*

[62] Richard von St. Victor, *De Trinitate,* 3, c. 1 (PL 196, 915–916).

[63] Augustinus, *De Trinitate,* 15, c. 28, n. 51: «Domine Deus meus, una spes mea, exaudi me, ne fatigatus nolim Te quaerere, sed quaeram faciem tuam semper ardenter. Tu da quaerendi vires, qui invenire Te fecisti, et magis magisque inveniendi Te spem dedisti. Coram Te est firmitas et infirmitas mea: illam serva, istam sana. Coram Te est scientia et ignorantia mea: ubi mihi aperuisti, suscipe intrantem; ubi clausisti, aperi pulsanti. Meminerim tui, intelligam te, diligam te. Auge in me ista, donec me reformes ad integrum ... Libera me, Deus, a multilo

quio, quod patior intus in anima mea. Multae sunt cogitationes meae, tales quales nosti, cogitationes meae hominum, quoniam vanae sunt. Dona mihi non eis consentire nec in eis velut dormitando immorari ... Cum ergo pervenerim ad Te, cessabunt multa ista quae dicimus, et manebis unus omnia in omnibus, et sine fine dicemus unum, laudantes Te in unum, et in Te facti unum ...»

[64] Wilhelm von St. Thierry, *Speculum fidei* (PL 180, 397A).

[65] Fénelon, *Oeuvres* (Pariser Ausg.) 8, S. 557.

Wo ist dein Gott?

Ich sehe nämlich, was mein Gott gemacht, nicht aber sehe ich meinen Gott selbst, der es machte ... Groß ist die Schönheit der Erde, aber sie hat einen Bildner ... Ich suche den Bildner, ich blicke zum Himmel und zur Schönheit der Gestirne, zum Glanz der Sonne, reich den Tag aufstrahlen zu lassen, zum Mond, Tröster nächtlicher Finsternisse. Wunderbar ist dies, lobwürdig ist dies, oder auch bestürzend ... aber noch steht mein Durst nicht still ... Ich kehre zu mir zurück und forsche, wer ich, der also Forschende, bin ... Ich entdecke, daß die Seele ein Besseres ist als der Leib ... Was es sei, muß ich innerlich sehen ... Was weder Farbe ist, noch Klang, noch Duft, noch Geschmack. Man sage mir doch, welche Farbe die Weisheit hat ... Und doch ist sie innen da, und ist schön, und ist lobwürdig, und ist sichtbar ... Es ist also etwas, was die Seele sieht ... nicht durch Augen des Leibes ... sondern durch sich selbst ..., *ist* durchaus, denn sie sieht sich selbst durch sich selbst ... Aber ist nun ihr Gott ein solches? ... *Wo ist dein Gott?* Sie sucht eine gewisse unwandelbare Wahrheit, ein mangelloses Dasein. Nicht so der Geist selbst: er nimmt ab, nimmt zu, weiß und weiß nicht, erinnert, vergißt, will nun dies, nun das ... *Wo ist dein Gott?*

Also, um Ihn zu berühren ...: *solches ersann ich, und goß meine Seele über mich selbst aus.* Wann rührte meine Seele an das, was über meiner Seele ist, wenn nicht meine Seele über sich selbst sich ergösse? Denn bliebe sie in sich, so sähe sie nichts als sich selbst ... Ich suchte Sein Wesen in meiner Seele und fand es nicht; da ersann ich aber ein Suchen meines Gottes, und durch das hindurch, was geschaffen, begehrend, «das eingesehen Unsichtbare Gottes anzusehen» (Röm 1,20), *goß ich über mich meine Seele aus*, und keines bleibt mir mehr zu berühren, als mein Gott. Dort nämlich wohnt mein Gott, dort über meiner Seele ...

von dorther schaut Er auf mich, ... von dorther ruft Er mich, ... führt er mich, geleitet Er mich hindurch.

Denn Er, der das höchste Haus im Geheimnis bewohnt, hat auch auf Erden ein Zelt...: die Kirche.. *Denn ich schreite zum Orte Seines Zeltes.* Außerhalb nämlich des Zeltortes würde ich irren, wenn ich meinen Gott suchte... Aufsteigend zum Zelt gelangt man zum Hause Gottes. So zwar, während er die Glieder des *Zeltes* bestaunt, wird er hindurchgeführt zum Hause Gottes, daß er einer gewissen Süßigkeit folgt, einer inwendigen, ich weiß nicht wie verborgenen Lust, gleich als ob vom Hause Gottes her süß eine Orgel herübertönte ... und er folgte den Klängen ... und die reißen den Hirsch zu den Wassserquellen.

Weil wir aber, Brüder, solang wir in diesem Leibe hausen, «ferne pilgern vom Herrn» (2 Kor 5,6), ... wenn auch zuzeiten auf unserem Sehnsuchtswege sich die Nebel irgendwie zerstreuen und wir zu jenem Klang gelangen, so sinken wir doch, wie durch ein Schwergewicht unserer Schwäche, in den Alltag zurück, und gleiten wieder ins Gewöhnliche herab...

Warum bist du traurig, meine Seele, und warum verwirrst du mich? Sieh, schon... vermochten wir mit der Spitze des Geistes ein Unveränderliches, wenn auch nur wie im Aufblitz und Raub, zu erschauen, warum verwirrst du mich noch, warum bist du noch traurig? Denn du zweifelst doch nicht an deinem Gott? Hoffe auf Gott... Und gleich als ob ihm seine Seele schweigend erwiderte: Warum sonst betrübte ich dich, als weil ich noch nicht dort bin, wo jenes Süße ist, zu dem ich wie im Übersprung hingerissen ward?...

AUGUSTINUS, *In Psalmum* 41, n. 7–10 (PL 36, 467–471); (dt. *Über die Psalmen.* Ausgewählt und übertragen von Hans Urs von Balthasar, *Christliche Meister* 20 [[2]1983], S. 66–68.

ANMERKUNGEN ZUM SIEBTEN KAPITEL

[1] de BONALD; vgl. Peter WUST, *Die abendländische Krise*, in: *Le Roseau d'or*, Chroniques (1929) S. 330: «Der Gott der Deisten ist nur mehr ein absolut toter Schatten des christlichen Vatergottes»; vgl. ders., *Die Saekularisierung des europäischen Geistes und ihre Überwindung in der Gegenwart*, in: *Weisheit und Heiligkeit, Gesammelte Werke* 6 (1966), bes. S.140. Jacques MARITAIN, *Les degrés du savoir*, S. 446 f.; Paul HAZARD, *La pensée européenne au XVIIIe siècle* 1, S. 153; *La crise de la conscience*... 2, S. 31. In seiner *Philosophie de la misère* sagte PROUDHON unverblümt: «Ich weiß einen, der bereit wäre, für die Sache Gottes das Schwert zu ergreifen und wie Robespierre die Guillotine bis zur Vernichtung des letzten Atheisten spielen zu lassen, ohne zu ahnen, daß er dieser Atheist sein könnte.» Sagen wir zumindest, daß der rationalistische Deismus der Verneinung Gottes zugunsten des Menschen sein furchtbarstes Argument liefert.

[2] Vgl. Jules LACHELIER, in seiner Kritik an der Auffassung von Leibniz: Brief an Jean Baruzi, 10. Dezember 1906.

[3] Vgl. schon F. PILLON, *Une dénonciation épiscopale*, in: *La Critique philosophique* 2 (1876) S. 122 f.: «Möchte man denn, er hätte dem Gott Cousins und der *Revue des Deux Mondes* eine Anstandsreverenz erwiesen? Hat er unrecht, diesen bürgerlichen und farblosen Religiosismus von Eklektikern und Doktrinären zu verachten, der zu keinen Konsequenzen führt, sich im Leben überhaupt nicht auswirkt, der mit einer tiefen, hintergründigen Skepsis sich durchaus verträgt und durch den Raum, den er in den Gewohnheiten einnimmt, jeder spontanen und ursprünglichen Bekundung des wahren religiösen Gefühls den Riegel vorschiebt?» – Für Hegel vgl. Jean HYPPOLITE, *Logique et existence* (1953); das Denken Hegels selbst bleibt noch zweideutig – ja, er ist es auch in den Frühschriften: vgl. Marcel MÉRY, *G. W. F. Hegel, Premières publications* (1952) S. 299; vom selben: *La critique du christianisme chez Renouvier* 2 (1952) S. 500 f.

[4] Man darf allerdings nicht vergessen, daß jeder Fall einmalig ist; daß es ein aktives Überleben gibt; daß es auch Ambivalenzen gibt und die oft verworrenen «Auseinandersetzungen des Atheismus», und daß, was in einem gewissen Licht als eine Herabwürdigung erscheint, zuweilen im Gegenteil der Ansatz einer Neufindung sein könnte...

Gabriel MARCEL weist z. B. daraufhin, daß «bei den größten Vertretern des Idealismus» – er denkt insbesondere an Fichte – «eine außerordentlich starke Anerkennung der Werte vorhanden war»: *Le mystère de l'être* 2 (1951) S. 89.

[5] Étienne GILSON, in seiner Antwort an Léon Brunschvicg, *Querelle de l'athéisme,* vgl. Kp. 3, Anm. 18.

[6] Vgl. G. FESSARD, *La main tendue* (1937) S. 124f., der in bezug auf die Hegelsche Formulierung «den Tod der Abstraktion der göttlichen Wesenheit» proklamiert.

[7] Georges GUSDORF, *Mythe et Métaphysique* (1953) S. 221.

[8] Vgl. LEIBNIZ, *Causa Dei* ... und n. 68.

[9] MERLEAU-PONTY, *Éloge de la Philosophie* (1953) S. 65.

[10] Vgl. CLEMENS VON ALEXANDRIEN, *Ausgewählte Texte der Propheten,* n. 21 u. 26: Gott ist zugleich «unzugängliches Licht» und «verzehrendes Feuer»; als Feuer erweckt er Furcht; als Licht schenkt er Sicherheit.

[11] Vgl. *Affrontements mystiques* (1950) Kp. 3, *Nietzsche mystique;* ebenso in: *Drame de l'humanisme athée* ([7]1983) S. 493–532; (dt. *Über Gott hinaus. Tragödie des atheistischen Humanismus,* Anhang: *Nietzsche als Mystiker*, übertragen von Hans Urs von Balthasar [1984], S. 281–307).

[12] Franz GRÉGOIRE, *Aux sources de la pensée de Marx* (1947) S. 77: «Die Bindung Hegels an das christliche Dogma der Erlösung wie an ein bloßes Symbol, selbst als der Philosoph den Glauben verloren hatte, hat sicherlich dazu beigetragen, Hegel die Idee des dialektischen Prozesses als des Grundgesetzes aller Dinge nahezulegen.» Auch G. VAN DER LEEUW, *L'homme primitif et la religion,* S. 194f.: «Je mehr der Atheismus sich durchsetzt, desto deutlicher können wir in seinen Zügen die Spuren vergangener religiöser Erfahrungen feststellen, wie im kommunistischen Atheismus jene der Eschatologie und der Religion der menschheitlichen Gemeinschaft. Der Mensch, der nicht religiös sein will, ist es gerade durch dieses Wollen. Er kann wohl vor Gott fliehen, ihm aber nicht ausweichen.»

In *Le Génie des Religions* (1841) hatte Edgar QUINET bereits auf diese Vereinnahmung des Christentums durch die Lehren der deutschen Metaphysiker hingewiesen, die am stärksten zum christlichen Glauben in Gegensatz standen; doch ließ ihn sein liberaler Standpunkt diese Tatsache in optimistischem Sinn deuten: «Nachdem das Christentum fast ganz in die Theorien der Metaphysiker eingegangen ist, ist es doch, nicht einmal für einen Tag, im Geist der Zeitgenossen abgeschafft worden; so daß es (Deutschland) ohne jede Gewalt von der Religion zur Philosophie übergegangen ist... Keinen einzigen Augenblick stand es vor dem Nichts...»

[13] Paul CLAUDEL, *La Ville,* 3. Akt; (dt. *Die Stadt,* 3. Akt, *Gesammelte Werke* 2, *Dramen* 1 [1959], S. 237).

[14] Gabriel MARCEL weist mit Recht darauf hin, daß sich «die Transzendenzforderung vor allem als Unerfülltheit darstellt», während «die umgekehrte nicht als wahr erscheint; man hat offenbar nicht das Recht zu sagen, jede Unerfülltheit beinhalte das Streben nach Transzendenz». *Le mystère de l'être*, Bd. I; *Réflexion et mystère* (1951) S. 50. In dieser Bemerkung liegt eine Warnung vor einer romantischen Illusion wie vor der gegenteiligen Illusion einiger Antiromantiker.

[15] Vgl. Henri NIEL, *Athéisme et Marxisme,* in: *Lumière et Vie* (1955) S. 78: In den Augen von Marx «entsteht Religion aus dem Dualismus zwischen Ideal und Wirklichkeit, zwischen der Idee, die der Mensch sich von sich selber macht, und seiner konkreten Existenz. Solange dies auseinanderklafft, gibt es Religion. Diesem Gefühl der Unzulänglichkeit und Unangepaßtheit will Marx durch die Verwirklichung einer Welt, in der der Mensch sich wirklich zu Hause fühlt, ein Ende setzen.» Emmanuel MOUNIER, *Carnets de route* 2, S. 415: «Was ist ein glücklicher Mensch? – Einer, der sich gut anpaßt, wird man denken, ein Mensch, der im biologischen, affektiven und sozialen Getriebe wie ein vollkommenes Räderwerk läuft...»

[16] Das sollen selbst Marxisten dunkel befürchten, und dies ist wohl einer der Gründe, weshalb sie viel lieber das Idealbild des marxistischen Menschen in der modernen Gesellschaft zeichnen als das des Menschen in der marxistischen Gesellschaft.

[17] Jacques LECLERCQ, aaO S. 23f. Vgl. Louis BOUYER, *Le sens de la vie monastique* (1950) S. 105, über die Gotteslästerungen, die man «auf den Knien äußert».

[18] In dieser Hinsicht ist die Geschichte lehrreich. «Der kritische Idealismus» meinte, manche Beweise endgültig beseitigt oder wenigstens radikal umgewandelt zu haben. Was ist von diesem Idealismus und seinem ganzen Anliegen heute noch übriggeblieben?

[19] ORIGENES, *Contra Celsum,* 2, c. 40 ...τοὺς δὲ πλανωμένους περὶ θεοῦ, καὶ παντὶ μᾶλλον ἢ θεῷ ἐφαρμόζοντας τὴν περὶ αὐτοῦ ἀδιάστροφον, ἔννοιαν, ὑπολαμβάνοντας εἶναι εὐσεβεστάτους... (PG 12, 861B). J. LECLERCQ, *Dialogue de l'homme et de Dieu*, Neuausgabe (1948) S. 19: «Man versetzt Gott in die Dinge, weil man Gott nicht

kennt, und doch kennt man Ihn, denn man sucht Ihn in den Dingen, man sucht sie nicht um ihrer selbst willen, so wie sie sind, sondern um des Unaussprechlichen willen, mit dem man sie zudeckt.»

[20] Vgl. Joseph FOLLIET, *L'avènement de Prométhée* (1951) S. 21 f.: «Indem Descartes und Bacon zum Aufschwung der Naturwissenschaften und der Technik beigetragen haben, bahnten sie den großen Gottesleugnern und Gottesfeinden den Weg. Der prometheische Mensch lebt in einer Welt, die seine eigene Schöpfung ist, weit ab von der Natur, die in ihrer Grausamkeit und Schönheit den primitiven Menschen, dann den Bauern mit Entzücken und Schrecken erfüllte; die Lichter der Stadt verbergen ihm die Sterne... Inmitten des Universums, das er selbst ausscheidet, hat er kein Bedürfnis nach dem Schöpfer mehr. Die in ihm verbleibende Angst vor dem Unbekannten ist mehr die vor einem menschlichen und sozialen, als die vor einem naturbedingten oder übernatürlichen Unbekannten.»

[21] Vgl. Henri NIEL, aaO S. 80: Durch die technische Revolution hindurch «macht der Mensch gewissermaßen die Erfahrung seiner schöpferischen Macht, die er mit der schöpferischen Macht der Natur vergleicht. Indem diese Revolution dem Menschen einen neuen Aspekt seiner Größe eröffnet, zwingt sie uns im Gegenzug zu einer Entschlakkung und Läuterung unserer Gottesidee.»

[22] Vgl. G. VAN DER LEEUW, *L'homme primitif et la religion,* S. 207: «Das, was wir die Säkularisation nennen, ist nicht nur ein religiöser Zerfall, sondern ein Phänomen, das mit dem Sich-bewußt-Werden des *homo religiosus* einhergeht. Was die Religion an Breite verliert, kann sie an Tiefe gewinnen. Der primitve Mensch ißt nie, ohne dabei die Religion mit ins Spiel zu bringen, während der Vorgang des Essens für den modernen, selbst den religiösen Menschen, die alltäglichste Sache von der Welt ist. Doch der Primitive kann sich ›nicht bekehren‹, was aber der moderne Mensch seinerseits kann. Darin liegt eine Möglichkeit der Säkularisation, die dem primitiven Menschen viel weniger gegeben ist: der Mensch, der die Welt entdeckt hat, kann darin seinen Untergang finden. So kann der Verlust des Begriffs vom sakralen Charakter des Lebens zur Vorbedingung eines Begriffs vom sakralen Charakter Gottes werden; er kann aber auch zum Verlust jeglichen Begriffs von Sakralem führen.»

Man bedenke auch die übrigen Erwägungen desselben Verfassers (S. 167 f. u. 187): «Die Vorherrschaft der Abstraktion, die in ihren idealistischen und materialistischen Formen das 19. Jahrhundert großenteils beherrscht, bricht in unserem Zeitalter unter dem unerbittlichen Gewicht der Wirklichkeit zusammen. Der Mensch hat sich selbst wieder als ein Wesen von Fleisch und Blut entdeckt; er hat seine Instinkte wiedergefunden; er hat wiederum die weltbeherrschenden Mächte entdeckt und ist sogar im Begriff, die Wirklichkeit seiner Götter, ja zuweilen die seines Gottes wiederzufinden. Alle Arten von scheinbar äußerst gegensätzlichen Einflüssen tragen dazu bei, die Abstraktion zu brechen. Hier finden sich Seite an Seite die Namen von Nietzsche und Kierkegaard, von Barth und vom Dritten Reich, von Klages und Berdjajew, von Guardini und Rosenberg, von Buber und Chesterton. Die moderne ‹Mentalität›, die als Abstraktion der Wirklichkeit diese Wirklichkeit beherrscht, ist ein vorübergehendes Phänomen, ein Phantom, das noch unter uns umgeht, jedoch zum baldigen Verschwinden verurteilt ist.» Doch ist diese Liquidierung des Rationalismus zugleich der Einbruch eines nicht minder gefährlichen Irrationalismus. Davor ist zu warnen: «So groß und durchgängig die Bedeutung der primitiven und mythischen Lebensstrukturen im Ganzen des menschlichen Lebens auch sein mag, diese dürfen uns nie der Vernunft entgegensetzen. Sonst würden wir genau den entgegengesetzten Fehler jener Leute begehen . . ., welche die rationale Struktur als die einzig heilsame darstellen. Wir würden uns gewissermaßen wieder die Verherrlichung des rousseauischen ‹guten Wilden› zu eigen machen. Die Überlegungen, die von den Todfeinden des Geistes eingebracht werden, insbesondere die eines Klages, geben uns dies zu bedenken, . . . selbst wenn sie ein ganz anderes Ziel verfolgen.»

Will man also nicht von der Charybdis in die Scylla geraten, kommt es heute sehr darauf an, die christlich überlieferte Idee des Geistes in ihrer Integralität wieder zur Geltung zu bringen.

[23] C. Brunold und J. Jacob, *De Montaigne à Louis de Broglie, introduction à l'étude de la pensée française contemporaine* (Paris 1952) S. 4, Entretiens de Pontigny.

[24] Wer wenigstens das im Innersten des Menschen wohnende Bedürfnis der Anbetung erahnt, dem erscheinen die positivistischen Lösungen des religiösen Problems lächerlich. Darin besteht einer der Mängel der Comteschen Lösung. Vgl. unser *Drame de l'humanisme athée*, 2. Teil ([7]1983). Das gleiche gilt von Julian Huxley: *Religion as an Objective Problem*, in: *The Uniqueness of Man* (1940): «The disappearance of God means a recasting of religion, and a recasting of a fundamental sort. It means the shouldering by man of ultimate responsibilities which

he had previously pushed off on God» (S. 282), etwa die Verantwortung, Gegenstand der Anbetung zu werden, der eigene Gegenstand seiner eigenen Anbetung. Die Utopie des integralen Laizismus war wenigstens logischer…

[25] ORIGENES.

[26] Nach André BRETON, *Position politique du surréalisme*, S. 11 (zitiert von Ferdinand ALQUIÉ, *Philosophie du surréalisme* [1955] S. 91).

[27] F. ALQUIÉ, aaO S. 211. Vgl. Albert CARTIER, *Le problème de Dieu dans la philosophie de Blondel*, in: *Giornale di Metafisica* (1955) S. 833f.

[28] F. ALQUIÉ, aaO S. 210f.

[29] Karl MARX: «…ist die Frage nach einem fremden Wesen, nach einem Wesen über der Natur und dem Menschen eine Frage, welche das Geständnis von der Unwesentlichkeit der Natur und des Menschen einschließt, praktisch unmöglich geworden» (*Nationalökonomie und Philosophie. Über den Zusammenhang der Nationalökonomie mit Staat, Recht, Moral und bürgerlichem Leben* [1844] in: *Die Frühschriften*, hrsg. von Siegfried Landshut [1953] S. 248.

[30] Vgl. Henri NIEL, aaO S. 83: «Das konkrete Individuum findet in der Idee der vollkommenen Gesellschaft nur seine eigene gegenwärtige Wirklichkeit als soziales Wesen, die durch die Vorstellung einer noch nicht existenten Gesellschaft bestimmt wird. Dargestellt als Erzeuger der gegenwärtigen Wirklichkeit im Hinblick auf ein künftiges Ideal, wird das aktuelle Individuum allein sämtliche Kosten dieser Darstellung einer vollkommenen Gesellschaft zu tragen haben. Wenn dieses Individuum also ein rein vorgestelltes Ziel, das nichts anderes enthält als seine eigensten aktuellen Bemühungen, für sich als ein bereits wirklich bestehendes betrachtet und in dieser Vorstellung eine wirkliche Gegenwart der vollkommenen Gesellschaft zu erkennen glaubt, entfremdet es sich selbst, weil es mit seiner eigenen Substanz eine Zukunft nährt, die keine andere Wirklichkeit besitzt als die seiner mythisch projizierten Gegenwart. In der Tat setzt die Vorstellung einer vollkommenen Gesellschaft als notwendige Existenzbedingung die lebendige Hingabe des Individuums, das sie erzeugt, voraus. Wir befinden uns in einer restlosen Entfremdung, und das Heilmittel zum Tod liegt in Wirklichkeit nur in dessen ideologischen Anwendung: Leben und Tod des Individuums dienen zum Nutzen eines Gesellschaftbildes. Wir gelangen nicht über die Ideologie und ihre besonderen Entfremdungen hinaus.»

[31] Vgl. Friedrich Wilhelm FOERSTER, *Europa und die deutsche Frage*

(1937) S. 27: «Nichts ist großartiger als die Art, wie in der Apokalypse das Emporwachsen dieses kollektiven Tieres geschildert wird, das seinen Stempel auf jede Stirn und jede Hand drückt (Uniformierung des Denkens und Handelns) und sein Maul weit öffnet, um Gott zu lästern und Lügen auszuspeien – es ist jener Zustand der menschlichen Gesellschaft, in dem das persönliche Zentrum des an die unsichtbare Welt gebundenen Gewissens ausgeschaltet wird und an dessen Stelle ein Kollektiv tritt, dem jeder geistige und moralische Mittelpunkt, jedes ewige Gut und Interesse fehlt, das in seinen Lebensbewegungen in jenen schleimigen Quellzustand zurückgleitet, aus dem sich das individuelle Leben langsam herausentwickelt hat.»

[32] Vgl. Gaston Fessard, *France, prends garde de perdre ta liberté* (1946) S. 146: «Weil sie (die menschliche Natur nach marxistischer Auffassung) vom individuellen Bewußtsein und seinen Beziehungen zu den anderen wie zur Welt abstrahiert, stellt sie auch nur den Gattungsbegriff des Menschen oder der Menschheit dar, eine abstrakte Individualität oder eine von aller menschlichen Wirklichkeit purgierte Universalität.»

[33] Bossuet.

[34] Prudentius, *Stundenbuch,* Hymnus 2.

[35] *Psalm* 13,4.

ANMERKUNGEN
ZUR HYMNE AN GOTT

[1] Vgl. Ephräm: «Qui totus alienus est ab omnibus linguis» (Edmund Beck, aaO S. 247).

[2] Vgl. M. Sandaeus SJ, *Pro theologia mystica clavis* (1640) S. 167: «Quae, si ut debent intelligantur, nemo vel Scholasticus reprehendit. Ut enim Deus dicitur *Omnia*, quia omnia in ipso per unam simplicissimam rationem Deitatis continentur, quo fit ut sit Omnia vel formaliter, vel aequivalenter, vel eminenter: ita dici potest *Nihil Rerum*, quia est ultra omnia.»

[3] «Die Polyonymie Gottes ist nach dem Ende des hellenistischen Zeitalters ein häufiges Phänomen» (Festugière OP, *La Révélation d'Hermes Trismégiste* 4 [1954] S. 65).

[4] Dieser Hymnus, der unter den Werken des Gregor von Nazianz aufgeführt wird, könnte vielleicht von Proclus stammen. (A. Jahn, L.-J. Rosan; gegen: J. Dräseke, A. Ludwig, Schmid-Stählin; vgl. Festugière, aaO S. 67). Auf alle Fälle ist gewiß, daß für den Ausdruck ihrer «negativen» Theologie die Kirchenväter – und in ihrer Folge die christlichen Philosophen aller späteren Jahrhunderte – viel dem Neuplatonismus verdanken. Das bedeutet keineswegs, daß ihre Gottesidee in ihrer Gesamtheit neuplatonisch wäre, noch daß sie sich wesentlich von ihm unterscheiden würde. – Bossuet hat einen Teil der Hymne in seiner *Instruction* sur les états d'oraison übersetzt, 2. Traktat, Kp. 22, *Théologie et contemplation de saint Grégoire de Nazianze* (Éd. E. Levesque [1897] S. 58–61).

Nicht nur in den Väterschriften, sondern in der Liturgie selbst findet man einen Typus von Danksagung oder besser von Lobpreis, «worin das christliche Thema der Gotteserkenntnis sich in den Stil hellenistischer Philosophie kleidet». Die unerreichbare Größe Gottes wird durch eine Häufung negativer Attribute wiedergegeben – in der Regel mit *a privativum* gebildet: «Ungewordener, unerforschlicher, unaussprechlicher, für jedes gewordene Wesen unbegreiflicher Gott.» So die Anrede in der Anaphora Serapions ... Josef Andreas Jungmann SJ, *Missarum Sollemnia. Eine genetische Erklärung der römischen Messe* 1 (1952) S. 41. Vgl. auch die schöne Stelle *Sir* 43, 27–31:

Viel könnten wir noch sagen und kämen nicht ans Ende,
und der Rede Schluß ist:

Er ist alles!
Wo finden wir die Kraft, ihn zu preisen?, denn er ist größer als all seine Werke.
Furchtbar ist der Herr und überragend groß, und wunderbar sind seine Machttaten.
Euer Lobpreisen erhebe den Herrn, soviel ihr könnt, denn er ist noch größer.
Wenn ihr anhebt, schöpft neue Kraft und werdet nicht müde, denn ergründen könnt ihr ihn nicht.
Wer hätte ihn gesehen und könnte davon erzählen, und wer kann ihn preisen, so wie es ihm gebührt.

Vgl. ANGELUS SILESIUS, *Der Cherubinische Wandersmann*, 5. Buch, n. 196 u. n. 197, aaO S. 162:

Man kann den höchsten Gott mit allen Namen nennen,
Man kann ihm wiederum nicht einen zuerkennen.
Gott, der ist nichts und alls ohne alle Deutelei:
Denn nenn was, daß Er ist? auch was, daß Er nicht sei?

ANMERKUNGEN ZUM NACHWORT

[1] AUGUSTINUS, *De Trinitate*, 15, c. 9, n. 16 (PL 42, 1069); vgl. c. 23 und 24 (col. 1090–1091). Siehe auch THOMAS, *In Cor.*, c. 13, lectio 4.

[2] LEO DER GROSSE, *Sermo* 9 *in Nativitate Domini*, c. 1 (PL 54, 226B).

[3] *Sixième Avertissement aux Protestants*, n. 38.

[4] Vgl. THOMAS, *Quodl.* 3, a 17, ad 1m7; *De substantiis separatis*, 12. Siehe auch *In VIII Physic.*, 21, 13; *In I de Caelo*, 6, 5; *Contra Gentiles*, 1, c. 20, usw. ANSELM, *Monologion*, Vorwort: «Multum enim prodesse puto ad intelligenda ea quae legerit ibi, si quis prius, qua intentione, quove modo disputata sint, cognoverit» (PL 158, 144AB).

[5] Der Ausdruck («nevrastenia filosofica») stammt von Michele-F. SCIACCA im Hinblick auf «einen gewissen Existentialismus»: *L'esistenza di Dio*, in *Filosofia e Metafisica* (1950) S. 110.

[6] Alle Stellen dieses Paragraphen, die in Anführungszeichen gesetzt sind, entstammen der Enzyklika *Humani generis*, 3.Teil: *Die Stellung der traditionellen Philosophie in der Kirche.*

[7] «... Beide Quellen der göttlich geoffenbarten Lehre enthalten so zahlreiche und große Schätze an Wahrheit, daß sie nicht auszuschöpfen sind. Aus diesem Grunde verjüngt sich die Theologie immerfort durch das Studium der Quellen, während die Spekulation, wenn sie es vernachlässigt, über das Studium des geoffenbarten Glaubensdepositums hinauszugehen, erfahrungsgemäß unfruchtbar wird.» Was hier von der Theologie im eigentlichen Sinn gesagt wird, gilt nicht weniger vom christlichen Denken im ganzen, und es stünde gewiß im Gegensatz zum Geist der Enzyklika, wenn man alles, was die Philosophie betrifft, davon ausschließen wollte. – Man weiß, welch hervorragende Rolle Kardinal Tommaso Maria ZIGLIARA bei der Restauration der traditionellen Philosophie im letzten Jahrhundert gespielt hat: «Ich glaube nicht», schrieb er in: *Della luca intellettuale e dell'ontologismo secondo la dottrina de' Santi Agostino, Bonaventura e Tommaso di Aquino* [Roma 1874] Bd. 1,Vorwort S. XIV), «daß der Priester wirklich sein kann, was er sein soll, ein Mann der Frömmigkeit und der Wissenschaft, der Vater des Volkes und Verteidiger der Kirche, wenn er nicht in der Schule der Väter und der Kirchenlehrer geformt wird ...» Wieviel andere ähnliche Zeugnisse könnte man anführen!

[8] Étienne GILSON, *L'esprit de la philosophie médiévale* (^{2}1944) S. 356, Anm. Der Unterschied namentlich zwischen Augustin und Thomas ist

zugleich unaufhebbar und weniger gegensätzlich, als man zuweilen annimmt, da auf beiden Seite nicht genau dasselbe Problem im Blickfeld steht. – Vgl. GERSON, *Secunda lectio contra vanam curiositatem*, 5a consideratio: «Signum curiositatis et singularitatis ... est gaudere potius in impugnatione Doctorum, aut in defensione unius pertinaci, quam ad eorum dicta concordanda operam dare» (*Opera* 1, Sp. 99B).

[9] Ders., ebd. S. 36. Vgl. in bezug auf die augustinische Illumination und die thomistische Abstraktion: Étienne GILSON, *Introduction à l'étude de saint Augustin* (^{2}1943) S. 112–125.

[10] M.-D. CHENU OP, *Introduction à l'étude de saint Thomas d'Aquin* (1950) S. 139.

[11] L.-B. GEIGER OP, *La participation dans la philosophie de saint Thomas d'Aquin* (1953) S. 262.

[12] A.-D. Sertillanges OP, *Les grandes thèses de la philosophie thomiste* (1928) S. 52.

[13] Ders. in seinem Kommentar zur *Prima,* q. 14, a. 4 der *Summa theologica*, in: *Revue des Jeunes*, *Dieu* 2, S. 346. Vgl. Louis BOUYER, *Le sens de la vie monastique* (1950) S. 172, im Hinblick auf den Vater: «Indem wir zu ihm gelangen, überschreiten wir alles, was der Geist fassen kann. Nicht nur alle unsere Vorstellungen, sondern auch alle unsere Begriffe lösen sich auf, wenn er sich naht.»

[14] Das ist die eigentliche Formel der Analogie. Wie vor kurzem noch Fr. TAYMANS D'EYPERNON SJ erinnerte, setzt sie «den Realismus einer Erkenntnis, in der ein aus der menschlichen Erfahrung stammender Begriff in seiner Anwendung auf das Transzendente objektiv und wahr bleibt für das, was er positiv bezeichnet, nicht aber für die Bedingtheiten und Begrenzungen der endlichen Wirklichkeit, aus der er hervorgeht.» *L'encyclique «Humani generis» et la théologie»* in: *Nouvelle revue théologique* (1951) S. 7. Allerdings zeigt die Anwendung, die man zuweilen von dieser Unterscheidung macht, daß man sie nicht verstanden hat. Zum *modus significandi* vgl. THOMAS, *Prima,* q. 13, a. 1, a. 2, und vor allem a. 3; q. 45, a. 2, ad 2m; *Contra Gentiles*, 1, c. 30: «Quantum ad modum significandi, omne nomen cum defectu est.» Jac. ALVAREZ DE PAZ SJ, *De inquisitione pacis,* 5, P. 1, Apparatus 3, c. 7; *De cognitione Dei per negationem:* «... A Deo omnes creaturarum perfectiones subtrahimus, quia non sunt in eo modo quo nos concipimus, sed alio modo in infinitum perfectiori, *quem ignoramus*» (*Opera* 6, S. 486). Über die analogische Erkenntnis siehe das Kapitel von J. DEFEVER SJ, *La preuve réelle de Dieu, étude critique* (1953) S. 70–90.

[15] THOMAS, *Prima,* q. 13, a. 5: «Hujusmodi nomina dicuntur de Deo et creaturis secundum analogiam, id est, proportionem»; «Nomen quod sic multipliciter dicitur, significat diversas proportiones ad aliquid unum.»

[16] Dies, weil man die beiden Adjektive «inadäquat» und «approximativ» oder gar «ungenau» als gleichbedeutend nimmt. Eine bedauerliche Verwechslung (wenn es nicht bloß um Wörter geht). Die Enzyklika *Humani generis* spricht eine präzisere Sprache. Sie verwirft die Behauptung, wonach die Mysterien «nie in wahren, sondern nur in approximativen und veränderlichen Ausdrücken ausgesagt werden können, die die Wahrheit bis zu einem gewissen Maß wiedergeben, sie aber notwendig auch verzerren»; Behauptung, die weit weniger Ausdruck eines kühnen als eines nachgiebigen, haltlosen Denkens ist; weniger eine Bemühung um Konsequenz als eine Verwirrung. Gott selbst, in der Weise, wie er auf die Frage Moses antwortete (*Ex* 3,14), «erinnerte daran, daß alle unsere ihn betreffenden Aussagen inadäquat sind» (A.-M. DUBARLE OP, *La signification du nom de Jahweh,* in: *Revue des sciences philosophiques et théologiques* [1951], S. 18). Joseph MARÉCHAL SJ erklärt nach vielen anderen, wie die «Bedeutung» der göttlichen Attribute, das heißt der objektive Wert, den ihnen die Bejahung im Urteil verleiht, sich auf eine «sehr inadäquate, weil unserer geschöpflichen Erfahrung entnommene Vorstellung» abstützt (aaO Heft 5, S. 234). Vgl. A.-D. SERTILLANGES, *Saint Thomas d'Aquin,* 4. Aufl., Bd. 1, S. 404: «Die Lehre der Analogie gestattet, den göttlichen Namen einen positiven, wenn auch inadäquaten Wert beizulegen.»

[17] AUGUSTINUS, *De Trinitate,* 8, c. 2, n. 3 (PL 42, 948). Vgl. THOMAS, *Prima,* q. 84, a. 7, ad 3m. «Wenn stets mit einer Verneinung geschlossen werden muß», so fragt P. Xavier LE BACHELET in: *Dictionnaire de théologie catholique* 4, Sp. 1024, «auf was reduziert sich dann letztlich unsere Erkenntnis?» Doch diese quälende Frage fand etwas später ihre Antwort (Sp. 1111): «Kein absolutes, sondern ein relatives Schweigen, das seinen Platz nicht am Anfang, sondern am Ende unseres Erkennens hat.» Siehe *oben* Kp. 5.

[18] Charles BOYER, *L'idée de vérité dans la philosophie de saint Augustin* (1921) S. 226–227. Vgl. Pierre ROUSSELOT, *L'intellectualisme de saint Thomas.*

[19] J. DEFEVER, aaO S. 107 u. 123; vgl. S. 16, 20–21, 130–135.

[20] Festgehalten in der wohlbekannten Stelle des JOHANNES DAMASCENUS, *De fide orthodoxa,* 1, c. 1: «Deus ergo nec oratione ulla explicari, nec

ullo modo comprehendi potest... Non nos tamen in omnigena prorsus ignorantia versari passus est Deus. Nemo quippe mortalium est, cui non hoc ab eo naturaliter insitum sit, ut Deum esse cognoscat» (PG 94, 790). Vgl. HILARIUS: «Nullus quippe est, qui non habeat semina intellectus Dei», usw. Siehe THOMASSIN, *Dogmata theologica, De Deo*, 1, c. 3, n. 1: «Ante rudimenta magistrorum, ante experimenta sensuum, anticipatam inesse omnium mentibus Dei notitiam, sancti Ecclesiae Patres unanimi suffragatione consentientes...»; n. 4: «Superest ergo post peccatum in omnium animis memor aliqua Dei notitia, sed abstrusior...» (Ed. Vives, Bd. 1, S. 8 u. 10). Nur verhält sich die von uns gebotene Deutung umgekehrt zu den Anschauungen, in denen eine innatistische oder mehr oder weniger ontologistische Tendenz vorherrschte. Siehe Kp. 2, Anm. 7.

[21] «Intuitive Bewegung», sagt wiederum J. DEFEVER, aaO S. 125, sie übernimmt und transzendiert die Vorstellung.

[22] Zu welcher Spielart sie auch gehören, sie sind stets durch die Idee einer gewissen objektiven Wahrnehmung des Seins Gottes gekennzeichnet.

[23] *In Boethium de Trinitate,* I, a. 2, ad 1m. J. PIEPER, *De l'élément négatif dans la philosophie de saint Thomas*, in *Dieu Vivant*, 20 [1951] S. 45; vgl. die spätere deutsche Veröffentlichung: *Philosophia negativa. Zwei Versuche über Thomas von Aquin* (1953) S. 43; 2. durchgesehene Auflage: *Unaustrinkbares Licht. Über das negative Element in der Weltansicht des Thomas.*

[24] J. WEBERT, *Saint Thomas d'Aquin* (1934) S. 48.

[25] So schreibt Gustave BELOT, nachdem er einige «Weisen», Gott «zu denken», in Erinnerung gebracht oder verschiedene nach ihm rechtens nicht reduzierbare Typen der Gottesidee unterschieden hat: «Der Ausgangspunkt dieser komplizierten Abläufe wird in der mythischen Einbildungskraft der Menschheit gesetzt.» *Note sur la triple origine de l'idée de Dieu*, in: *Revue de métaphysique et de morale* 16 (1908) S. 721.

[26] Étienne BORNE, in: *Philosophies chrétiennes* (1955) S. 163.

[27] Vgl. die Ansprache Papst Pius' XII. *ad Patres Societatis Jesu in XXIX. Congregatione Generali electores,* Castel Gandolfo, 17. Sept. 1946: «... Suae aetatis hominibus, sive ore sive scriptis, debent (Societatis Jesu sodales) ita loqui, ut intelligenter et libenter audiantur. Ex quo id infertur, ut in proponendis et proferendis quaestionibus, in argumentationibus ducendis, in dicendi quoque genere deligendo, oporteat sui saeculi ingenio et propensioni sapienter orationem suam accommo-

dent» (AAS 1946, S. 383). Analoge von Msgr. BLANCHET zusammengestellte Texte in seiner Antrittsrede am Institut catholique de Paris, 3. November 1950 (*Documentation catholique,* 1950). Um positiver und nicht negativer Natur zu sein, ist diese Aufgabe nicht weniger drängend als die komplementäre. Wer von uns könnte sich schon das Zeugnis ausstellen, sie ernstlich und ausreichend erfüllt zu haben?

[28] Siehe neben anderen Zeugnissen P. M. VAN SANDT (SANDAEUS) SJ, *Theologia mystica,* seu *Contemplatio divina Religiosorum a calumniis vindicata* (1627) S. 89–125, besonders S. 118–119.

[29] Denn «der erste Anlauf der Reflexion stellt sich (die unaussprechliche Wirklichkeit) spontan unter unpersönlicher Gestalt vor: Das natürliche Licht der Vernunft führt zu einem ‹wertvollen und zugleich enttäuschenden› Ergebnis». Die Offenbarung erlaubt eine vertrauensvollere Kühnheit. In der offenbarten Erkenntnis «müht man sich nicht mehr durch einen universalisierenden und abstrahierenden Wiederaufstieg zu Gott hin, er wird als ein herabsteigendes Konkretes geschenkt und vermittelt». Und eine so «durch Herablassung mitgeteilte» Erkenntnis «vermag in dem sie empfangenden Geist Möglichkeiten zu wecken, die er aus sich allein niemals hätte entfalten können». Ch. de MORÉ-PONTGIBAUD, *Sur l'analogie des noms divins. Au centre de l'analogie révélée,* in: *Recherches de science religieuse* 42 (1954) S. 322, 324 u. 328.

[30] Constitutio *De fide catholica (Dei Filius).*

[31] A.-D. Sertillanges OP, *Le christianisme et les philosophies* 1, S. 7.

[32] Vgl. Erstes Vatikanisches Konzil, 3. Sitzung, Constitutio *Dei Filius:* «Perpetuus Ecclesiae catholicae consensus tenuit et tenet, duplicem esse ordinem cognitionis, non solum principio, sed objecto etiam distinctum; principio quidem, quia in altero naturali ratione, in altero fide divina cognoscimus; objecto autem, quia praeter ea, ad quae naturalis ratio pertingere potest, credenda nobis proponuntur mysteria in Deo abscondita, quae nisi revelata divinitus, innotescere non possunt.»

[33] Vgl. Étienne GILSON, *Le Thomisme* ([4]1943) S. 120–136. M.-D. CHENU OP, aaO S. 161 u. 275. Siehe auch A.-M. DUBARLE, im angeführten Aufsatz, S. 20: «Man kann sich fragen, ob dieser alleinige Name des Seins in den Augen der christlichen Denker den Reichtum gehabt hätte, den sie darin entdeckt haben, wenn er nicht in den Rahmen der biblischen Offenbarung gestellt worden wäre», usw. Vgl. Kp. 5.

[34] «Cogitationum conflictus»: ANSELM, *Proslogion,* prooemium. THOMAS, *In Joannem,* c. 1, lectio 1, n. 1: «. . . intellectus jactatur hac atque illac . . .» – Und wer hat nicht in sich selbst, sofern er nicht «voll eitler

Wissenschaft» ist, schon mehr oder weniger mit Augustinus gesprochen: «Mihi prope semper sermo meus displicet; melioris enim avidus sum, quo saepe fruor interius, antequam eum explicare verbis sonantibus caepero, quod ubi minus quam mihi notus est evaluero, contristor, linguam non posse cordi meo sufficere . . .» *De catechizandis rudibus*, c. 2, n. 3 (PL 40, 311). Vgl. *De doctrina christiana,* 1., c. 6: «. . . Et fit nescio quae pugna verborum . . .»; «quae pugna verborum silentio cavenda potius quam voce pacanda est.» Aber warum sollte man nicht nochmals mit Augustin sagen: «Et tamen Deus, cum de illo nihil digne dici possit, admisit humanae vocis obsequium, et verbis nostris in laude sua gaudere nos voluit» ? (PL 34, 21).

[35] Thomas, *In lib. 1 de Caelo*, 22, 2. *De perfectione vitae spiritualis*, c. 26.

[36] Unter den zahlreichen Autoren, denen wir verpflichtet sind, möchten wir vor allem Joseph Maréchal SJ († 1944) nennen, der uns an vielen Stellen inspiriert hat und dessen Denken «allzuoft vereinfacht und verzerrt» wiedergegeben worden ist: L.-B. Geiger OP in: *Revue des sciences philosophiques et théologiques* (1954) S. 273; vgl. J. Defever SJ, *La preuve réelle de Dieu* (1953), und, für das geschichtliche Verständnis des Thomismus, Étienne Gilson.

[37] Augustinus, *De Civitate Dei,* 11, c. 2: «. . . Ut fidentius ambularet (homo) ad veritatem, ipsa Veritas Deus Dei Filius, homine assumpto, non Deo consumpto, eamdem constituit atque fundavit fidem, ut ad hominis Deum iter esset homini per hominem Deum. Hic est enim Mediator Dei et hominum, homo Christus Jesus.»

Vgl. *Sermo* 117, *De verbis evangelii Joannis,* c. 10, n. 16: «Si nondum possumus videre Verbum Deum, audiamus Verbum carnem: quia carnales facti sumus, audiamus Verbum carnem factum. Ideo enim venit, ideo suscepit infirmitatem nostram, ut possis firmam locutionem capere Dei portantis infirmitatem tuam.»

PERSONENVERZEICHNIS

Kursiv gesetzte Seitenzahlen beziehen sich auf den Anmerkungsteil